中国汽车工程学会
汽车工程图书出版专家委员会特别推荐

博世 科技成就生活之美

FAHRSTABILISIERUNGSSYSTEME UND FAHRERASSISTENZSYSTEME

BOSCH 车辆稳定系统和驾驶员辅助系统

[德]康拉德·莱夫（Konrad Reif） 主编
中国第一汽车股份有限公司技术中心 组译
迟云雁 周梦媛 张建强 译

北京理工大学出版社
BEIJING INSTITUTE OF TECHNOLOGY PRESS

版权专有　侵权必究

图书在版编目（CIP）数据

BOSCH车辆稳定系统和驾驶员辅助系统/（德）莱夫（Reif, K.）主编；迟云雁，周梦媛，张建强译. —北京：北京理工大学出版社，2015.1（2022.8重印）
ISBN 978-7-5640-9496-6

Ⅰ. ①B… Ⅱ. ①莱…②迟…③周…④张… Ⅲ. ①汽车-稳定系统②汽车驾驶-辅助系统 Ⅳ. ①U461.6

中国版本图书馆CIP数据核字（2014）第183623号

北京市版权局著作权合同登记号　图字：01-2012-5546号
Originally published in the German language by Vieweg+Teubner, 65189 Wiesbaden, Germany, as Hrsg.: Reif, Konrad Fahrstabilisierungssysteme und Fahrerassistenzsysteme.
ⓒVieweg+Teubner | Springer Fachmedien Wiesbaden GmbH 2010
Springer Fachmedien is part of Springer Science+Business Media

出版发行 / 北京理工大学出版社有限责任公司	
社　　址 / 北京市海淀区中关村南大街5号	
邮　　编 / 100081	
电　　话 /（010）68914775（总编室）	
82562903（教材售后服务热线）	
68944723（其他图书服务热线）	
网　　址 / http://www.bitpress.com.cn	
经　　销 / 全国各地新华书店	
印　　刷 / 保定市中画美凯印刷有限公司	
开　　本 / 710毫米×1000毫米　1/16	
印　　张 / 11.25	责任编辑 / 申玉琴
字　　数 / 371千字	文案编辑 / 申玉琴
版　　次 / 2015年1月第1版　2022年8月第7次印刷	责任校对 / 周瑞红
定　　价 / 62.00元	责任印制 / 王美丽

图书出现印装质量问题，请拨打售后服务热线，本社负责调换

前　　言

过去几十年来，汽车技术一直在不断进步。每一个专门从事汽车技术工作的人都应该努力跟上新技术发展的节奏。在此期间汽车领域中许多新的科学技术专题起到了重要的作用。这些专题并不仅仅涉及传统的汽车和发动机技术的新专题，而且包括电子及信息技术领域的专题。这些专题虽然已经在众多的文献中或网络上面世，原则上可以为任何人提供使用，但是对于刚刚加入到某一个专题中工作的人员来说，大量的文献既不易浏览，且在可支配的时间内又很难读遍，而且汽车工业及零部件供应行业不同的专业活动需要掌握的深度也不尽相同。

当今与以前相比更为重要的是：谁要想跟进技术的发展，谁就必须深刻了解重要的基础专题。为此，不仅高等院校应提供相应的教学内容，企业也有义务采取员工继续教育的措施。突飞猛进的科技发展迫使人们要活到老学到老。

为此，我们推出《BOSCH博世汽车专业信息》系列丛书，以紧凑易懂的、联系实际的方式向读者翔实并系统描述汽车技术领域中重要的专题。书中描述的内容均为博世公司正在进行研究的课题，并由直接参加这一课题研究的专家进行撰写。此丛书适用于每一位对于这些专题感兴趣的读者。书中各章节独立而成，即使再忙的读者也能抽出时间阅读其感兴趣的内容。

此丛书中的《BOSCH车辆稳定系统和驾驶员辅助系统》描述了汽车安全性、汽车物理学基础、汽车稳定性系统、自动制动功能及传感器等方面的内容。此外，还介绍了驾驶员辅助系统基础、人-机对话、汽车周边视野传感技术、停车系统、自适应巡航控制（ACC）、安全系统、汽车导航、视频系统及夜视系统的内容。为了便于读者快速查找相关内容书后还附有缩写及术语索引。

目 录

1 车辆行驶安全 ………………… (1)
  1.1 安全系统 ………………… (1)
  1.2 行驶的基本原理 ………… (2)

2 行驶动力学基本原理 ………… (9)
  2.1 轮胎 ……………………… (9)
  2.2 汽车上的力和力矩 ……… (11)
  2.3 汽车纵向动力学 ………… (16)
  2.4 汽车横向动力学 ………… (18)

3 防抱死系统(ABS) …………… (20)
  3.1 系统概况 ………………… (20)
  3.2 对ABS的要求 …………… (21)
  3.3 制动车轮的动力学 ……… (22)
  3.4 ABS调节回路 …………… (23)
  3.5 典型的调节循环 ………… (26)

4 驱动防滑系统(ASR) ………… (33)
  4.1 任务 ……………………… (33)
  4.2 功能描述 ………………… (33)
  4.3 ASR结构 ………………… (34)
  4.4 典型的调节状态 ………… (35)
  4.5 用于全轮驱动汽车的ASR … (36)

5 汽车电子稳定性控制程序
  (ESP) ………………………… (40)
  5.1 要求 ……………………… (40)
  5.2 任务和工作方式 ………… (41)
  5.3 行驶行为 ………………… (41)
  5.4 总的调节循环和调节参数 … (49)

6 自动制动功能 ………………… (54)
  6.1 概述 ……………………… (54)
  6.2 标准功能 ………………… (55)
  6.3 附加功能 ………………… (57)

7 传感器 ………………………… (62)
  7.1 在汽车上的应用 ………… (62)

  7.2 车轮转速传感器 ………… (63)
  7.3 霍尔(Hall)加速度传感器 … (67)
  7.4 微机械偏转率传感器 …… (68)
  7.5 方向盘转角传感器 ……… (70)

8 液压总成 ……………………… (73)
  8.1 发展历史 ………………… (73)
  8.2 构造 ……………………… (73)
  8.3 压力调节 ………………… (76)

9 驾驶员辅助系统 ……………… (80)
  9.1 应用驾驶员辅助系统的
     动机 ……………………… (80)
  9.2 驾驶员辅助系统的分类 … (82)
  9.3 灵敏的汽车 ……………… (83)
  9.4 展望 ……………………… (86)
  9.5 驾驶员辅助系统的开发 … (88)

10 驾驶员辅助系统的人-机对话 … (93)
  10.1 人-机对话通道 ………… (93)
  10.2 人-机界面 ……………… (94)
  10.3 报警信号方案 …………… (97)
  10.4 未来DAS/DIS的HMI的
      开发 …………………… (98)

11 汽车周边环视系统 ………… (99)
  11.1 概述 …………………… (99)
  11.2 超声波技术 …………… (100)
  11.3 雷达技术 ……………… (101)
  11.4 激光雷达 ……………… (106)
  11.5 摄像技术 ……………… (107)
  11.6 全距成像技术 ………… (109)

12 车辆稳定系统 ……………… (111)
  12.1 车辆稳定系统 ………… (111)
  12.2 自动制动功能 ………… (114)

13 停车系统 …………………… (116)
  13.1 停车助手 ……………… (116)

13.2 停车助理 …………………… (118)

14 自适应巡航控制系统(ACC) …… (121)

14.1 系统概览 …………………… (121)
14.2 系统联合 …………………… (122)
14.3 ACC 的传感系统 …………… (124)
14.4 探测和物体选择 …………… (125)
14.5 ACC 功能 …………………… (127)
14.6 操作和显示系统 …………… (129)
14.7 功能边界 …………………… (132)
14.8 安全性方案 ………………… (132)
14.9 继续开发 …………………… (133)

15 安全性系统 ………………………… (135)

15.1 乘员保护系统 ……………… (135)
15.2 安全预警系统(PSS) ……… (143)
15.3 行人保护 …………………… (146)

16 导航系统 …………………………… (147)

16.1 导航器 ……………………… (147)
16.2 定位 ………………………… (148)
16.3 目标选择 …………………… (151)
16.4 路线计算 …………………… (151)
16.5 路线指引 …………………… (152)
16.6 电子地图 …………………… (152)
16.7 交通通信 …………………… (153)

17 以摄像机为基础的系统 ………… (157)

17.1 图像处理系统 ……………… (157)
17.2 偏离车道警报器和保持
     车道助手 …………………… (158)
17.3 交通标志识别 ……………… (159)
17.4 以摄像机为基础的系
     统——前景 ………………… (160)

18 夜视系统 …………………………… (162)

18.1 远红外系统(FIR) ………… (162)
18.2 近红外系统(NIR) ………… (163)
18.3 夜视系统的HMI 方案 …… (164)

附录 …………………………………… (165)

缩写 …………………………………… (165)
术语索引 ……………………………… (167)

1 车辆行驶安全

除了用于汽车牵引的动力总成系统部件（发动机、变速器）外，限制牵引和对车辆进行制动的整车系统也十分重要。正因为有了它们，汽车才能在道路交通中安全行驶。与此同时，在事故中能对乘员进行保护的系统也越来越重要。

1.1 安全系统

许多因素都对道路交通中的车辆安全有影响。
- 车辆状态（例如配置级别、轮胎状态、磨损情况）。
- 天气、道路和交通情况（例如侧面风、路面覆盖物或者交通密度）。
- 驾驶员驾驶水平，即驾驶员的驾驶能力和心理状态。

在以前，除了车辆照明系统外，只有包含制动踏板、制动管路和车轮制动器的制动装置对行驶安全起着重要作用。而如今制动装置也渐渐地包括了更多的系统。这些安全系统由于能够对车辆进行主动干涉，因此被称为主动安全系统。

按最新技术水平集成在车辆中的行驶安全系统，出色地改善了车辆的行驶安全。

在整车中，制动器是一个非常重要的部件。它是保证汽车在道路交通中安全行驶不可或缺的部分。汽车工业发展的早期，由于汽车行驶速度较低，交通密度小，那时对制动装置的需求远远低于现代社会。随着时间的推移，制动装置也在不断得到进一步开发。今天汽车能够以很高的速度行驶，就是因为可靠的制动装置能够使车辆在危险情况下安全制动，并实现停车。因此，制动装置是汽车安全系统的重要组成部分。

就像在汽车其他范围的应用情况一样，在安全系统中也包含着电子元素。因为对安全系统提出的很多要求只有在电气辅助下才能够实现。

道路交通中的安全因素如图 1-1 所示。

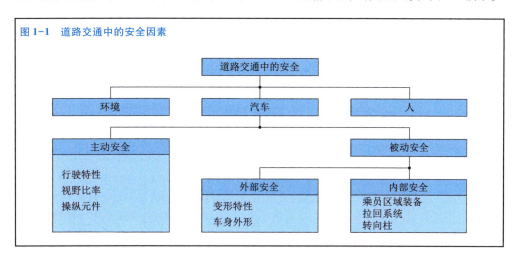

图 1-1 道路交通中的安全因素

1.1.1 主动安全系统

这些系统能够帮助避免事故的发生，由此在道路交通安全中起到预防保护的作用。主动行驶安全系统包括以下几种：

- ABS（防抱死系统）。
- ASR（驱动防滑系统）。
- ESP（汽车电子稳定性控制程序）。

这些系统能够在危险情况下使汽车保持稳定同时保证车辆的操纵性。

很多系统，例如自适应车速调节系统（ACC，自适应巡航控制系统）除了有利于行驶安全外，还能够增加行驶舒适性，方法是通过自动减速或者主动制动维持汽车与前面车辆的距离。

1.1.2 被动安全系统

这些系统能够在事故发生时保护乘员避免发生重大伤亡，从而降低伤亡危险，减轻事故后果。

被动安全配置包括例如法律规定的安全带和气囊。在座舱的不同位置之间都有前部气囊或者侧部气囊。

图1-2是使用了安全系统的车辆及其部件，其布置遵照了现阶段技术水平。

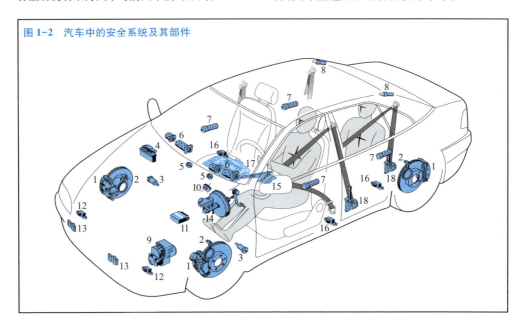

图1-2 汽车中的安全系统及其部件

1.2 行驶的基本原理

1.2.1 驾驶员的行为

为了使汽车的行驶特性能够与驾驶员及其行驶能力相适应，有必要对驾驶员的驾驶行为进行研究。驾驶员的行为主要可以分为导向行为和稳定行为。

所谓的导向行为是指驾驶员具有"预见能力"，也就是说驾驶员具有对行驶条件和行驶中相应的力矩分配做出评价的能力，并由此做出以下判断：

- 应该怎样转方向盘才能准确地通过下一个弯道？
- 什么时候踩制动踏板，从而及时地实现制动？
- 怎样加速才能实现安全超车？

转方向盘、制动、加速是重要的导向行为，驾驶员的经验越丰富，他所做的判断就越准确。

而驾驶员要想使汽车保持稳定（稳定行为）就要首先确定当前汽车与既定车道的偏差是多少，这样才能对之前的预调整或者预控制（转方向盘、踩油门踏板）做出更正，从而避免车辆打滑或者偏离行驶轨道。驾驶员的导向行为能力越强，则其后对车辆稳定因素的更改也就越少，汽车也就更稳定。而更改越小，进行的预调整（转方向盘）就越好，同时汽车能够与行驶轨道保持一致，因为在更改较小的情况下，汽车能够保持"直线性"行驶（驾驶员的行驶判断基本上会按比例传递到道路行驶中)。

有经验的驾驶员能够基于其行驶判断和可以预见到的外部影响(例如弯道、慢慢临近的工地,等等)对车辆运动做出接近事实的估计。而对于没有经验的驾驶员来说,这一过程更长,同时危险系数也更大。因此,对于经验不足的驾驶员来说,他们在驾驶中更应该关注稳定行为。

如果出现了没有预计到的结果(例如未预料到的急转弯,同时视线受阻等),驾驶员就有可能做出错误反应,造成汽车打滑。汽车就不再呈直线性行驶,即驾驶员不能做出预见性判断,汽车会在物理极限范围内运动。在这种情况下,即使是有经验的驾驶员也很难对汽车进行控制。

"驾驶员-汽车-环境"整体系统如图1-3所示。

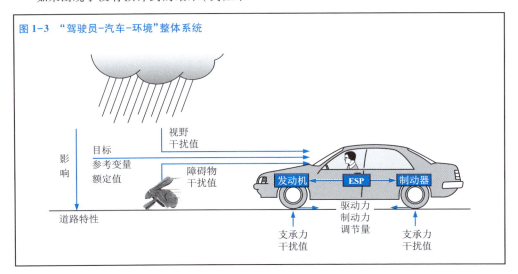

图1-3 "驾驶员-汽车-环境"整体系统

1.2.2 事故原因和事故预防

在道路交通中,大部分造成人员伤亡的事故源于与人员相关的不当行为。事故数据显示,其中不恰当的行驶速度是事故发生的主要原因。其他的事故原因还有:
- 道路信息使用不当。
- 距离误差。
- 错误先行。
- 错误转弯。
- 酒驾。

技术缺陷(照明系统、轮胎、制动等)以及与整车相关的因素也会酿成事故。另外,一些非人为因素造成的事故(例如天气)越来越多。

通过以上说明可以看出,整车安全方面的技术(尤其是必要的电子装置)需要得到进一步改良,以便提高安全性能。

- 在极端行驶条件下尽可能地支持驾驶员。

- 避免事故。
- 缓解事故后果。

由此,在紧急的行驶情况下,驾驶员能够对边缘范围和极端行驶情况下的整车性能进行预见。对不同参数的收集及一个或者多个控制器中的电气装置进行完善,有助于在相当短的时间内通过采取适当的措施对整车进行控制。

以下情况是危险边缘范围下的经验示例:
- 变化的道路条件和天气状况。
- 与其他交通工具间的冲突。
- 行驶路面上的动物或者障碍。
- 突然发生的整车故障(爆胎)。

1.2.3 道路交通中的紧急行驶情况

道路交通中的紧急行驶情况是指交通状况变化非常快,例如突然出现的障碍物或者行驶路面状态突然发生变化。此外,还有驾驶员由于缺少过高速度下行驶的经验导致的错误驾驶或者注意力不集中导致的错误反应。

由于驾驶员几乎没有遇到过同样的紧急情况,因此一般来说不知道补救或制动行为的物理极限范围。驾驶员不能识别轮胎及路面之间的附着力是否还存在,或者整车是否正处于失控及打滑状态。在这些情况下,驾驶员是无准备反应,因此可能会做出错误或者过激反应,从而会造成交通事故或者对道路上的行车人员造成危险。

事故还可能由之前所说的事故源造成,例如不恰当的技术或者不完善的基础设施(较差的交通道路规划、过期的交通指引标志等)。

紧急情况下,整车行驶特性和驾驶员辅助装置有所改善的判断标准为:能够持续减少事故发生数量,同时减轻事故后果。为了缓解紧急情况并保证安全,需要进行一些较难的行驶操作。

- 快速转向和反向转向。
- 同时行驶车道变换、全制动时;在弯道加速或改变铺装路面时,仍保持车道位置。

上述操作往往展示了汽车行驶动力的重要特性,也就是说由于轮胎的附着力较低,汽车行驶会不符合驾驶员期望,与理想路线发生偏差。

由于缺少经验,在上述极限情况下驾驶员往往不能控制汽车保持正常行驶,甚至会引起慌乱、反应错误或过激。例如为了调整车辆行驶方向,结果打方向盘太过用力。而多次打方向盘及过强的进行反向转向会造成汽车失控,出现打滑。

1.2.4 行驶特性

汽车的结构类型和整车布置影响了汽车运动和汽车的行驶特性。

行驶特性是指汽车对驾驶员行为(例如转向、加速、制动)和外部干扰(例如行驶路面状况、风)的反应。在道路交通中,影响汽车行驶特性的因素有很多,大致可以分为3个方面:

- 汽车性能。
- 驾驶员状态(行为)、综合素质和反应能力。
- 环境条件。

汽车的结构和设计影响它的运动学和行驶性能。

行驶特性是汽车对驾驶员操纵(如转向、加速、制动)和对外部干扰(如路面阻力、风力、风向)的反应。

良好的行驶特性是精确保持弯道的能力并藉以完全实现驾驶员的任务。

- 使汽车行驶状态与交通密度和道路情况相适应。
- 遵守道路交通法规。
- 行驶线路尽可能与道路走向保持一致。
- 具有驾驶预见性和责任感。

这样驾驶员可以将汽车位置和汽车运动保持在一个主观理想状态下。驾驶员的反应会具有预见性,并根据经验处理驾驶情况,使其与当前道路交通情况相符合。

"驾驶员-汽车-环境"整体系统的调节循环如图1-4所示。

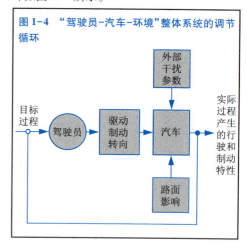

图1-4 "驾驶员-汽车-环境"整体系统的调节循环

1.2.5 行驶特性的评价

有经验驾驶员的主观评价对于汽车行驶特性的评价来说具有重要意义。主观感觉只是相对评价,不会对客观实际造成影响。因此,驾驶员对一辆车的主观经验同样也可以对其他车辆有参考价值。整车特性对整车试验中选择不同驾驶技巧的测试驾驶员进行评价,这些驾驶行为都指向"一般交通情况"。在一个封闭的行驶循环中对整个系统(包括驾驶员)进行评价。这样一来,客观的干扰量说明就会代替不是十分精确的驾驶员主观判断,同时对产生的整车反应进行研究和评价。ISO标准或者制标过程中定义的驾驶技巧(在干燥的路面上行驶),可以看作是与整车稳定性相关的整车评价方法。

- 静态循环行驶。
- 过程特性。
- 弯道制动。
- 侧面风时的敏感性。
- 直线滑行特性。
- 循环行驶时的负荷变化。

一些参考变量具有重要意义,如行驶路面的走向或者驾驶员任务。在符合驾驶任务的行驶中,每个驾驶员努力将自身的影响和经验进行整理与其他驾驶员进行比较。许多驾驶员进行的危险行驶(例如VDA标准中的避让测试,也称作"麋鹿测试"),可以体现研究中整车的特性和动态性能。

- 稳定性。
- 转向性能和制动性能。
- 在紧急情况下的特性以及此试验可带来的改善。

这种方法的好处是:
- 可以对整体系统("驾驶员-汽车-环境")进行检验。
- 可以对日常交通中的许多情况进行实际模拟。

这种方法的缺点在于:
- 结果之间的差别很大,因为驾驶员特性、风况和路面情况以及每种行为的启动条件不同。
- 体现的是主观感觉和经验。
- 系列试验的成功体现驾驶员的个人能力。

表1-1为封闭行驶循环中用于评价行驶特性的重要驾驶技巧。

目前,在封闭循环工况(即带驾驶员)中对行驶动力特性方面的客观确定还不能完全应用到实际中,因为受到人的主观控制特性的影响。

除了上面提到的客观行驶测试外还有其他不同的测试行驶,其中有经验的驾驶员可以对整车的行驶稳定性提出意见(例如障碍滑雪跑道行驶)。

表1-1 封闭行驶循环中用于评价行驶特性的重要驾驶技巧

整车特性	驾驶技巧(驾驶员计划和给出的行驶情况)	驾驶员始终参与	方向盘固定	方向盘松开	转向角偏差
直行特性	直行-保持行驶轨迹	●	●	●	
	转向响应/转向反应	●			
	停止-起动-转向			●	
	轴荷变化反应	●	●	●	
	轮胎滑水	●	●	●	
	直行制动	●	●	●	
	侧向风敏感度	●	●	●	
	高速时的上升力			●	
	轮胎破损	●	●	●	
过渡/传动特性	转向角跳动				●
	单次转向和反转向				●
	多次转向和反转向				●

整车特性	驾驶技巧（驾驶员计划和给出的行驶情况）	驾驶员始终参与	方向盘固定	方向盘松开	转向角偏差
	单次转向冲击				●
	"随机"转向角输入	●			●
	驶入循环	●			
	驶出循环	●			
	重置特性			●	
	单车道变换	●			
	双车道变换	●			
弯道特性	静态循环行驶		●		
	非静态循环行驶	●	●		
	循环行驶中的负荷变化反应	●	●		
	转向"失败"			●	
	弯道制动	●	●		
	弯道轮胎滑水	●			
换车道特性	围绕路标塔的障碍行驶	●			
	"障碍物跑道处理"测试里程有大弯道	●			
	摆动-起动/加速			●	
整体特性	防翻车安全性	●			●
	反应和避让测试	●			

1.2.6 驾驶技巧

1.2.6.1 固定圆行驶

在固定圆行驶时可得到最大横向加速度。此外还可了解与横向加速度,此外还可了解与横向加速度,甚至达到最大值时,有关的各个行驶动力学参数的变化。从而可评价汽车的自转向性能(不足转向、过多转向、正常转向)。

1.2.6.2 过渡特性

除固定的自转向特性外(在固定圆行驶中),车辆的过渡特性也具有重要意义。例如在初始为直线行驶时的快速避让驾驶。

避让试验模拟了一种紧急行驶情况,即突然绕开出现的障碍物。在 50 m 长的测试路段中,车辆必须以一定的速度安全地绕过障碍物行驶,障碍物伸入道路 4 m,总长 10 m,如图 1-5 所示。

1.2.6.3 弯道—负荷变化反应中的制动

弯道制动在日常行驶中最关键,因此对于车辆来说也是最重要的行驶行为。汽车在弯道行驶时,驾驶员是否突然松开油门踏板或者单纯地进行制动,从物理层面上看没有什么区别:两者的作用差不多。由于轴荷从后至前会得到重新分配,后轴的侧倾角会更大,而前轴的会更小,这是因为通过既定弯道半径要求的侧向力和整车速度不变:行驶特性会发展为"过多转向"。

在后轮驱动的车辆中,轮胎打滑对自转向特性的影响要小于前驱车辆。这样在后轮驱动车辆中会获得稳定的行驶特性。

在这种情况下,整车应实现转向能力、行

驶稳定性和制动的最优协调。

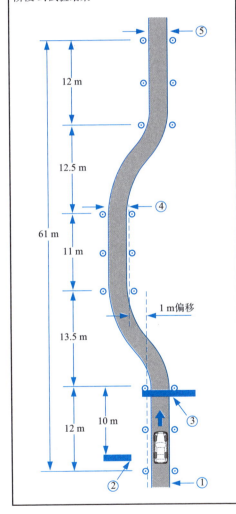

图1-5 避让试验
阶段1:最大挡(手动变速器),换挡等级 D 在 2 000 r/min 时(自动变速器);
阶段2:松开油门;
阶段3:利用光电耦合测量速度;
阶段4:向右转向;
阶段5:试验结束

1.2.7 测量参数

评价行驶动力性的主要参数为:
- 方向盘转角。
- 横向加速度。
- 纵向加速度以及纵向减速度。
- 偏转速度。
- 浮角和摆动角。

附加信息用于解释特定行驶特性以检验其他测量值。
- 纵向和横向速度。
- 前轮和后轮的转向角。
- 所有车轮上的倾斜角。
- 方向盘力矩。

1.2.8 反应时间

在整体"驾驶员-汽车-环境"系统中,驾驶员的敏感度非常重要,因此除了已经定义好的参数外,驾驶员的反应时间也起着主要作用。反应时间包括从识别障碍物到决定制动再到将脚踩在制动踏板上这一时间段。这一时间并不是固定的;根据个人操作情况和外部环境至少应为 0.3 s。

个性化反应行为的确定需要特殊的研究(例如医药-心理研究所所做的研究)。

1.2.9 运动过程

整车运动分为匀速运动(保持一个速度)和非匀速运动(在起动或者加速及制动或者减速时的车速不同)。

发动机提供了整车前行必要的动能。若要改变整车运动的强度和方向,就要通过外界或者通过发动机及动力总成将力施加给整车。

1.2.10 商用车的行驶特性

要对商用车进行行驶特性评价就要进行不同的行驶行为,如静态圆周行驶、转向角跳动(在预先确定的方向盘转角下判断整车反应)以及弯道制动。

一般来说,牵引组合是一种与单体汽车不同的横向动力特性。需要特别关注的是组合中牵引车和挂车的载重比例以及组合的结构形式和几何尺寸。

最不利的情况是商用车牵引车为空载状态而中心轴挂车载重。在这种情况下尤其要求驾驶员集中注意力驾驶。

反应、制动和停车过程如图1-6所示。

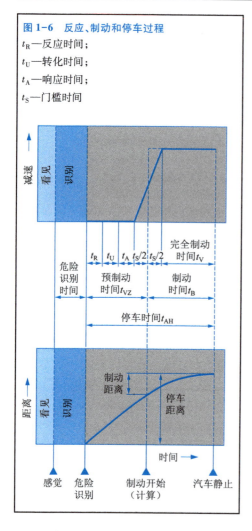

图1-6 反应、制动和停车过程
t_R—反应时间；
t_U—转化时间；
t_A—响应时间；
t_S—门槛时间

表1-2为个人操作的反应时间组成。

表1-2 个人操作的反应时间组成

个人操作	心理反应				肌肉反应	操作物体（例如制动踏板）
识别物体（例如交通标志）	识别	获取信息	决策	传递	运动	
	最佳工作效率	识别和判断	心理协调	传递元	速度	

表1-3为反应时间与个人和外部因素间的联系。

表1-3 反应时间与个人和外部因素间的联系

反应时间较短	反应时间较长
驾驶员个人因素	
熟练的条件反射操作	选择操作
良好的状态，最佳的工作效率	状态不佳，例如疲惫
较好的驾驶技术	驾驶技术欠佳
年轻人	年纪偏大
有准备	注意力不集中，精神分散
身体和心理健康	身体或者心理情况不佳；受惊吓，酗酒
外部因素	
交通情况简单明了，具可预见、可识别性	交通情况复杂、不明了，不可估量和识别
障碍标识	不显眼的障碍标识
障碍物在可视范围内	障碍物超出可视范围
汽车中开关和操作元件有序排列	汽车中的开关和操作元件排列不当

在使用鞍式牵引车时，紧急情况下的制动可以导致整车出现俯仰现象。这一过程可能是由于整车在湿滑的路面上过度制动时牵引车后轴侧向力损失或者在"不同摩擦系数路面(μ-split)"条件下偏转力矩过高造成的（例如路面中部和路面边缘的摩擦力不同）。通过使用防抱死系统可以阻止俯仰现象的发生。

2 行驶动力学基本原理

通过力可以实现物体的运动变化。汽车在行驶中会受到很多力的影响。其中轮胎承担着一个重要功能：车辆的每次运动改变都是由在轮胎上施加的力完成的。

2.1 轮　　胎

2.1.1 任务

轮胎将汽车与路面连接起来，对整车安全起着关键的作用。轮胎传递了驱动力、制动力和侧向力，由此用给定物理条件定义整车的动态负荷极限。重要的评价特征为：
- 直行。
- 弯道稳定性。
- 不同路面的附着能力。
- 转向性能。
- 舒适性（弹簧、减振、噪声）。
- 耐久性。
- 经济性。

2.1.2 结构

受技术和开发状态影响，可将轮胎分为多种结构形式。轮胎性能由轮胎的结构形式、使用特性和防摩擦性能决定。

法规和法律条文对轮胎进行了一系列规定，包括在什么样的条件下使用何种轮胎，轮胎能够允许的最大车速以及轮胎设计中的分类，等等。

2.1.2.1 子午线轮胎

子午线轮胎是轿车用标准轮胎，外胎的帘线轮缘之间的距离类似"子午线"，如图2-1所示。一道稳定的带束层箍住了相对薄的、有弹性的胎壳。

图2-1 轿车子午线轮胎的结构
1—轮辋肩；2—穹侧围；3—轮辋卷边；4—轮胎胎壳；5—密封橡胶层；6—帘线带；7—胎面；8—轮胎侧；9—轮缘；10—轮胎钢丝圈；11—气门嘴

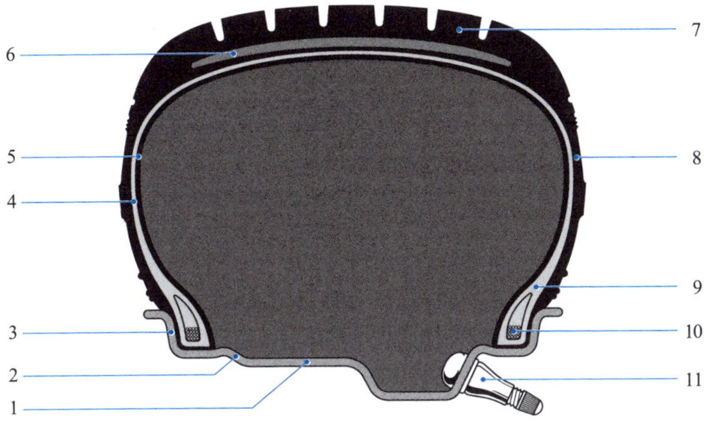

2.1.2.2 斜交线轮胎

斜交线轮胎顾名思义，其外胎厚度层的相邻帘线相互交错（Crossply），呈"斜交线"（Bias）式。此种轮胎还适用于摩托车、自行车、工程机械及农业用车。在商用车使用范围内,它正逐步被子午线轮胎所代替。

2.1.3 法规

机动车和挂车必须满足相应的欧洲法规要求,在美国同样应满足 FMVSS(联邦机动车安全标准)对充气轮胎的规定,即在整个胎面胎沟和切口及其宽度范围内的深度至少应为 1.6 mm。

轿车和允许质量小于 2.8 t,结构规定的最高时速大于 40 km/h 的机动车和它们的挂车只能使用子午线轮胎或者仅能使用斜交线轮胎。在汽车应用中,此要求仅适用于每辆单独的汽车;不适用于时速小于 25 km/h 行驶的机动车后面的挂车。

2.1.4 应用

正确应用轮胎的先决条件是根据整车制造商或者轮胎制造商的建议正确选择轮胎。汽车配置同一类型的轮胎能够保证最佳行驶条件。轮胎的保养、维修、储存和安装是轮胎制造商和专业人士最关注的,因为上述这些重点决定了轮胎在最安全的条件下保证最长的使用寿命。

在使用轮胎时,也可以说在"轮胎活跃状态"下,需要注意:
- 轮胎平衡,以保证最佳的径向跳动。
- 使用适合车辆的轮胎且所有车轮使用的轮胎型号相同。
- 不得超过轮胎允许的最高速度。
- 轮胎应拥有足够深的胎面花纹。

如果轮胎胎面花纹过浅,则保护下面轮胎帘线带及轮胎胎壳的材料最少。尤其对轿车和行驶速度较高的商用车来说,胎面花纹浅会降低车辆在潮湿路面的附着力,由此对行驶安全产生重要影响。制动距离随胎面花纹深度的增加呈非线性增长,如图 2-2 所示。汽车轮胎滑水时的特性尤为重要,如果行驶路面和轮胎之间没有附着力,则汽车也将失去控制。

2.1.5 轮胎滑移

轮胎滑移,又可简称为"滑动",为汽车的理论和实际行驶的路程差。

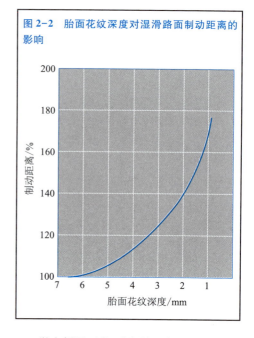

图 2-2 胎面花纹深度对湿滑路面制动距离的影响

举个例子可能更容易理解:轿车轮胎的周长为 2 m。如果车轮转 10 圈,汽车路程应为 20 m,而轮胎滑移可以使制动车辆的实际路程变长。

2.1.5.1 轮胎滑移原因

车轮在驱动力或者制动力作用下发生滚动时,在轮胎接触面会发生复杂的物理变化。这一过程中,橡胶元件会进行收缩并在车轮还未抱死之前停止局部滑动。轮胎的弹性会影响轮胎的变形,并根据自然老化和路面条件增加或减少其"行走性"。因为轮胎的大部分是由橡胶构成的,因此在接触区(轮胎接触面)磨损时只能回收一部分"变形能量"。这一过程,轮胎会变热由此产生能量损失。

2.1.5.2 滑动说明

滚动运动中滑动部分所占比例为滑动值 λ:

$$\lambda = v_F - v_U / v_F$$

参数 v_F 代表行驶速度,v_U 代表车轮的圆周速度,如图 2-3 所示。公式的含义为,一旦车轮转动速度小于汽车行驶速度,则出现制动滑动。只有在这种条件下才能实现制动力和加速度力的转换。

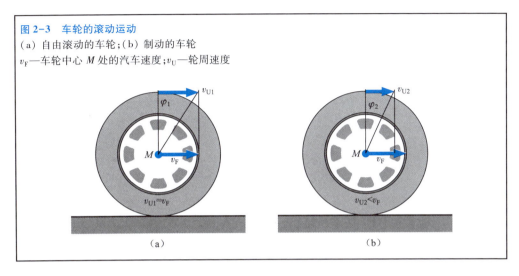

图 2-3 车轮的滚动运动
(a) 自由滚动的车轮;(b) 制动的车轮
v_F—车轮中心 M 处的汽车速度;v_U—轮周速度

因为轮胎滑动是在汽车做纵向运动时产生的,所以又被称为"纵向滑动"。在制动时产生的滑动又可以称作"制动滑动"。

如果还有其他参数叠加影响轮胎滑动(例如更高的车轮负荷或者极端的车轮定位),则会对力传递特性和滑动性产生不利影响。

2.2 汽车上的力和力矩

2.2.1 惯性原理

每个物体都力求在静止状态保持原样或者在运动状态保证其运动,因此为了实现每个状态下的变更,就要施加力或者进行力的传递。例如,如果在冰层上进行弯道制动,那么汽车还会在速度没有明显减慢的情况下继续滑移,并产生转向运动。也就是说,在冰层上轮胎力的传递量很小。

2.2.2 力矩

物体的旋转运动是通过力矩实现的。例如车轮的旋转运动会因为受到制动力矩影响而变慢,而驱动力矩则会加速车轮的旋转运动。

力矩对整车也有影响。假设汽车一侧处于光滑的行驶路面上(例如冰层),而另一侧处于可附着的行驶路面上(例如沥青路),则在制动时汽车会在垂直轴周围产生旋转运动(在不同摩擦系数路面上的制动)。这种旋转运动来自偏转力矩,而偏转力矩由作用在汽车侧面上不同的力中的较大力产生。

2.2.3 力的分配

除了整车重量外(通过重力影响),各种与运动状态无关的力也会对汽车产生影响,如图 2-4 所示。

• 纵向力,例如驱动力、空气阻力或者滚动摩擦。

• 横向力,例如转向力、弯道行驶时的离心力或者侧向风。横向上的轮胎力也可以看成是侧向力。

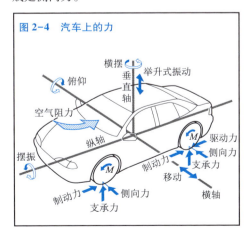

图 2-4 汽车上的力

一方面,纵向和横向力会通过轮胎"从上"或者"从侧面"传递到行驶路面上。载体可以是:
- 底盘(例如风力)。
- 转向装置(转向力)。
- 发动机和变速器(驱动力)。
- 制动装置(制动力)。

另一方面,"从下方"来自路面的力会对轮胎产生影响,进而影响整车。因为每个力都会产生对应的反作用力。

最重要的是来自发动机的驱动力能够克服所有的行驶阻力,从而使汽车运动,其中包括通过路面纵向和横向倾斜产生的阻力。

要想评估汽车的行驶动力性能或者汽车的行驶稳定性就要了解轮胎和路面间的力,这些力也有可能来自接触面(也被称为"轮胎支承面"或者"轮胎压印面")。随着驾驶经验的增长,驾驶员会对影响整车的力具有越来越深入的理解:对于驾驶员来说,汽车加速、减速以及侧向风或者光滑路面都会产生不同的力;在力非常大的时候,也可以说在汽车运动状态发生很大改变的时候,这些力同样是危险的(离心)或者至少会通过轮胎的嘎嘎声变得可以察觉(例如快速起步),并增大磨损。

2.2.4 轮胎力

只有通过轮胎力才能按预计实现汽车的运动或者运动变化。轮胎力由图2-5中的力组成。

2.2.4.1 切线力

切线力F_U由驱动及制动产生。它在纵向上影响行驶路面(纵向力)并使得驾驶员可以通过油门进行加速和通过制动踏板进行制动。

2.2.4.2 轮胎支承力(一般力)

轮胎与街道(路面上表面)之间垂直于路面的力被称为轮胎支承力,也被称为一般力F_N。这个力与汽车运动状态无关,在静止时也会对轮胎产生影响。

图2-5 子午线轮胎支承表面的力及压力分配
F_N—轮胎支承力,也叫作一般力;F_U—切线力(正向:驱动力;负向:制动力);F_S—侧向力

支承力由整车重量加上分配到每个车轮的载荷组成确定,同时它还受道路上坡角度及下坡角度的影响。在平整路面上轮胎的支承力最大。

其他作用于整车的力会提高或降低轮胎的支承力(例如更大的载荷)。在弯道行驶时,弯道内侧的车轮会减荷,而弯道外侧的车轮会增荷。

由于轮胎支承力的存在,所以在行驶路面上的轮胎接触面会变形。因为轮胎侧壁也会出现这种变形,所以支承力不能均匀分布。因此会出现一个梯形的压力分配,如图2-5所示。轮胎侧壁能够感知力的作用,轮胎变形情况受所受负荷影响。

2.2.4.3 侧向力

侧向力会对车轮产生影响,例如在进行转向或者有侧向风时。它会影响汽车的方向改变。

2.2.5 制动力矩

在制动时,驾驶员通过踩下制动踏板使得制动衬片挤压制动鼓(鼓式制动器中)或制动盘(盘式制动器中),因此会产生摩擦力。

摩擦力和摩擦力作用点距旋转轴的距离的共同产物是制动力矩 M_B。

这一力矩在制动过程会对轮周产生影响。

2.2.6 偏转力矩

汽车垂直轴周围的偏转力矩由汽车左右两侧的不同纵向力及前轴和后轴的不同侧向力产生。有了偏转力矩汽车才能在弯道行驶时转弯。不被期望的偏转力矩，如不同摩擦系数路面（μ-split）上进行制动时出现的偏转力矩，或者斜向制动时出现的偏转力矩都可以通过设计措施减小。转向滚动半径（LPH）为轮胎支承点和行驶路面上车轮转向轴冲击点之间的距离，如图2-6所示。当与车轮支承点有关的车轮转向轴冲击点在整车外侧时，这一数值为负。制动力与正负向转向滚动半径一起通过杠杆作用产生转向力矩，这一力矩以特定转向角传递到车轮上。当转向滚动半径为负时，转向角与非期望偏转力矩作用相反。

图 2-6 转向滚动半径
(a) 转向滚动半径，正向：$M_{Ges} = M_T + M_B$；
(b) 转向滚动半径，零：没有偏转力矩；
(c) 转向滚动半径，负向：$M_{Ges} = M_T - M_B$
1—车轮转向轴；2—车轮支承点；3—冲击点
l—转向滚动半径；M_{Ges}—总力矩（偏转力矩）；M_T—惯性力矩；M_B—制动力矩

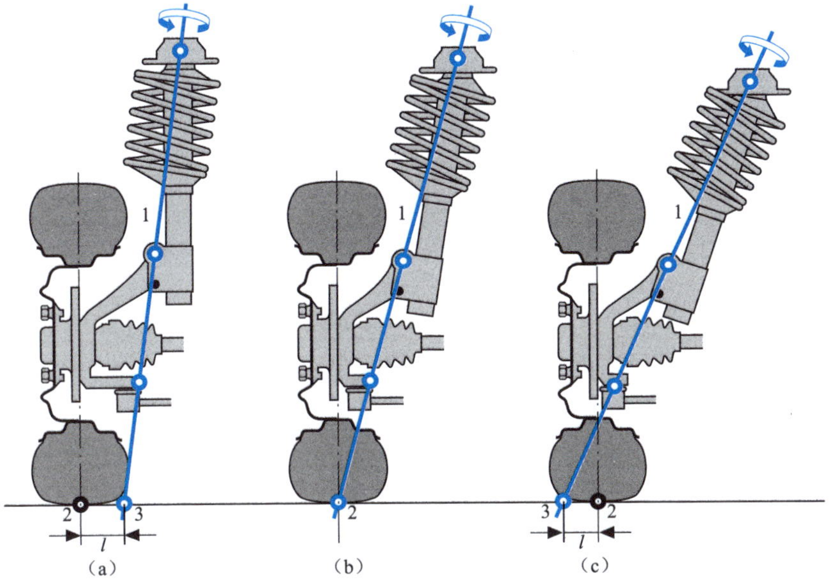

2.2.7 摩擦力

2.2.7.1 静摩擦系数

伴随制动力矩会在轮胎和行驶路面表面之间产生制动力 F_B，其在静态时（没有车轮加速）与制动力矩成正比。在路面传递的制动力的值（摩擦力 F_R）与轮胎支承力 F_N 成正比：

$$F_R = \mu_{HF} \cdot F_N$$

μ_{HF} 叫作静摩擦系数、摩擦系数或者附着系数。它表明了不同轮胎/路面材料匹配的特性及所有由匹配产生的影响。

由此，静摩擦系数是一种传递的制动力

的比例,它与下列因素有关:
- 路面状态。
- 轮胎状态。
- 行驶速度。
- 天气情况。

总之,静摩擦系数与制动力实际生效的比例有关。对于机动车来说,在干燥和清洁的路面时其静摩擦系数能达到最高值,在冰面时为最低。车辆与路面之间的介质,如水和脏物会降低静摩擦系数。表2-1中的数值适用于路况良好的混凝土和柏油碎石路面。

表 2-1 轮胎的静摩擦系数

行驶速度/ (km·h^{-1})	轮胎 状态	路面 干燥 μ_{HF}	路面湿滑 (水深0.2 mm) μ_{HF}	强降雨 (水深1 mm) μ_{HF}	积水 (水深2 mm) μ_{HF}	结冰 光滑冰面 μ_{HF}
50	新	0.85	0.65	0.55	0.5	
	旧	1	0.5	0.4	0.25	
90	新	0.8	0.6	0.3	0.05	0.1 或更小
	旧	0.95	0.2	0.1	0.0	
130	新	0.75	0.55	0.2	0	
	旧	0.9	0.2	0.1	0	

在湿滑的路面上,静摩擦系数在很大程度上受车速影响。较高车速下或者相应的路面状况下时制动会出现车轮抱死。一旦一个车轮出现抱死,那它传递的力就会增长,整车就会失控。图2-7说明了纵向上车轮速度、制动力和制动力矩的状况,图2-8形象地展示了湿滑路面上,不同车速条件下抱死车轮静摩擦系数的频率分配。

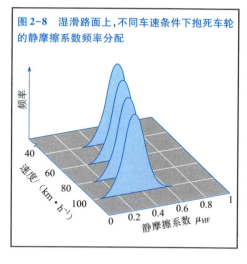

图 2-8 湿滑路面上,不同车速条件下抱死车轮的静摩擦系数频率分配

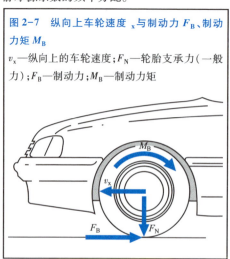

图 2-7 纵向上车轮速度 v_x 与制动力 F_B、制动力矩 M_B

v_x—纵向上的车轮速度;F_N—轮胎支承力(一般力);F_B—制动力;M_B—制动力矩

车轮和路面间的摩擦力确定了力的传递。安全系统ABS(防抱死系统)和ASR(驱动防滑系统)就最好地利用了静摩擦。

2.2.7.2 滑水

当下雨时雨水在路面上形成"水膜",汽车"浮起"时,摩擦值几近为零,这时就出现了"滑水"现象,同时路面接触接近无效。原因

在于,滑水时会在轮胎的整个支承面下方形成一个水楔,并由此将地面隔离开。滑水受下列因素影响:

- 路面的积水高度。
- 汽车行驶速度。
- 胎面花纹形式、轮胎宽度和轮胎磨损程度。
- 轮胎压向路面的负荷。

宽轮胎尤其危险,因为在滑水状态下汽车失控并不能够制动,转向运动和制动力都不能传递到路面上。

2.2.7.3 滑动摩擦

摩擦分为静摩擦和滑动摩擦。在物体静止时,静摩擦大于滑动摩擦。这同样适用于处于滚动状态的橡胶轮胎,轮胎滚动中的静摩擦系数要大于制动过程中的静摩擦系数。在橡胶轮胎滚动时滑动过程就出现了,这也被称为"打滑"。

2.2.7.4 制动打滑对静摩擦系数的影响

在起动或者加速时,力的传递受轮胎和路面间的打滑影响,在制动或者减速时同样也是如此。原则上说,制动和驱动时轮胎的摩擦与其滑动的比例一致。

图2-9显示的是制动时静摩擦系数 μ_{HF} 的曲线图。制动打滑从零开始增长,在制动打滑为10%～40%时(根据路面和轮胎情况)达到最大值,之后开始下降。曲线的增长部分在"稳定范围"(轻微制动区域),下降部分被称为"不稳定区域"。

大多数制动和加速过程都处于稳定范围的轻微打滑区域,这样在打滑力上升时附着力也会上升。一般情况下,在不稳定范围,打滑力上升时附着力会下降。制动时车轮在十分之一秒内抱死,加速时过剩的驱动力矩会提高一个或者所有驱动轮的转速,驱动轮会打滑。

直行时,ABS和ASR会阻止制动或者加速时汽车进入不稳定范围。

2.2.8 横向力和侧向力

如果有侧向力作用于一个自由滚动的车

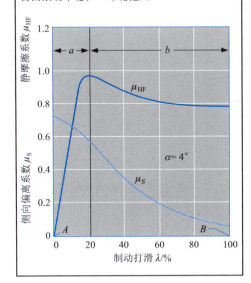

图2-9 与制动打滑相关的静摩擦系数 μ_{HF} 和侧向偏离系数 μ_S
a—稳定范围;b—不稳定范围;α—倾斜角;A—自由滚动车轮;B—车轮抱死

轮,那么车轮重心就会偏移。侧向速度和纵向速度被称为"横向打滑"或者称为"侧向偏离"。产生的侧向速度 v_α 和纵向速度 v_x 之间的夹角被称为"倾斜角α",如图2-10所示。浮游角 γ 是行驶方向之间的角度,即汽车的运动方向和汽车纵轴之间的角度。在较高横向加速度时,浮游角作为汽车可控性标准。

在静止状态下(即没有车轮加速度),通过轴影响车轮的侧向力 F_S 和通过路面表面影响车轮的侧向力等重。通过轴影响车轮的侧向力与车轮支承力 F_N 之间的比值被称为侧向偏离系数 μ_S。

倾斜角α和侧向偏离系数 μ_S 之间具备非线性联系,这种联系可以通过倾斜曲线说明。与静摩擦系数相反,车轮支承力 F_N 对侧向偏离系数 μ_S 的影响很大。底盘设计过程中,汽车制造商对这一特性尤为关注,可以使用稳定器对行驶特性做出积极影响。

侧向力 F_S 较大时,轮胎压印面积(支承面)会向轮辋平面有很大位移,如图2-11所示,侧向力由此会延迟。这种情况对做转向运动汽车的过渡特性(由起始行驶状态变为其他行驶状态）有很大影响。

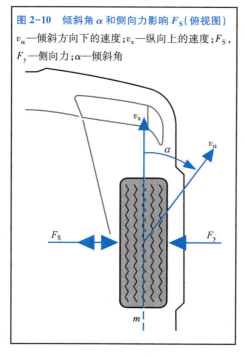

图2-10 倾斜角 α 和侧向力影响 F_S（俯视图）
v_α—倾斜方向下的速度；v_x—纵向上的速度；F_S、F_y—侧向力；α—倾斜角

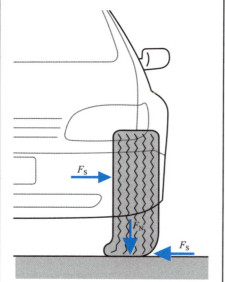

图2-11 轮缘平面的轮胎压印面积，例如在受到侧向力 F_S 发生右转弯时（前视图）
F_N—轮胎支承力（一般力）；F_S—侧向力

制动打滑会对侧向力产生影响。

弯道行驶时，转移重心向外移动的离心力要与作用所有车轮的侧向力保持平衡，这样汽车才能够适应蜿蜒的路面。

只有在轮胎发生侧面弹性变形时，才会出现侧向力，因此与倾斜角 α 有关、速度为 v_α 的车轮重心运动方向与车轮中心面"m"发生偏差（图2-10）。

图2-9 为倾斜角4°时以侧向偏离系数 μ_S 形成的制动打滑函数。制动打滑为零时，侧向偏离系数达到最大值。随着制动打滑增大，侧向偏离系数先是缓缓下降，之后下降速度不断增加，最后达到抱死车轮的最低点。最小值要基于抱死车轮的倾斜角位置，抱死车轮之后不再接受侧向导入的力。

2.2.9 摩擦—轮胎打滑—轮胎支承力

轮胎的摩擦主要受纵向打滑影响。轮胎的支承力在其中居次要位置，在轮胎打滑情况下，制动力和支承力之间发生线性联系。

摩擦也与轮胎倾斜角有关（横向打滑）。在同样的轮胎打滑和倾斜角增大的条件下，制动力和驱动力会下降。而在制动力和驱动力不变，倾斜角变大时，轮胎打滑反而增加。

2.3 汽车纵向动力学

2.3.1 总行驶阻力

如果侧向力或者制动力矩对车轮轮缘发生影响，则路面会对侧向力和制动力做出反应并作用到轮胎上。车轮会接收所有来自路面的相应的力直至达到物理极限，并通过等值的反作用力进行平衡。

如果在物理极限，力并没有平衡则汽车就会变得不稳定。

总行驶阻力 F_G 是滚动阻力、空气阻力及爬坡阻力之和，如图2-12所示。为了克服总行驶阻力，就要在驱动轮上加相应的驱动力。作用在车轮上的驱动力越大，发动机转矩就越大，发动机和驱动轮之间的总速比也就越大，同时传递损失越小（发动机纵向布置时效率为0.88~0.92，发动机横向布置时为0.91~0.95）。

2 行驶动力学基本原理

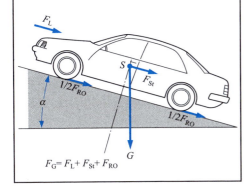

图 2-12 总行驶阻力 F_G
F_L—空气阻力；F_{RO}—滚动阻力；F_{St}—爬坡阻力；F_G—总行驶阻力；G—重力；α—上坡/下坡角；S—重心

$$F_G = F_L + F_{St} + F_{RO}$$

表 2-2 轿车的空气阻力系数 c_w 示例

汽车结构形式	c_w
敞篷轿车	0.5~0.7
厢式结构	0.5~0.6
阶背式①	0.4~0.55
楔形车身	0.3~0.4
包敷式	0.2~0.25
滴状式	0.15~0.2

表 2-3 商用车的空气阻力系数 c_w 示例

汽车结构形式	c_w
标准牵引车	
"无包敷式"	≥0.64
"部分包敷式"	0.54~0.63
"全部包敷式"	≤0.53

驱动力一部分用于克服总行驶阻力。通过增大速比还应与上坡时大大增加的行驶阻力相适应（变速器）。驱动力大于行驶阻力则汽车做加速运动，总行驶阻力更大时，汽车做减速运动。

2.3.1.1 直行时的滚动阻力

滚动阻力来自车轮和行驶路面的变形，它是重力和滚动阻力系数的产物。滚动阻力系数越大，轮胎半径越小，则轮胎的变形也越大，例如在轮胎充气压力最小时。在负荷和车速上升时滚动阻力也会随之增长。此外，它还会随着路面状态而变化，例如在沥青路上汽车的滚动阻力仅约为在土路上的25%。

2.3.1.2 弯道行驶时的滚动阻力

弯道行驶时，滚动阻力会大于弯道阻力，弯道阻力系数受行驶速度、弯道半径、轴的运动特性、轮胎、轮胎空气压力及倾斜特性影响。

2.3.1.3 空气阻力

空气阻力 F_L 由空气密度 ρ、空气阻力系数 c_w（与汽车结构形式有关，表 2-2 和表 2-3）、运动方向映射的横截面积 A 及行驶速度（包括迎风车速）求得。

$$F_L = c_w \cdot A \cdot v^2 \cdot \rho/2$$

2.3.1.4 爬坡阻力

爬坡阻力 F_{St}（正号标识）或者下坡阻力（负号标识）由汽车重力 G 和上坡或者下坡角 α 求得。

$$F_{St} = G \cdot \sin\alpha$$

2.3.2 加速和减速

当加速（或者减速）固定不变，就会出现纵向上的匀加速或者匀减速。在减速时经过的距离要比加速时经过的距离更重要，因为制动距离的长度会直接影响交通安全。

制动距离的长度受很多因素的影响：
- 行驶速度：在匀减速情况下，制动距离随速度呈二次方增长。
- 汽车负荷：附加重量会延长制动距离。
- 路面状态：在湿滑的路面上，路面和轮胎之间的静摩擦系数更低，由此制动距离会更长。
- 制动器状态：浸油的制动衬片，例如制动衬片和制动盘及制动鼓之间的摩擦力降低。更低的制动力会导致制动距离更长。

---
① 阶背式车尾。

- 制动作用衰减现象:制动部件过热,制动作用同样会下降。

当汽车车轮上的驱动力或者制动力过高,以至于车轮不能附着在路面上时,就能达到加速度或者加速度的最高值(最大附着)。

事实上达到的值会更低一些,因为并不是在每次加速(减速)时,所有车轮都会同时使用最大的可能附着力。驱动力、制动力和行驶稳定性电子调节系统(ASR、ABS和ESP)能够在最大传递力范围内起作用。

2.4 汽车横向动力学

2.4.1 受到侧向风时的行驶特性

强劲的侧向风会影响机动车,尤其是行驶速度较高或者尺寸较小的机动车偏离其行驶轨道,如图2-13所示。一旦突然受到侧向风,例如汽车突然从低洼处驶出时,则在反应时间内,尺寸较小的汽车会发生显著的侧向偏转,偏转角度也会发生改变,驾驶员有可能做出错误反应。

在汽车受到风力为 F_W 的斜向风时,除了会产生纵向上的空气阻力 F_L 外,还会产生横向上的风力。这时可以将分配到整个车身上的力看成为一个侧向风力 F_{SW}。这一侧向风力作用于"压力点 D"。压力点 D 受车身形状和吹风角度影响。

压力点一般情况下位于整车的前半部分。在阶背式(阶背式车尾)中压力角在很大程度上是稳定的,与在流线型车身中的压力角位置类似,接近汽车中部,随吹风角度改变而变化。

与之相反,中心点 S 的位置与负荷状态相关。为了对侧向风影响进行普遍描述(与底盘至车身的相对位置无关),因此要选择一个位于车身前端中部位置的参考点 O。

在对因压力点而不同的参考点进行的侧向风说明中,还要加上每个压力点周围的侧向力力矩——偏转力矩 M_Z。侧向力会通过车轮上的侧向传导力中和。除了受倾斜角和车轮负荷的影响,空气轮胎的侧向传导力还受到轮胎类型和大小、内部压力以及路面摩擦特性的影响。

当压力点接近于整车重心时,汽车能在受到侧向风时拥有良好的行驶方向稳定性。压力点位于重心之前时,汽车过度转向时弯道曲率最小。在不足转向的汽车中,压力点的最有利位置是略在重心之后。

2.4.2 不足转向和过度转向

只有车轮朝其平面做斜向滚动时,才会在路面和橡胶轮胎之间产生侧向导向力,因此必须有倾斜角。随着横向加速度的增加,前轴倾斜角的增长大大高于后轴倾斜角,这时汽车就会发生不足转向;反之,则称为过度转向,如图2-14所示。

出于安全考虑,汽车一般都设计为转向略为不足至中性位置。通过驱动滑动可以使前部驱动器实现更强的不足转向,而后部驱动器变为过度转向。

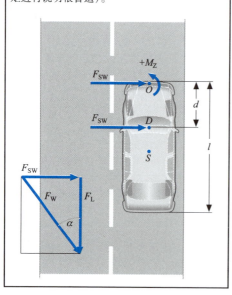

图2-13 受到侧向风时的汽车

D—压力点;O—参考点;S—重心;F_W—风力;F_L—空气阻力;F_{SW}—侧向风力;M_Z—偏转力矩;α—吹风角度;l—汽车长度;d—压力点 D 至参考点 O 的距离

注:F_S 和 M_Z 作用在 O 点,相应的 F_S 作用在 D 点(在空气运动学中,用无尺寸的系数代替力和力矩进行说明很普遍)。

2 行驶动力学基本原理

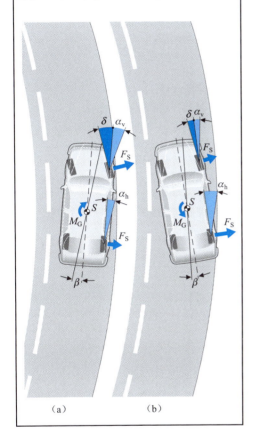

图 2-14 汽车的不足转向和过度转向
（a）—不足转向；（b）—过度转向
α_v—倾斜角（前）；α_h—倾斜角（后）；δ—转向角；β—浮游角；F_S—侧向力；M_G—偏转力矩

- 汽车重心高度。
- 汽车质量。
- 汽车轮距。
- 轮胎与路面直接接触产生的摩擦（天气、路面、轮胎状态）。
- 汽车的负荷分配。

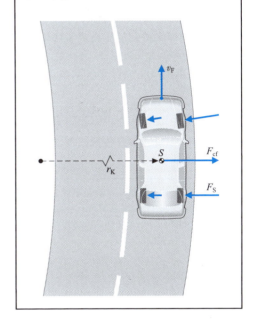

图 2-15 弯道上的离心力
F_{cf}—离心力；v_F—汽车速度；F_S—单个车轮上的侧向力；r_K—弯道半径；S—重心

当离心力超过车轮的侧向力，整车不能沿既定轨道行驶时，在弯道上有可能发生危险。这样的力比率也有可能实现弯道超车。

汽车前轴位置改变，则为不足转向，后轴位置改变，则为过度转向。在两种情况，ESP 可以识别垂直轴周围的未预期的旋转运动。通过对单个车轮进行适当的主动制动，ESP 可以使汽车重新恢复到稳定状态。

2.4.3 弯道上的离心力

离心力 F_{cf} 位于重心 S 上，如图 2-15 所示。其影响因素有很多。

- 弯道半径。
- 汽车行驶速度。

3 防抱死系统(ABS)

在紧急的行驶环境下,制动过程中可能会出现车轮的抱死现象。这种现象可能是由路面湿滑或者驾驶员受到惊吓时做出的反应(未预见的障碍物)造成的。汽车不受控制,就会打滑且/或脱离路面。防抱死系统(ABS)能在制动时早期识别一个或者几个车轮的抱死倾斜,并立即维持制动压力或者降低制动压力。这样车轮就不会抱死,汽车也就可以得到控制。由此汽车可以变得安全,实现较快制动并停车。

3.1 系统概况

ABS 制动装置安装在传统的制动系统部件上,如图 3-1 所示。

传统的制动系统部件:
- 制动踏板。
- 制动力增强器。
- 主制动缸。
- 平衡液罐。
- 制动管路和制动软管。
- 带车轮制动缸的车轮制动器。

另外,还有其他部件:
- 车轮转速传感器。
- 液压调制器。
- ABS 控制器。
- 控制灯,能够在 ABS 系统切断的时候显示。

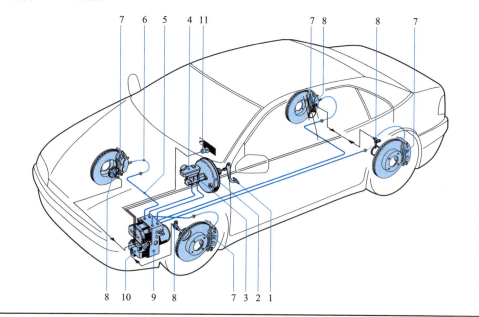

图 3-1 带有防抱死系统的制动装置系统
1—制动踏板;2—制动力增强器;3—主制动缸;4—平衡液罐;5—制动管路;6—制动软管;7—带有车轮制动缸的车轮制动器;8—车轮转速传感器;9—液压调制器;10—ABS 控制器(在此作为液压调制器的安装控制器);11—ABS 控制灯

3.1.1 车轮转速传感器

带有 ABS 的制动调节系统的重要输入参数为车轮转速。车轮转速传感器收集车轮的旋转速度并将电子信号进一步传递到控制器上。根据系统结构,轿车一般使用 3 或 4 个车轮转速传感器(ABS 系统类型)。借助于转速信号,传感器可以计算车轮和路面的滑动,由此可以识别单个车轮的抱死倾向。

3.1.2 控制器

控制器可以根据已设定的数学算法(控制和调节算法)对传感器的信息进行加工。计算的结果就是用于液压调制器的选择信号。

3.1.3 液压调制器

如图 3-2 所示,液压调制器中集成了电磁阀,能够接通或者切断主制动缸 1 和车轮制动缸 4 之间的液压管路。此外还可以建立车轮制动缸和回油泵 6 之间的联系。电磁阀有 2 个液压接头和 2 个阀门位置(2/2 电磁阀)供使用。主制动缸和车轮制动缸之间的进流阀 7 主要控制压力上升,车轮制动缸和回油泵之间的出流阀 8 控制压力下降。每个车轮制动缸都有这样一对电磁阀。

在一般情况下,液压调制器的电磁阀处于"压力上升"位置,进流阀位于转换位置,液压调制器就建立了主制动缸和车轮制动缸间的一般联系。由此在主制动缸中建立的制动压力会在制动过程中直接传递到不同车轮的车轮制动缸上。

在较滑的路面上进行制动或者全制动,随着制动打滑的上升车轮抱死的危险也会增加。电磁阀会到达"维持压力"的位置。主动缸和车轮制动缸分离(进流阀锁止),这样主制动缸中的压力上升时不会带动制动压力上升。

尽管采取了这些措施,但打滑现象还会增加,而相应车轮制动缸中的压力会减小。为此电磁阀会换到"压力下降"位置。进流阀继续处于锁止状态,通过出流阀可以与集成在液压调制器中的回油泵进行制动液汲取控制。车轮制动缸中的制动压力会下降,车轮不会抱死。

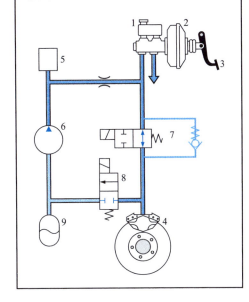

图 3-2 带有 2/2 电磁阀的液压调制器原理
1—带平衡液罐的主制动缸;2—制动力增强器;3—制动踏板;4—带车轮制动缸的车轮制动器;5—缓冲室;6—回油泵;7—进流阀;8—出流阀;9—制动液存储器
注:液压调制器带 5~9;进流阀处于转化模式;出流阀处于锁止模式。

3.2 对 ABS 的要求

ABS 必须满足多方面的要求,尤其是制动动力学和制动装置技术方面的所有安全要求。

3.2.1 行驶稳定性和操纵性

- 制动调节系统应保证在所有路面状况下(从干燥的路面直至冰面)具有稳定性和操纵性。
- ABS 应最大限度利用车轮和路面的静摩擦系数,这样就能在缩短制动距离的情况下获得行驶稳定性和操纵性。这样驾驶员突然踩制动踏板或者制动压力缓慢上升直至抱死界限就不会产生影响。
- 制动调节系统应能较快适应路面变化,例如在干燥但是部分带有冰层的路面在不影响行驶稳定性和操纵性的情况下短时间内阻止车轮抱死,同时应尽可能利用路面干燥部分的附着。

- 在不一致的路面表面制动时(例如右侧车轮在冰面,左侧车轮在干燥的沥青路面),要尽可能地减缓不可避免出现的偏转力矩(汽车垂直轴周围的扭矩,能够造成汽车向行驶方向做横向旋转),通过反转向弥补"一般驾驶员"的操作。
- 在弯道上制动时,汽车应稳定并可操纵,在汽车速度小于弯道限制速度的情况下尽可能地获得较短制动距离(弯道限制速度可以理解为在不偏离行驶轨道的情况下,能够恰好通过给定半径的弯道的汽车速度)。
- 在起伏路面上进行强烈制动时也应满足行驶稳定性、操纵性及最佳制动的要求。
- 制动调节系统应能够识别滑水(在有水覆盖的路面上车轮浮起)并做出适当反应,保证汽车的稳定性及直行性。

3.2.2 调节范围

制动调节系统应能用于整个汽车速度范围直至降低为步行速度(低速极限,约为 2.5 km/h)。如果在这种低速下车轮抱死,则不必考虑汽车至静止状态下拖滑的距离。

3.2.3 时间特性

- 应尽可能快地实现制动滞后(松开车轮制动器后的制动)的适应及发动机的影响(放开离合器踏板时的制动)。
- 应避免由于车轮悬架振动引起的汽车摆动。

3.2.4 可靠性

监控线路应始终控制 ABS 功能完好。如果线路识别到会严重影响制动特性的故障,则 ABS 切断。驾驶员会通过信息指示灯了解到仅可以使用无 ABS 功能的基础制动装置。

3.3 制动车轮的动力学

图 3-3 和图 3-4 显示的是制动过程使用 ABS 的物理联系,ABS 调节范围为深灰色区域。图 3-3 中的曲线 1、2 和 4 显示的是路面

状态,随着制动压力的上升,静摩擦也会上升,由此会将制动效能提高到最大值。

在不使用 ABS 的汽车中制动力压力超过静摩擦最大值继续升高,意味着汽车的过度制动。随着轮胎变形,轮胎支承面(与路面接触面)"打滑"部分会扩大,直至静摩擦下降、滑动摩擦增长。

制动打滑 λ 为滑动摩擦的比例:在 $\lambda = 100\%$ 时车轮抱死,只有打滑摩擦起作用。

制动打滑公式:

$$\lambda = (v_F - v_R) / v_F \cdot 100\%$$

它表示在怎样的比例下轮边速度 v_R 能与汽车行驶速度一致。

由图 3-3 中的曲线 1(干燥路面)、曲线 2(潮湿路面)、曲线 4(冰面)的变化可知,使用 ABS 要比在车轮抱死进行全制动(制动打滑 $\lambda = 100\%$)时获得更短的制动距离。曲线 3(雪路面)为轮胎加了防滑链,以在车轮抱死时获得更大的制动效能。图 3-3 体现了 ABS 在保持行驶稳定性和操纵性方面的优势。

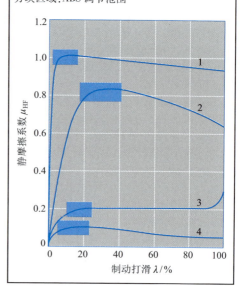

图 3-3 与制动打滑 λ 相关的静摩擦系数 μ_{HF}
1—在干燥混凝土路面的子午线轮胎;2—潮湿沥青路面上的斜交线冬季轮胎;3—在松软雪路面上的子午线轮胎;4—潮湿冰面上的子午线轮胎
方块区域:ABS 调节范围

如图 3-4 中静摩擦系数 μ_{HF} 和侧向偏离系数 μ_S 展示的，与倾斜角 $\alpha=2°$ 比较，更大的倾斜角 $\alpha=10°$（这意味着由于汽车的高横向加速度导致了高侧向力）时，ABS 调节范围得到了扩展。

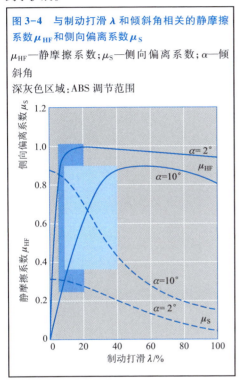

图 3-4 与制动打滑 λ 和倾斜角相关的静摩擦系数 μ_{HF} 和侧向偏离系数 μ_S

μ_{HF}—静摩擦系数；μ_S—侧向偏离系数；α—倾斜角

深灰色区域：ABS 调节范围

横向加速度较大时，进行弯道上的完全制动，ABS 会在早期开始工作并最初允许制动打滑为 10%。在 $\alpha=10°$ 时静摩擦系数 μ_{HF} 首先会达到 0.35，通过侧向偏离系数 μ_S = 0.80，几近最大。

在这种比例下，正如在弯道制动时，车速下降，横向加速度也随之下降，ABS 允许提高更大的打滑值，这样减速也会增加，同时侧向偏离系数会随着横向加速度增长而降低。

弯道制动时，制动力增长很快，使得弯道制动时的总制动距离比在同样条件下直行时制动的制动距离略大。

3.4 ABS 调节回路

3.4.1 概览

ABS 调节回路的组成如图 3-5 所示。

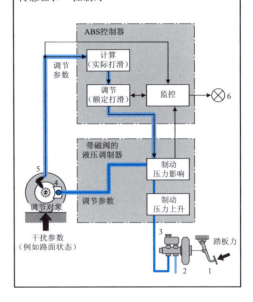

图 3-5 ABS 调节回路
1—制动踏板；2—制动力增强器；3—带有平衡液罐的主制动缸；4—车轮制动器；5—车轮转速传感器；6—控制灯

3.4.1.1 调节对象
- 带车轮制动器的汽车。
- 由轮胎和路面构成的车轮摩擦关系。

3.4.1.2 在调节回路中的干扰参数
- 由于不同道路表面和车轮负荷改变（例如弯道行驶）造成的轮胎和路面之间附着力的改变。
- 路面不平，出现车轮和轴的振动。
- 轮胎不圆、轮胎压力低、磨损的胎面花纹、不同的轮边，例如应急备用车轮。
- 制动的滞后和衰减。
- 用于 2 个制动回路的主制动缸中压力不同。

3.4.1.3 调节器
- 车轮转速传感器。
- ABS 控制器。

3.4.1.4 调节参数
- 车轮转速及由此导出的轮边减速度。

- 轮边加速度以及制动打滑。

3.4.1.5 参考变量

驾驶员踩制动踏板的脚力,通过制动力增强器得以加强,在制动系统中产生制动压力。

3.4.1.6 调节参数

车轮制动缸中的制动压力。

3.4.2 调节对象

ABS控制器中的数据加工服务于以下调节对象:
- 一个不驱动的车轮。
- 分配到此车轮上的四分之一汽车质量。
- 车轮制动器及用于来自轮胎和路面的摩擦副的车轮制动器位置。
- 理想的静摩擦系数—滑动弯道,如图3-6所示。

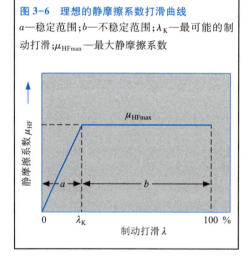

图3-6 理想的静摩擦系数打滑曲线
a—稳定范围;b—不稳定范围;λ_K—最可能的制动打滑;μ_{HFmax}—最大静摩擦系数

弯道分为制动打滑呈线性增长的稳定范围和曲线稳定(μ_{HFmax})的不稳定范围。作为进一步简化,以直行的制动过程为基础,相当于紧急制动。

图3-7为制动力矩M_B(制动器通过轮胎的力矩)及路面摩擦力矩M_R(通过路面/轮胎摩擦副又重新作用到车轮上的力矩)与时间t的关系,同时也显示了轮边减速($-a$)与时间t的关系;制动力会随着时间线性增长。只要制动过程在静摩擦系数打滑曲线的稳定范围内,路面摩擦力矩借助于较低的时间滞后伴随着制动力矩。

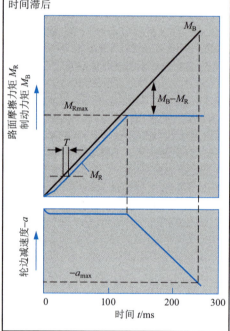

图3-7 制动过程简化说明
$-a_{max}$—最大轮边减速度;M_B—制动力矩;M_R—路面摩擦力矩;M_{Rmax}—最大路面摩擦力矩;T—时间滞后

在约130 ms后,路面摩擦力矩会达到最大值(μ_{HFmax}),由此达到静摩擦系数打滑曲线。制动力矩M_B不可避免地继续升高的同时,按静摩擦系数打滑曲线看,路面摩擦力矩M_R不再继续升高,而且保持同一水平不变。130~240 ms(车轮抱死)在稳定范围内M_B-M_R的小力矩差异会快速增大。这一力矩差是用于制动车轮轮边减速($-a$)的精确比例。在稳定范围,轮边减速被限制在一个很小的值内,而在不稳定范围会按照数值增加。这样静摩擦系数打滑曲线的稳定范围和不稳定范围的特性恰好相反。ABS充分利用了这种相反的特性。

3.4.3 调节参数

对于ABS调节质量,关键是选择合适的

调节参数。其基础是车轮转速传感器信号，利用这些信号可以在控制器中计算轮边减速度和轮边加速度、制动打滑、参考速度以及整车减速。轮边减速度和轮边加速度以及制动打滑都不能单独作为调节参数，因为制动时驱动车轮的特性与非驱动车轮的特性差别很大。只有将这些参数进行适当的逻辑连接才能得到良好结果。

因为不能直接测量制动打滑，所以在控制器中计算的是与之类似的参数。参考速度可以作为基础，它能与最可能制动条件下的速度（最佳制动打滑）相符。为了得到这一速度，车轮转速传感器要持续向控制器传递进行车轮速度计算的信号。

控制器选取一条"斜交线"（例如右前车轮和左后车轮），并由此建立参考速度。一般来说，在部分制动的情况下由成斜交线的2个快速转动的车轮确定参考速度。如果在全部制动时使用 ABS 调节系统，则车轮速度会与整车速度发生偏差，因此不能在无更改情况下计算参考速度。在调节阶段，控制器在调节伊始从速度出发构成参考速度，并使其呈斜坡状减小。斜坡的升高要通过逻辑信号和连接的评估实现。

如果将整车速度另外作为轮边加速度及轮边减速度和制动打滑的辅助参数，则控制器中的逻辑线路可以通过计算结果受到影响，这样就可以获得理想的制动调节系统。这种设计已经在博世公司的防抱死系统（ABS）中得以实现。

一般来说，当驾驶员松开离合制动时，非驱动车轮的轮边加速度及轮边减速度调节参数可以同时适用于非驱动车轮和驱动车轮。这可以在静摩擦系数打滑曲线的稳定范围和非稳定范围调节对象性能相反中得到证明。

在稳定范围内，轮边减速仅可以使用有限的值，也就是说当驾驶员猛踩制动踏板时，汽车会在车轮不抱死的情况下实现紧急制动。

与其相反的是，在不稳定范围，驾驶员为了让车轮暂时抱死，仅需要稍用力踩制动踏板。这种特性能够在轮边减速及轮边加速的辅助下获得用于制动的最优打滑。

用于起动 ABS 调节的轮边减速的固定界限可以比最大可能的整车减速度略高。因此，驾驶员刚开始仅轻微制动，接下来再增加制动踏板上的力是很重要的。在界限太高时，车轮会在 ABS 未识别不稳定状态下留在静摩擦系数打滑曲线的不稳定范围。

如果在完全制动时首次达到轮边减速的固定界限，那么相关车轮的制动压力不能自动降低，因为在现代结构形式的轮胎中，不滑路面较高输出速度时会损失有价值的制动距离。

驱动车轮的调节参数为一挡和二挡时的制动，发动机会影响驱动车轮并明显提高其有效惯性力矩 Θ_R。也就是说，车轮的运动像是明显变重那样。在同样的尺寸下，轮边减速的敏感度会下降至与静摩擦打滑曲线非稳定范围中的制动力矩变化相当。

针对非驱动车轮，静摩擦系数打滑曲线的稳定范围和非稳定范围之间显示的相反特性需要进行较大修改，因为这里的轮边减速作为调节参数往往不够获得摩擦最大的制动打滑。因此，就非常有必要再加上一个与制动打滑相类似的参数作为调节参数，并以合适的方式与轮边减速度组合。

图 3-8 显示了非驱动车轮与用发动机耦合的驱动车轮之间的比较。在这个示例中，发动机惯性将有效车轮惯性力矩提高了4倍。非驱动车轮，离开静摩擦系数打滑曲线的稳定范围时，会在早期超过确定的轮边减速界限（$-a_1$）。如果驱动车轮由于车轮惯性力矩呈4倍增长，在超过界限（$-a_2$）之前，那么首先要有呈4倍关系的力矩差：

$$\Delta M_2 = 4 \cdot \Delta M_1$$

驱动车轮可以在保持整车稳定情况下仍处于静摩擦系数打滑曲线的不稳定范围。

3.4.4 调节质量

为实现调节质量，防抱死系统应满足以下准则：

- 通过将足够的侧向引导力传递到后轮上获得行驶稳定性。
- 通过将足够的侧向引导力传递到前轮上获得行驶操纵性。
- 通过对轮胎和路面之间附着力的最佳利用可以相对抱死制动，缩短制动距离。

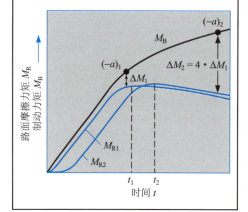

图3-8 非驱动车轮和使用发动机耦合的驱动车轮的制动过程

指标1:非驱动车轮。指标2:驱动车轮(在此示例下车轮惯性力矩提高了4倍)。
$-a$——轮边减速度的界限;M——力矩差 M_B-M_R

- 制动压力快速适应不同的静摩擦系数,例如在涉水超车或者雪面和冰面上超车。
- 保证调节频率在较低水平以避免底盘振动。
- 通过较小的踏板反作用("踏板爬行")和促发器较低的噪声水平(电磁阀和液压调制器的回油泵)获得高舒适性。

上述准则仅可以从总体上得到优化,不能单独进行优化。只有这样才能获得好的行驶稳定性和操纵性调节值。

3.5 典型的调节循环

3.5.1 在不滑路面上的制动调节(静摩擦系数大)

如果在不滑路面上(路面静摩擦系数大)进行制动调节,为避免干扰性轴共振,连续的压力建立过程要比在刹车阶段慢1/10~1/5。由这些调节可以得到图3-9中展示的静

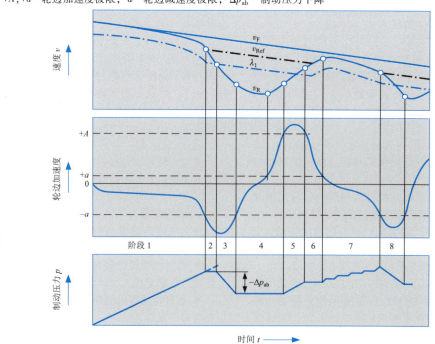

图3-9 静摩擦系数较大时的制动力调节

v_F——汽车速度;v_{Ref}——参考速度;v_R——轮边速度;λ_1——打滑控制极限

控制信号:
$+A, +a$——轮边加速度极限;$-a$——轮边减速度极限;$-\Delta p_{ab}$——制动压力下降

3 防抱死系统(ABS)

摩擦系数较大时的制动调节曲线。

刹车时,车轮制动缸中的制动压力和轮边减速度(负向加速度)会升高。第1阶段末期,轮边减速度会超出给定的界限($-a$)。这样相关的电磁阀就会处于"压力保持"位置。这时制动压力还不能降低,因为已经超出静摩擦系数打滑曲线的稳定范围界限($-a$),由此会"白白浪费"制动距离。同时参考速度会按一个给定的斜坡v_{Ref}下降。由参考速度可以导出打滑控制极限值λ_1。

2阶段末期,轮边速度v_R会低于λ_1极限,因此电磁阀会在"压力下降"位置。这样只要轮边减速度低于极限($-a$),制动压力就会降低。

3阶段末期,极限($-a$)重新高于轮边减速度,接下来是持续时间固定的压力保持阶段。在这段时间内,轮边加速度大大增加,以至于超过极限($+a$)。压力保持不变。

4阶段末期,轮边加速度会超过相对大的极限($+A$)。制动在超过极限($+A$)的时间段内,制动压力一直升高。

6阶段中,制动压力保持不变,因为超过了极限($+a$)。这一阶段末期轮边加速度会低于极限($+a$)。这说明车轮在静摩擦系数打滑曲线的稳定范围转动并有一些制动不足。

制动压力呈阶梯状上升(阶段7)直至轮边减速度低于极限($-a$)(7阶段末期)。这次在不产生λ_1信号的情况下制动压力立即衰减。

图3-10显示了不使用ABS进行全制动与ABS制动过程的比率比较。

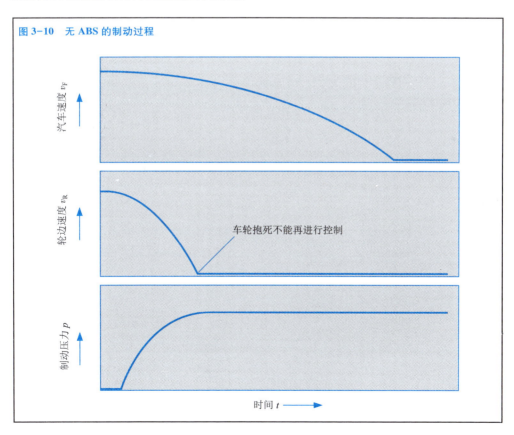

图3-10 无ABS的制动过程

3.5.2 光滑路面上的制动调节（静摩擦系数小）

与在不光滑的路面上不同，在光滑的路面上制动总要轻轻踩一下制动踏板，以便车轮抱死。这种情况下，车轮从高打滑到重新加速需要更多的时间。控制器中的调节逻辑会识别当下的道路条件，并与 ABS 特性相匹配。图 3-11 显示的是静摩擦系数小时典型的制动调节。

在 1~3 阶段，制动调节曲线与静摩擦系数大时的曲线相同。

从阶段 4 开始，压力保持时间变短。在非常短的时间内会进行车轮速度与打滑控制极限 λ_1 之间的比较。因为轮边速度要比打滑控制极限值小，所以在一段短的、固定的时间内制动压力会降低。

接下来是一段短的压力保持阶段。之后会重新进行轮边速度和打滑控制极限 λ_1 之间的比较，在一段短的、固定的时间内制动压力降低。在接下来的压力保持阶段车轮重新加速，其轮边速度超过极限（+a）。这样会导致压力重新保持不变，直至轮边速度重新低于极限（+a）（阶段 5 末期）。在阶段 6 时会出现上面章节中提到的阶梯状压力上升，直至进入阶段 7 压力下降，重新开始一个新的调节循环。

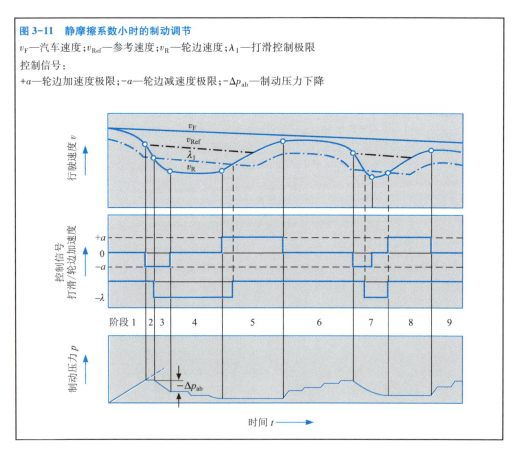

图 3-11 静摩擦系数小时的制动调节
v_F—汽车速度；v_{Ref}—参考速度；v_R—轮边速度；λ_1—打滑控制极限
控制信号：
+a—轮边加速度极限；-a—轮边减速度极限；$-\Delta p_{ab}$—制动压力下降

在之前提到的循环中，调节循环逻辑可以识别到。通过信号实现的降压后，还需要 2 次阶梯状降压，以使车轮重新加速。

在打滑更大的范围内，车轮相对转动较长，这样不利于行驶稳定性和操纵性。为了实现改善，在本循环以及以下的调节循环中要持续进行轮边速度和打滑控制极限 λ_1 之间的对比。这样会实现阶段 6 中制动压力持续下降直至阶段 7 轮边加速度超过极限 ($+a$)。由于压力持续降低，车轮只会在短时间内发生较大打滑，相对于第一个调节循环，行驶稳定性和操纵性会升高。

3.5.3 偏转力矩形成延迟时的制动调节

在不均匀路面上进行制动时（不同摩擦系数路面条件下），例如左侧车轮在干燥的沥青路面，右侧车轮在冰面上，前轴会产生差异很大的制动力，如图 3-12 所示。这些不同的制动力会形成汽车垂直轴周围的力矩（偏转力矩）。此外，这些制动力还会形成对方向盘的反作用，这一点受转向滚动半径影响。转向滚动半径为正时，反向转向会变得困难；而在转向滚动半径为负时，此特性稳定。

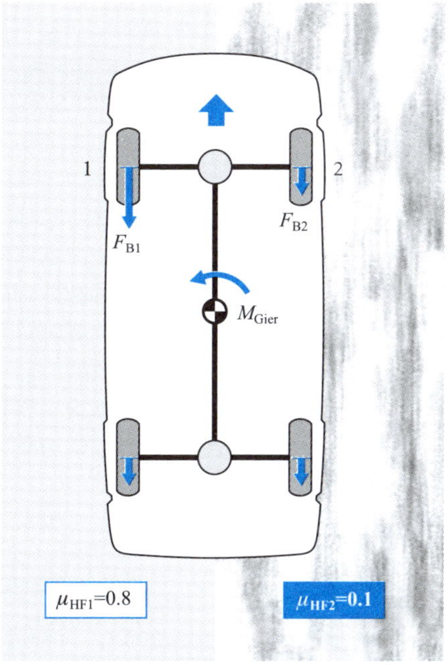

质量更重的轿车的轴距也会相对更大，同时汽车垂直轴周围的惯性力矩也会更大。在这种汽车中，由于偏转发生得较慢，所以驾驶员能够使用 ABS 制动时通过反转向平衡汽车的偏转运动。质量小一些的汽车轴距及汽车惯性力矩也更小，这种车除了 ABS 外，另外需要一个偏转力矩形成延迟系统（GMA），以便在不均匀路面上进行紧急制动时良好地控制车辆。偏转力矩延迟产生可以通过以下方式获得，即在大静摩擦系数路面上的前轮（"高（High）"车轮）制动缸中的压力延迟产生。

图 3-13 对偏转力矩形成延迟的原理进行了清晰的说明：曲线 1 为主制动缸中的制动

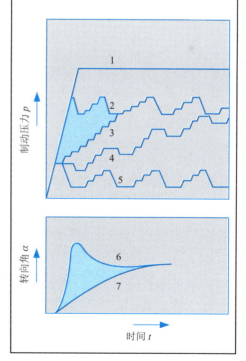

图 3-13 偏转力矩形成延迟时的制动压力和转向角曲线

1—主制动缸中的压力 p_{Hz}；2—不使用 GMA 时的制动压力 p_{High}；3—使用 GMA 1 时的制动压力 p_{High}；4—使用 GMA 2 时的制动压力 p_{High}；5—制动压力 p_{Low}；6—不使用 GMA 时的转向角 α；7—使用 GMA 时的转向角 α

图 3-12 静摩擦系数差异很大时的偏转力矩形成

M_{Gier}—偏转力矩；F_B—制动力；1—"高（High）"车轮；2—"低（Low）"车轮

压力 p。如果不存在偏转力矩形成延迟,则短时间后沥青路面上的车轮压力为 p_{High}(曲线2),冰面上车轮的压力为 p_{Low}(曲线5);每个车轮进行最大的延迟制动(个性调节)。

3.5.3.1 GMA 系统 1

GMA 系统1使用在紧急行驶特性不多的汽车上。在制动阶段,一旦"Low"车轮由于抱死趋势呈现第一次压力下降,制动压力会在"High"车轮上呈阶梯状产生(曲线3)。如果"High"车轮的制动压力达到了抱死水平,则其不再受"Low"车轮信号的影响,而是可以独立调节,这样在此车轮上就会出现最大的可用制动力。如此一来就可以保证上述提到的汽车类型在不均匀路面进行紧急制动时获得令人满意的转向特性。因为"High"车轮上的最大制动压力会在相对短的时间内(750 ms)进行调节,所以与不使用偏转力矩形成延迟的汽车相比,其制动距离延长水平更低。

3.5.3.2 GMA 系统 2

GMA 系统2使用在具有特殊紧急行驶特性的汽车上。一旦"Low"车轮上的制动压力下降,"High"车轮上的 ABS 电磁阀就会开始控制,并保持一定的压力和下降时间,如图3-13(曲线4)所示。"Low"车轮上新产生的压力会使"High"车轮上的压力呈阶梯状上升,同时压力形成时间要比在"Low"车轮上的时间长。这种压力计量不仅仅在第一个调节循环中,而是贯穿于整个制动过程中。

紧急制动时的车速越高,偏转力矩对控制特性的影响也越强。在 GMA 系统2中,汽车速度分为四部分。在这些速度范围内,偏转力矩形成延迟系统会不同程度地发生作用。在速度大的范围内,"High"车轮上的压力形成时间会持续变短,而"Low"车轮上的压力形成时间会持续变长,这样可以在汽车速度较高时实现偏转力矩的缓慢形成。图3-13下部分的曲线显示,在使用(曲线6)及不使用(曲线7)GMA 系统情况下,紧急制动时直行要求的转向角变化。

使用 GMA 系统还应注意的一点是制动特性曲线。一旦驾驶员以较高车速在弯道上进行制动,GMA 就会影响前轴的动态负荷以及后轴的动态去负荷。因此,前车轮上的侧向力会上升,而后车轮的侧向力会下降。这会造成向曲线内侧作用的力矩,汽车会在路面弯道上向内下滑,通过反转向很难控制,如图3-14(a)所示。

为了避免这些临界制动状态,GMA 还考虑了横向加速度,因为横向加速度持续增强的情况下 GMA 会失效。这样在弯道上进行紧急制动时前车轮外部会形成很大的制动力,这一制动力会形成向弯道外侧作用的力矩。这一力矩会平衡向内作用的侧向力力矩,因此整车就会略显制动不足,并保持良好的可控状态。

3.5.4 全轮驱动时的制动力调节

判断不同形式的全轮驱动的重要原则是牵引力、行驶动力学一级制动特性。一旦差速锁止插入,则会产生用于 ABS 制动调节的条件,这些条件要求特定的 ABS 附加措施。

后桥差速器锁止时,后轮保持耦合,也就是说后轮转速不变,其特性与2个制动力矩(2个后车轮上的制动力矩)及2个路面摩擦力矩(2个后车轮及相应路面之间的摩擦力矩)相关,像一个刚性体。另一种给出的驱动形式取消了后桥中"选择低的"原则("Selct-low"),即静摩擦系数 μ_{HF} 决定2个后轮共同的制动压力。2个后轮充分利用的制动力,一旦纵向锁止差速器接通,则系统会命令2个前轮和2个后轮的平均转速协调一致,所有的车轮会实现动态耦合,发动机的牵引力矩(汽油用完时的发动机制动效率)以及发动机惯性会影响所有车轮。

为了在上述条件下保证最佳的 ABS 功能,则需要根据全轮系统的情况进行附加的准备,如图3-15所示。

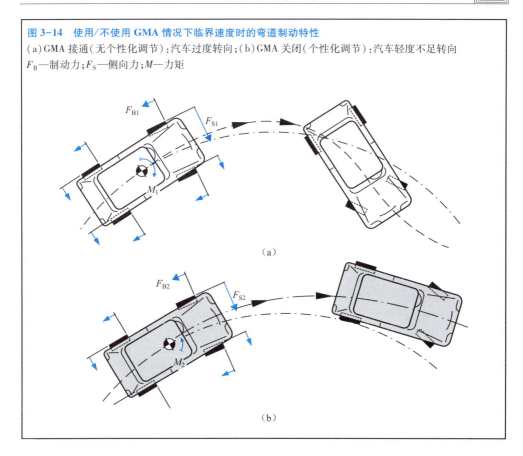

图3-14 使用/不使用 GMA 情况下临界速度时的弯道制动特性
(a) GMA 接通（无个性化调节）：汽车过度转向；(b) GMA 关闭（个性化调节）：汽车轻度不足转向
F_B—制动力；F_S—侧向力；M—力矩

3.5.4.1 全轮系统1

全轮系统1在纵梁和后桥上使用了手控锁止装置或者长效锁止装置（黏性锁止装置），后轮呈刚性耦合，前轮的平均转速与后轮的平均转速相同。像之前提到的那样，后桥差速锁止装置"Selct-Low"驱动方式不再有效，而且会利用每个后轮上的最大制动力。在不均匀路面上进行制动时，后轮的制动力差异会导致偏转力矩的产生，从而对行驶稳定性造成不利影响。如果前轮上也很快地形成制动力差异，则汽车不能保持在路面上的稳定行驶。

这种四驱形式要求在前轮上使用 GMA 系统，以保证在左右车轮所处路面有很大不同时也具备行驶的稳定性和操纵性。为了保证光滑路面行驶时 ABS 的功能，在全轮驱动时影响所有车轮的发动机拖曳力矩应降低。通过对发动机拖曳力矩的调节，即适当给油门以保证不会产生太强的发动机制动效率。

在光滑路面上改变路面摩擦力矩时，由于发动机惯性的作用车轮敏感度会下降，这点应通过改进制动调节系统实现平衡，以阻止车轮抱死。发动机质量作用所有车轮的动态耦合要求在电子控制器信号处理及逻辑编辑过程中有附加差异。汽车纵向减速计算能够识别静摩擦系数 μ_{HF} 小于 0.3 的光滑路面。

在评价上述路面的制动时，轮边减速度的灵敏度极限（$-a$）会减半，同时不断变小的参考速度上升水平也会被限制在一个确定的、相对小的值之内。这样就可以早期并"灵敏地"获得车轮抱死倾向的信息。

全轮驱动的汽车，一旦在光滑的路面上"猛踩油门"，所有车轮都会打滑。在这种情况下,通过信号处理中的特殊措施可以保证基准速度根据最大可能的汽车加速度跟踪打滑的车轮。在接下来的制动过程中,首次 ABS 压力下降会通过一个信号($-a$)及一个确定的小车轮速度差异实现。

图 3-15 全轮驱动
(a) 全轮系统 1;(b) 全轮系统 2;(c) 全轮系统 3
1—发动机;2—变速器;3—超速离合及黏性离合器;4—手控锁止装置及黏性锁止装置;5—按百分比的锁止装置;6—自动离合器和自动锁止装置;7—自动锁止装置
注:差速器带 4~7。

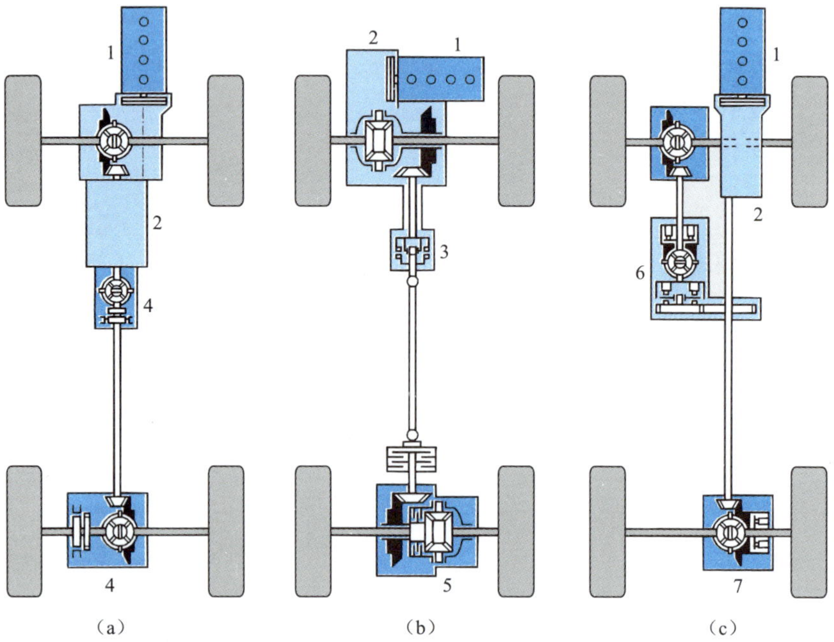

3.5.4.2 全轮系统 2

在全轮系统 2 中有可能所有车轮都出现打滑(在纵梁中超速离合的黏性离合器,按百分比的后桥锁止装置),所以应对信号处理采取相同的措施。

保证 ABS 功能并不需要其他措施,因为超速离合使车轮在制动时能够去耦合。通过发动机拖曳力矩调节还会得到更优改善。

3.5.4.3 全轮系统 3

在全轮系统 3(自动控制锁止装置)中也会采取所有车轮打滑时上述提到的用于信号处理的措施。为此在每次制动开始都会出现差速器锁止装置的自动分离。不要求有其他保证 ABS 功能的措施。

4 驱动防滑系统(ASR)

紧急行驶状态不仅仅发生在制动过程中,还普遍出现在其他情况下。在这些情况下,轮胎和路面之间接触面上的纵向力会中断,因为可中断的侧向力减小了,比如在起动和加速时,尤其在光滑的路面上、山上及在弯道时。这些状态对驾驶员而言很难驾驶,可能会出现错误反应以及不稳定的整车特性。驱动防滑系统(ASR)正是要解决上述提到的问题,但前提是并没有超出物理极限。

4.1 任 务

防抱死系统(ABS)是通过降低车轮制动压力来阻止制动情况下的车轮抱死,而ASR是通过降低每个驱动轮上的有效驱动力矩来阻止车轮在驱动情况下的打滑。因此,ASR可以看作是ABS在驱动状态下的扩展。

除了与安全相关的任务,即保证汽车的加速稳定性和操纵性,ASR还能通过"最优"打滑的调节来改善牵引特性。驾驶员对牵引有更高的要求是必然的。

4.2 功能描述

如果没有明显的不同,此系统适用于所有单轴驱动的汽车,如图4-1所示,不分前驱还是后驱。

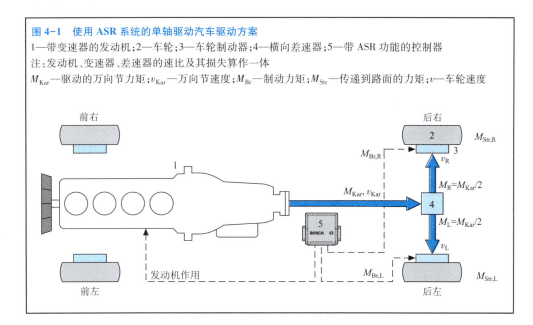

图4-1 使用ASR系统的单轴驱动汽车驱动方案
1—带变速器的发动机;2—车轮;3—车轮制动器;4—横向差速器;5—带ASR功能的控制器
注:发动机、变速器、差速器的速比及其损失算作一体
M_{Kar}—驱动的万向节力矩;v_{Kar}—万向节速度;M_{Br}—制动力矩;M_{Str}—传递到路面的力矩;v—车轮速度

4.2.1 驱动打滑及其产生

如果驾驶员松开离合器踏板踩油门,发动机扭矩会升高。这样一来驱动的万向节力矩M_{Kar}也会升高。通过横向差速器,此力矩以1:1的比例分配在2个驱动车轮上。如果这些升高的力矩能够完全地传递给路面,则汽车将实现无阻碍加速。但是如果一个驱动轮上的驱动万向节力矩$M_{Kar}/2$超过了最大物理可传递的驱动力矩,车轮将打滑。由此传递的驱动力会减少,由于损失了侧向传导力,汽车也会变得不稳定。

ASR应尽可能快地将驱动轮的打滑调节

到最佳值,因此首先应确定打滑的额定值。这个额定值受很多能代表当前行驶状态的因素影响。

- ASR 额定打滑的基本特征参数曲线(指向加速时轮胎的打滑需求)。
- 充分利用的摩擦值。
- 外部行驶阻力(深雪、坏路等)。
- 汽车的偏转速度、横向加速度以及转向角。

4.2.2 ASR 调节作用

测量的车轮速度以及由此得到的每个驱动打滑可以通过每个驱动轮上的力矩平衡 M_{Ges} 改变施加影响。每个驱动轮上的力矩平衡 M_{Ges} 来自此车轮的驱动万向节力矩 $M_{Kar}/2$、每个车轮的制动力矩 M_{Br} 以及路面力矩 M_{Str}。

$$M_{Ges} = M_{Kar}/2 + M_{Br} + M_{Str}$$

注:在这里 M_{Br} 和 M_{Str} 为负值。

这种平衡可以通过发动机提供的驱动万向节力矩 M_{Kar} 及制动力矩 M_{Br} 影响,这 2 个参数即为 ASR 的调节参数。通过这 2 个参数可以将每个独立车轮的打滑值调节到额定打滑值。

在汽油机驱动的汽车中,驱动万向节力矩 M_{Kar} 的控制可以通过以下装置来实现:

- 节流阀(节流阀调节系统)。
- 点火装置(点火角调节系统)。
- 喷射装置(单个喷射脉冲的选择)。

后两个装置的作用方式属于"快速作用",第一个属于"缓慢作用"。采用哪种方式取决于制造商和发动机。

柴油机汽车中,驱动万向节力矩 M_{Kar} 受电子柴油调节系统(EDC)的影响(喷射量减少),通过制动装置实现制动力矩 M_{Br} 在每个车轮的控制。由于主动压力产生的必要性,ASR 功能以最初的 ABS 液压系统扩展为前提。

图 4-2 比较了不同 ASR 作用的反应时间。可以看出,由于相对缓慢的反应时间,使用节流阀进行的驱动万向节力矩控制会导致不佳的结果。

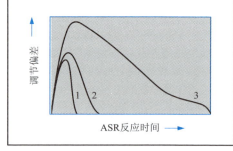

图 4-2 不同 ASR 作用下反应时间的比较
1—节流阀/车轮制动作用;2—节流阀/点火作用;3—节流阀作用

4.3 ASR 结构

扩展的 ABS 液压系统既可以实现对称的制动,即在 2 个驱动轮上进行同样的制动,也可以对单个车轮进行制动。这是 ASR 结构扩展的关键,它不是通过控制元件(发动机/制动器)实现,而是通过待调节的参数实现。

4.3.1 万向调节器

发动机作用可以影响万向节速度 v_{Kar} 和驱动万向节力矩 M_{Kar}。对称的制动作用同样会影响万向节速度 v_{Kar} 并影响单个车轮的力矩平衡及驱动万向节力矩 M_{Kar} 的减小。万向调节器的作用就是用这种方式实现调节万向节速度的目标。

4.3.2 横向锁止调节器

非对称制动作用(仅在一个驱动车轮上进行制动作用)首先调节驱动轴上的差异速度 $v_{Dif} = v_L - v_R$,这是转速差异调节器的任务。仅在一个驱动轮上的非制动作用明显体现在力矩平衡上,发生的效应如横向差速器的非对称分配比例(任何情况下都使用在随非对称制动矩减小的驱动万向节力矩 M_{Kar} 上)。由于这种可能性,所以使用转速差异调节器在一定程度上影响横向差速器的分配比例,即模拟差速锁止装置的影响,这种转速差异调节器也被称为横向锁止调节器。

万向调节器和横向锁止调节器共同构成了 ASR,如图 4-3 所示。通过万向节速度 v_{Kar},万向调节器调节来自发动机的驱动万向节力矩 M_{Kar}。横向锁止调节器首先是一个调节器,通过差异速度 v_{Dif} 调节 M_L 至 M_R 的分配比例,由此调节驱动车轮上的驱动万向节力矩 M_{Kar} 的分配。

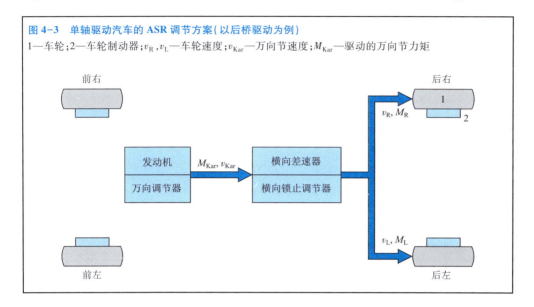

图 4-3 单轴驱动汽车的 ASR 调节方案(以后桥驱动为例)
1—车轮;2—车轮制动器;v_R,v_L—车轮速度;v_{Kar}—万向节速度;M_{Kar}—驱动的万向节力矩

4.4 典型的调节状态

4.4.1 不同摩擦系数路面(μ-split):横向锁止调节器

图 4-4 显示了典型的状态("μ-split"),其中 ASR 横向锁止调节器在汽车由静止到起动时激活。汽车左侧位于冰面上,静摩擦系数 μ_1 低("l"代表低),汽车右侧在干燥的沥青路面上,静摩擦系数 μ_h 明显更高("h"代表高)。

由于差速器的特性,在横向锁止调节器不发生制动作用的情况下,驱动万向节力矩同时分配给两侧,在两侧仅取消牵引力 F_1。一个同样产生的驱动万向节力矩 M_{Kar} 促使 μ_1 一侧的车轮打滑,并由此导致速度差异 $v_{Dif} > 0$,如图 4-5 所示。在这种情况下,"多余"的驱动万向节力矩作为损失力矩在差速器、发动机和变速器中流失。

为了让 μ_1 一侧的车轮在较高的驱动力矩下避免打滑,这时需要提高制动力 F_{Br}。这一侧差速器可以传递力 $F_{Br}+F_1$(以及与这个力相符的力矩),同时 F_{Br} 制动解除,保持牵引力 F_1。在 μ_h 侧同样会传递力 $F_{Br}+F_1$(差速器特性)。因为在此不制动,所以总体的力作为牵引力 $F_{Br}^*+F_1$ 使用(F_{Br}^* 为考虑不同作用半径情况下的 F_{Br},先决条件当然是相应升高的驱动万向节力矩 M_{Kar})。其中显示了横向锁止调节器的牵引力升高效应是 ASR 的一部分。

驱动力矩可以调节到最大的可能牵引力,μ_h 是物理上限。

如果 2 个驱动轮重新同步运转,则一侧的

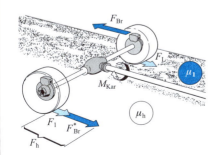

图 4-4 通过非对称制动作用的差速锁止效应
M_{Kar}—驱动万向节力矩;F_{Br}—制动力;F_{Br}^*—制动力,与作用半径有关;μ_1—静摩擦系数低;μ_h—静摩擦系数高;F_1—μ_1 时可传递的驱动力;F_h—μ_h 时可传递的驱动力

制动力 F_{Br} 和相应的制动力矩 M_{Br} 会重新下降,如图 4-5 所示。

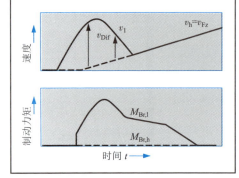

图 4-5 不同摩擦系数路面上起动时的典型车轮速度和制动力矩曲线

v—车轮速度;M_{Br}—制动力矩;l—低静摩擦系数车轮;h—高静摩擦系数车轮;v_{Fz}—汽车速度;v_{Dif}—差异速度

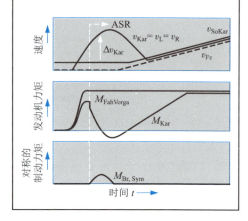

图 4-6 低 μ 路面上起动时典型的车轮速度、发动机力矩以及制动力矩曲线

v—车轮速度;v_{Fz}—汽车速度;v_{Kar}—万向节速度;v_{SoKar}—额定万向节速度;$M_{Br,Sym}$—对称的制动力矩;$M_{FahVorga}$—驾驶员偏好驱动力矩(通过踩油门调节);L—左;R—右

精确的 M_{Br} 上升和下降曲线取决于横向锁止调节器的内部调节实现(PI 调节器特性)。

4.4.2 低 μ:万向调节器

如果在起动时 2 个驱动轮都在静摩擦系数小的冰面上(例如车在冰面上),则 ASR 万向调节器就会激活。

如果驾驶员提高驾驶员偏好力矩 $M_{FahVorga}$,则几乎同时驱动万向节力矩 M_{Kar} 也会升高。这就导致 2 个驱动轮会以接近的速度打滑。差异速度 $v_{Dif} = v_L - v_R$ 约为 0,同时万向节速度 $v_{Kar} = (v_L + v_R)/2 = v_L = v_R$。由于驱动轮打滑要明显大于 ASR 给出的额定值 v_{SoKar}。万向调节器在驾驶员偏好力矩 $M_{FahVorga}$ 下做出降低驱动万向节力矩 M_{Kar} 和短时间实现对称制动作用 $M_{Br,Sym}$ 的调节,如图 4-6 所示。结果是万向节速度 v_{Kar} 降低,同时打滑的车轮速度也会降低,汽车开始加速。因为没有 ASR 作用就找不到 μ 打滑曲线的最佳点,所以在车轮打滑时加速过程更缓慢,侧向稳定性明显较小。

M_{Kar} 和 $M_{Br,Sym}$ 的精确曲线取决于万向调节器内部调节的实现(PID 调节器特性)。

4.5 用于全轮驱动汽车的 ASR

近几年很流行全轮驱动汽车,其中最受欢迎的是"运动型多功能车"(SUV),它关注的是汽车的越野性能。

如果要求汽车的 4 个车轮都是驱动轮,则除了需要另一个横向差速器外,还需要一个纵向差速器(也叫中央或者中间差速器),如图 4-7 所示。这种布置一方面平衡了前轴和后轴万向节速度 $v_{Kar,VA}$、$v_{Kar,HA}$ 之间的差异,在前轴和后轴之间实现刚性连接。另一方面纵向差速器能够将驱动万向节力矩 M_{Kar} 尽可能有意义地分配到 2 个轴 $M_{Kar,VA}$、$M_{Kar,HA}$ 上。

具有价格优势的 SUV 一般使用一个拥有固定调节分配比例的纵向差速器。不同于横向差速器,在纵向差速器中,其固定的分配比例要比 1:1 更具意义,例如加强调车尾设计时可以是 3:2。通过 ASR 的制动作用可以模仿纵向差速锁止装置(简称为纵向锁止装置)的工作方式。

通过 $M_{Kar,VA}$ 的部分行程制动可以使分配比例 $M_{Kar,VA}:M_{Kar,HA}$ 变大,同样通过 $M_{Kar,VA}$ 的行程制动可以使比例变小。作用方式与之

4 驱动防滑系统(ASR)

前提到的横向锁止装置和横向差速器作用方式相同。只有一个不同,那就是 ASR 的制动力矩并不对称,也就是说不是在驱动轴的一个车轮上,而是在一个驱动轴的 2 个车轮上对称。此外,纵向锁止调节器在这里作为输入参数代表的不是驱动轴左侧和右侧车轮的速度差异(横向锁止调节器),而是 2 个轴的万向节速度 $v_{Kar,VA}$ 及 $v_{Kar,HA}$。

图 4-8 将来自图 4-3 的 ASR 方案进行相应扩展,用于全轮驱动的汽车:万向调节器通过万向节速度 v_{Kar} 调节来自发动机的驱动力矩 M_{Kar},例如用于单轴驱动的汽车。之前已经说过,纵向锁止调节器将这一力矩分配到前轴和后轴上($M_{Kar,VA}$ 和 $M_{Kar,HA}$)。

就像现在横向锁止调节器通过差异速度 $v_{Dif,XA}$ 将轴驱动力矩 $M_{Kar,XA}$ 调节到驱动轮上。目前既适用于前轴,也适用于后轴($X=V=$前轴,$X=H=$后轴)。

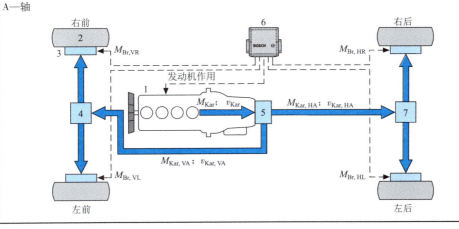

图 4-7 使用 ASR 的全轮驱动汽车驱动方案
1—带变速器的发动机;2—车轮;3—车轮制动器;4—横向差速器;5—纵向差速器;6—带 ASR 功能的控制器;7—横向差速器
注:发动机、变速器、差速器的速比及其损失作为一体
v—车轮速度;v_{Kar}—万向节速度;M_{Kar}—驱动的万向节力矩;M_{Br}—制动力矩;R—右;L—左;V—前;H—后;A—轴

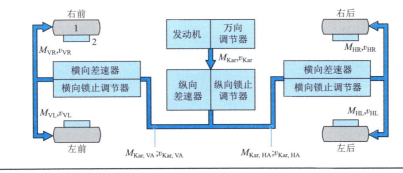

图 4-8 用于全轮驱动汽车的调节方案
1—车轮;2—车轮制动器;v—车轮速度;v_{Kar}—万向节速度;M_{Kar}—驱动的万向节力矩;A—轴;V—前;H—后;R—右;L—左

实现调节的电子差速锁止装置,作为ASR软件一部分,因对其他硬件没有什么要求而具有价格优势。它主要用于道路行驶,更确切地说是用于SUV。在传统的越野型车中使用时,它可以在制动器过热时最迟到达重型越野的极限。越野汽车一般都有机械锁止装置(例如图4-9和图4-10中显示的装置)。ASR软件的相应锁止调节器还可以作为后备系统,在一般行驶时不发生作用。

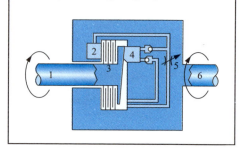

图4-10 可电子调节的差速锁止装置(Haldex离合装置)
1—输出轴;2—工作活塞;3—换向器片;4—轴向活塞泵;5—调节阀;6—输入轴

图4-9 差速锁止装置的传统解决方案

下面再次总结使用ASR的优势,即在一侧或者两侧车轮都处于光滑路面起动时,在弯道加速时以及在坡路上起动时避免驱动轮打滑。

- 避免不稳定的行驶状态并由此提高行驶安全性。
- 通过调节"最优"打滑值提高牵引力。
- 模仿横向差速锁止装置的功能。
- 模仿全轮驱动汽车中纵向差速锁止装置的功能。
- 自动调节发动机功率。
- 狭窄弯道行驶时轮胎无剐擦(与机械差速锁止装置相反)。
- 降低轮胎磨损。
- 降低驱动机构的磨损(变速器、差速器等),尤其是在不同摩擦系数的路面上或者当车轮在并不光滑的路面上突然出现打滑时。
- 在超过物理极限范围时通过控制灯对驾驶员进行报警。
- 对现有ABS液压部件进行重复利用。
- 承担ESP行驶动力学调节系统的任务,作为重叠的车轮调节器。

调节技术基本原理

许多行驶安全系统(例如ESP)的子系统都通过调节器的方式影响车辆的行驶动力学,也就是说它们与汽车相关部件一起构成一个调节循环。

一个简单的标准调节循环由调节器和调节对象组成。调节系统的目标是通过调节器影响待调节系统的输出参数 y_{ist} 的曲线(也叫调节参数),尽可能获得最佳的额定参数曲线 y_{soll},因此要测量调节参数并使用调节器。通过形成调节偏差 $e = y_{soll} - y_{ist}$ 可以将调节参数的当前实际值与当前额定值进行对比。

调节器的主要任务在于,为每个调节偏差 e 确定一个用于调节参数 u 的合适值,由此在之后缩小调节偏差,也就是说尽可能使 $y_{ist} = y_{soll}$。

不明调节对象的固有动力影响、调节对象的外部干扰 z 都会增加调节难度。

以ASR的横向锁止调节器为基础可以更明晰调节循环的功能原理:一个驱动轴上2个车轮的差异速度为调节参数 $y_{ist} = v_{Dif}$。

额定值 v_{SoDif} 由 ASR 自行确定并应符合当前的行驶状态。一般的直行条件下,额定值为 0。非对称制动力矩也可以作为调整参数影响调节参数。调节对象是汽车自身及外部干扰,如变化的行驶路面。

图 4-11 是以 ASR 横向锁止调节器为例的标准调节循环。

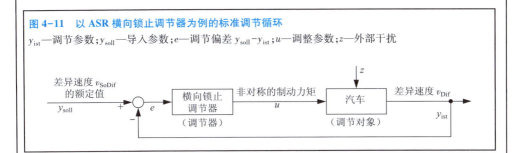

图 4-11 以 ASR 横向锁止调节器为例的标准调节循环
y_{ist}—调节参数;y_{soll}—导入参数;e—调节偏差 $y_{soll}-y_{ist}$;u—调整参数;z—外部干扰

标准调节器

调节器往往分为比例调节器、一体式调节器以及差异调节器。调整参数 u 来自下表所列的调节偏差 e:

比例调节器	乘	$u(t)=K_P \cdot e(t)$
一体式调节器	时间上的一体	$u(t)=K_I \cdot \int e(t)dt$
差异调节器	时间上的一体	$u(t)=K_D \cdot de(t)/dt$

因此,调节偏差越大(比例调节器)、调节偏差持续越长(一体式调节器)、调节偏差改变趋势越大(差异调节器),则调节器的反作用就越大,而这些基础调节器的相加组合就形成了 PI、PD 以及 PID 调节器。

ASR 的横向锁止调节器是 PI 调节器,其中包括非线性的扩展。

5 汽车电子稳定性控制程序(ESP)

道路交通中很大一部分事故都是由于与人相关的错误行为导致的。外部物体,例如突然出现的障碍物,或者超车速度都可以使汽车处于不再安全可控的临界范围,因为作用在汽车上的横向加速度力有可能达到驾驶员无法控制的值。此时,电子系统能够为行驶安全性做出很大贡献。

汽车电子稳定性控制程序(ESP)是用于改善行驶行为的调节系统:一方面是制动系统中的行为,另一方面是驱动总成中的行为。通过集成ABS功能,车轮在制动时不会抱死;通过ASR系统,车轮在起动时不会打滑。只要不超过物理极限,ESP作为整体系统可以避免汽车在转向时发生滑移或者不稳定以及侧向移动。

图5-1为不使用ESP轿车的横向动力学情况。

5.1 要　　求

ESP通过以下几点改善行驶安全性:
- 扩展行驶稳定性;改善所有行驶状态下,如全制动、部分制动、自由滚动、驱动、滑移以及轴荷变换情况下的行驶轨道和方向稳定。
- 扩展临界范围的行驶稳定性,例如在极端的转向行为发生时(由于恐惧或者紧急反应),降低打滑危险。

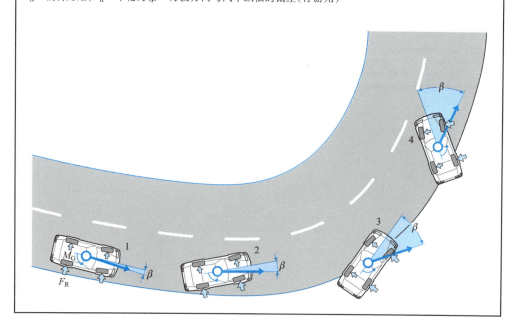

图5-1　不使用ESP轿车的横向动力学
1—驾驶员转向,侧向力形成;2—由于浮游角大产生的不稳定;3—反转向,轿车失控;4—轿车失控
M_G—偏转力矩;F_R—车轮力;β—行驶方向与汽车纵轴的偏差(浮游角)

在不同状况下改良使用ABS/ASR功能中的附着潜力(发动机拖曳力矩调节;高发动机制动力矩下的发动机转速自动升高),并由此获得制动距离和牵引力以及改善的转向性

能和稳定性。

5.2 任务和工作方式

ESP 是一个利用汽车制动装置实现汽车转向的系统。车轮制动器本来的作用是使汽车减速或者静止,而 ESP 又赋予了它另一种功能,即在物理极限内保证所有行驶状态下汽车沿行驶轨道行驶。

如图 5-2 所示,在不足转向时,弯道内侧的后轮以及在过度转向时弯道外侧的前轮,ESP 都能为最好实现单个车轮的目标制动做出贡献。

此外,ESP 还能通过特定的发动机作用实现驱动轮的加速,以保证汽车的稳定性。通过这些个性化的调节,如单个车轮的制动(选择性制动)或者驱动轮加速,汽车变得可控,ESP 降低了紧急状态下的碰撞或者火花放电危险,避免了物理极限内出现汽车偏离行驶轨道的现象发生。因此,驾驶员从中获得了支持,而道路交通中的安全性也提高了。

图 5-1 与图 5-2 对比了极限范围内汽车使用和不使用 ESP 的行驶特性。每个行驶行为都是对现实的模拟。

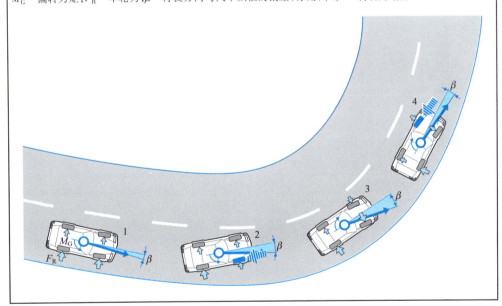

图 5-2 使用 ESP 轿车的横向动力学
1—驾驶员转向,侧向力产生;2—临近的不稳定性,ESP 作用右前;3—轿车在控制下;4—临近的不稳定性,ESP 作用左前,完全稳定
M_G—偏转力矩;F_R—车轮力;β—行驶方向与汽车纵轴的偏差(浮角);〰—制动力增加

5.3 行驶行为

5.3.1 快速转向和反转向

这种行驶行为相当于变换车道或者快速转向行为。

- 这些行为可能在快速过一个狭窄弯道时出现。
- 迎面车流突然出现障碍物。
- 在高速公路上突然超车时。

图 5-3 和图 5-4 为以快速转向和反转向驾驶方式通过右-左弯道组合时的情况。

首先两辆车的行驶行为相同,它们在弯道上通过的先决条件一致。驾驶员开始转向(1 阶段)。

- 在不光滑的路面上(静摩擦系数 $\mu_{HF} = 1$)。

- 驾驶员不制动。
- 速度为 144 km/h。

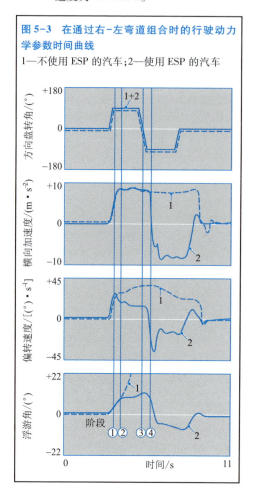

图 5-3 在通过右-左弯道组合时的行驶动力学参数时间曲线
1—不使用 ESP 的汽车；2—使用 ESP 的汽车

的不稳定性后(图 5-4,右,阶段 2)通过左侧前轮制动器重归稳定,其在 ESP 中被称为主动制动器,因为不需要驾驶员作用。这种制动会使偏转力矩降低,偏转速度下降,同时浮游角受到限制。反转向后首先是偏转力矩变换,然后是偏转速度改变作用方向(阶段 3)。阶段 4 中右侧前轮上的短时间制动可以使汽车恢复完全稳定。汽车回到由方向盘转角规定的车道。

图 5-5 说明了汽车在弯道行驶时的过度转向及不足转向特性。

5.3.2 通过全制动实现的车道变换

在一段凸起路面,处于拥堵车队末端的车辆会很晚才能识别到危险状况。这时候单单凭借全制动已经不能够让汽车即时停住,因此还需要变换车道以避免碰撞事故发生。

图 5-6 和图 5-7 为两辆车转弯机动性的结果。

两辆车的行驶状态如下：
- 一辆使用防抱死系统(ABS)。
- 一辆使用 ESP 系统。
- 两辆车的起动速度均为 50 km/h。
- 在光滑的路面上行驶(μ_{HF} = 0.15)。

5.3.2.1 使用 ABS,但不使用 ESP 的汽车

使用 ABS,但不使用 ESP 的汽车在第一次转向后其浮游角和偏转速度的大小应使驾驶员在制动过程中进行反转向(图 5-6,左)。这种驾驶员作用会在反方向产生一个浮游角(改变其正负号),并快速增长,因此驾驶员不得不快速进行反转向。只有这样才能使汽车恢复稳定并处于路面上。

5.3.1.1 不使用 ESP 的汽车

在第一次突然转向后,不使用 ESP 的汽车就开始变得不稳定(图 5-4,左,阶段 2)。通过转向,前轮会在很短的时间内产生非常大的侧向力,而与之相反后轮首先减速,汽车沿其垂直轴向右转(旋转偏转力矩)。在反转向时(第二次转向,阶段 3)不受调节的汽车不再反应,也就是说不再可控,偏转速度和浮游角大大升高,汽车打滑(阶段 4)。

5.3.1.2 使用 ESP 的汽车

使用 ESP 的汽车在第一次转向出现临近

5.3.2.2 使用 ESP 的汽车

使用 ESP 的汽车会保持稳定,因为偏转速度和浮游角会降到一个容易控制的值。因此驾驶员集中进行转向时不会受到不稳定行驶特性的干扰。

由于 ESP 的作用,转向消耗及由此对驾驶员提出的要求明显降低。此外配有 ESP 的汽车要比配有 ABS 的汽车制动距离更短。

图 5-8、图 5-9 说明了使用 ESP 汽车与不使用 ESP 汽车的对比情况。

图5-4 通过右-左弯道组合时的车道曲线

◀))—制动力升高;1—驾驶员转向,侧向力形成;2—临近不稳定 右:ESP作用,左前;3—反转向 左:汽车失控,右:汽车在可控范围内;4—左:汽车不再可控,右:ESP作用,右前,完全稳定

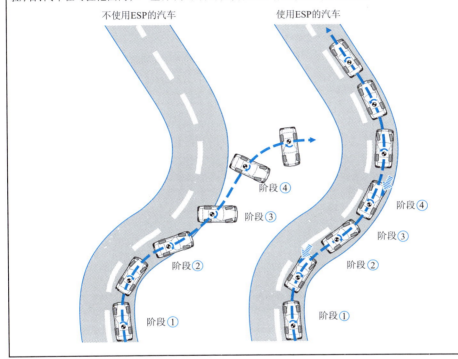

图5-5 弯道行驶时的过度转向及不足转向行驶特性

(a)过度转向特性
1—汽车车尾向外甩;2—ESP使弯道外侧的前轮制动,并由此降低打滑危险
(b)不足转向特性
1—汽车前端向外甩;2—ESP使弯道内侧的后轮制动,并由此降低不足转向的危险;3—不使用ESP的汽车在行驶路面上呈现不足转向

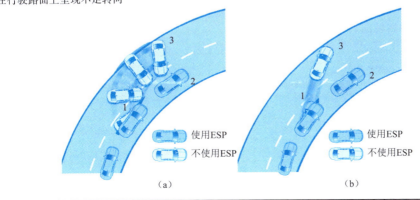

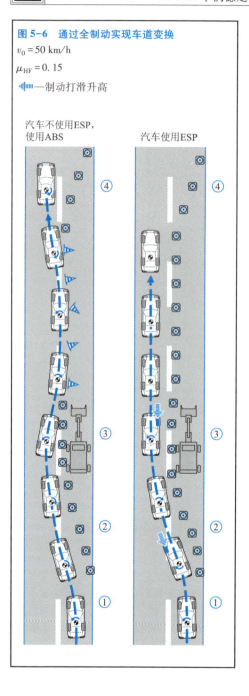

图 5-6 通过全制动实现车道变换
$v_0 = 50 \text{ km/h}$
$\mu_{HF} = 0.15$
—制动打滑升高

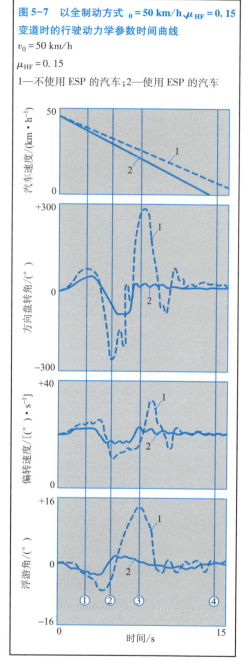

图 5-7 以全制动方式 $v_0 = 50 \text{ km/h}$, $\mu_{HF} = 0.15$ 变道时的行驶动力学参数时间曲线
$v_0 = 50 \text{ km/h}$
$\mu_{HF} = 0.15$
1—不使用 ESP 的汽车；2—使用 ESP 的汽车

图 5-8 使用及不使用 ESP 的重要平衡行驶行为
不使用 ESP 的汽车：
1—汽车向障碍物行驶；2—汽车打滑，驾驶员转向行为不起作用；3—汽车失控滑离路面
使用 ESP 的汽车：
1—汽车向障碍物行驶；2—汽车将要打滑，ESP 作用：汽车受驾驶员转向行为影响；3—在反转向时汽车重新接近打滑，ESP 作用；4—汽车稳定

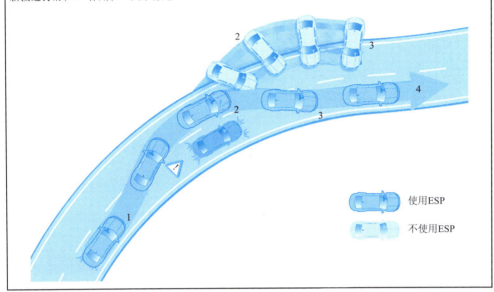

图 5-9 弯道上的不足转向和过度转向
1—使用 ESP 的汽车；2—不使用 ESP 的转向过度的汽车；3—不使用 ESP 的转向不足的汽车

曲的乡间道路上，汽车就好像行驶在障碍滑雪路线上。在这些高动力学行驶行为中，当方向盘转角增大时，ESP 的作用方式尤其良好。

图 5-10 和图 5-11 为这种行驶状况下两辆车的行驶特性（一辆使用 ESP，一辆不使用 ESP）。

两辆车的行驶状况如下：
- 在有雪覆盖的路面上（$\mu_{HF} = 0.45$）。
- 驾驶员不采取制动行为。
- 车速为匀速 72 km/h。

5.3.3.1 不使用 ESP 的汽车

为了保持汽车的匀速，发动机功率必须持续升高，同时驱动轮上的驱动打滑也会保持上升。当转向角为 40°，非常快地进行交替转向及反转向时，驱动打滑会造成不受调节的汽车变得不稳定。在相反方向上再次进行交替变换时，汽车不再做出反应，而是出现打

5.3.3 方向盘冲击增大的多次转向和反转向

在通过多个左-右弯道组合时，例如在弯

滑现象。在接近匀速的横向加速度下,浮游角和偏转速度会大大增大。

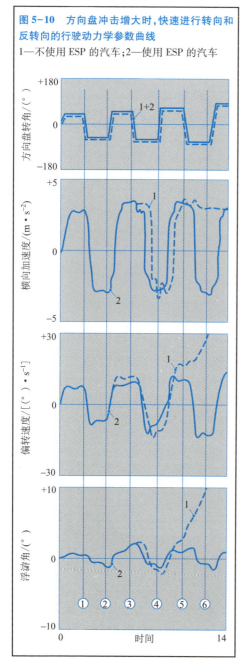

图5-10 方向盘冲击增大时,快速进行转向和反转向的行驶动力学参数曲线
1—不使用ESP的汽车;2—使用ESP的汽车

5.3.3.2 使用ESP的汽车

汽车电子稳定性控制程序(ESP)会在转向和反转向交替进行时早早发生作用,因为这期间汽车已经接近不稳定。它既要对发动机进行作用,又要对4个车轮进行个性化制动,因此汽车又会保持稳定并遵循进一步的转向指令。在此过程中,浮游角和出现的偏转速度得到调节,驾驶员的转向期望也会转化成相应的物理可能性。

5.3.4 弯道上的加速和减速

如果弯道渐渐变窄,弯道半径就会减少,例如在驶出高速公路时就会遇到这种状况。这时,如果以同样的速度行驶,向外的力即离心力就会增加,如图5-12所示。这与驶出弯道时的过早加速行为同理,在行驶物理学上两者的效果是一样的,如图5-13所示。同样,当驾驶员在弯道上进行过强的制动时,径向的及切线方向上的力就会造成汽车的不稳定。

在弯道加速的行驶试验中,驾驶员可以在一段不光滑的环形路面上($\mu_{HF} = 1.0$)进行准静止环形行驶,车速慢慢升高,直至保持在半径为100 m的环形路面的极限范围内。

5.3.4.1 不使用ESP的汽车

在环形行驶的行驶试验中,从车速95 km/h起汽车开始进入物理极限范围,并出现不足转向现象,所需的转向消耗大大增加,同时浮游角也大大增大。但驾驶员能够使汽车停留在环形路面上。在车速98 km/h的情况下,不受调节的汽车开始不稳定,且车尾部会打滑,此时驾驶员进行反转向操作,但汽车会离开环形路面。

5.3.4.2 使用ESP的汽车

当车速在95 km/h以下时,可以调节的汽车表现与不可以调节的汽车表现一致。驾驶员如果想要继续提高车速是不可能的,因为汽车已经达到了稳定极限,通过发动机作用ESP限制了驱动力矩。

主动的发动机和制动作用会反作用汽车的不足转向,因此与既定的路线发生较小偏差,驾驶员就可以通过相应的转向行为进行路线更正。同时驾驶员也进入了调节循环当中。

方向盘和浮游角的波动以及 95~98 km/h 的车速都与驾驶员的反应有关。ESP 可以将这些波动控制在稳定范围。

使用和不使用 ESP 汽车的弯道行驶状况如图 5-14 所示。

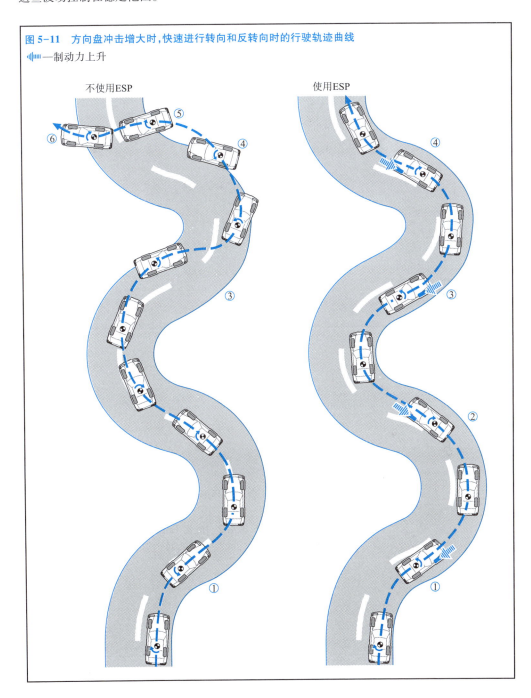

图 5-11 方向盘冲击增大时,快速进行转向和反转向时的行驶轨迹曲线
—制动力上升

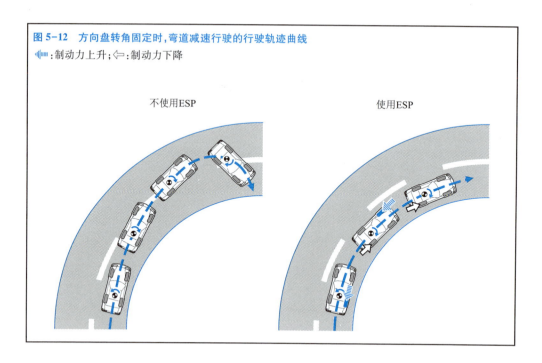

图 5-12 方向盘转角固定时,弯道减速行驶的行驶轨迹曲线
◀▥:制动力上升;⇐:制动力下降

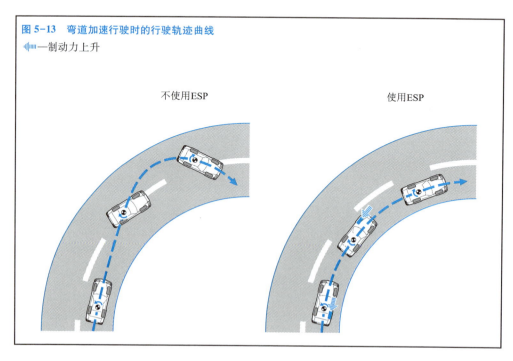

图 5-13 弯道加速行驶时的行驶轨迹曲线
◀▥—制动力上升

5 汽车电子稳定性控制程序(ESP)

图5-14 使用和不使用ESP汽车的弯道行驶对比
1—不使用ESP；2—使用ESP

5.4 总的调节循环和调节参数

5.4.1 使用ESP进行行驶动力学调节的目标

在行驶动力学极限范围内进行的调节应将汽车出现的3个自由度运动速度保持在可控极限内。
- 纵向速度。
- 横向速度。
- 垂直轴的旋转速度(偏转速度)。

在保证最大安全性的情况下，要对驾驶员愿望及符合路面状态的汽车动力学特性进行优化。如图5-15所示，首先要确定汽车的极限范围内怎样表现与驾驶员愿望相符的行驶特性(额定特性)，以及汽车实际行驶特性的情况(实际特性)。为了降低额定特性和实际特性之间的区别(调节偏差)，应通过调整元件(促发器)对轮胎力实现间接影响。

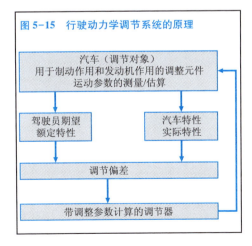

图5-15 行驶动力学调节系统的原理

5.4.2 系统和调节结构

汽车电子稳定性控制程序(ESP)具有多

重可能性,远远超越了 ABS 和 ABS/ASR 的组合。系统建立在 ABS 和 ABS/ASR 系统部件的进一步开发基础上,并实现了高动力学的所有车轮的主动制动。汽车特性将纳入到调节循环中,车轮上的制动力、驱动力和侧向力根据所处状态进行调节,保证实际行驶特性接近额定行驶特性。

带 CAN 接口的发动机管理系统能够影响发动机扭矩,从而影响车轮上的驱动打滑值。行驶动力学调节系统中进一步开发的部件可以对作用于每个独立车轮的纵向和横向动力学力进行可选性及非常精确的调节。

图 5-16 展示了 ESP 的调节系统,其中包括:
- 确定调节器输入参数的传感器。
- 带在不同层面中分级调节器的 ESP 控制器(调节等级),由上一级行驶动力学调节器和下一级打滑调节器组成。
- 影响制动力、驱动力及侧向力的调整元件(促发器)。

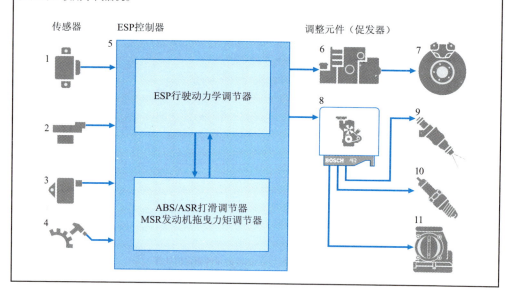

图 5-16 汽车行驶动力学调节系统
1—带横向加速度传感器的车轮转速传感器;2—方向盘转角传感器;3—预压传感器;4—转速传感器;5—ESP 控制器;6—液压调节器;7—车轮制动器;8—发动机管理系统的控制器;9—燃油喷射系统;10—点火角作用装置;11—节流阀作用装置(EGAS)
注:10、11 仅用于汽油机。

5.4.3 分级的调节器结构

5.4.3.1 上一级行驶动力学调节器

5.4.3.1.1 任务

行驶动力学调节器的任务包括:
- 获得来自偏转速度信号和在"观察器"中估算的浮游角的汽车实际特性。
- 使行驶动力学极限范围内的行驶特性及可能与标准范围内的特性相近(额定特性)。

要确定额定特性应对以下收集了驾驶员期望的零件信号进行评估:
- 发动机管理系统(例如踩油门踏板)。
- 预压传感器(例如制动器的操作)。
- 方向盘转角传感器(打方向盘)。

将驾驶员期望定义为额定值。此外,将静摩擦系数和汽车速度也纳入到额定特性的计算中,这些数据来自以下传感器信号:
- 车轮转速。
- 横向加速度。
- 制动压力。

- 在"观察器"中估算的偏转速度。

通过增加汽车的偏转力矩可以达到期望的行驶特性。期望的偏转力矩可以由轮胎打滑产生的纵向力和侧向力获得。轮胎打滑的影响会在额定打滑规定的更改下出现,额定打滑的规定由制动调节器及驱动打滑调节器进行调节。结果应是确保汽车制造商规定的行驶特性并保证汽车的可控性。

为了获得偏转力矩的实际值,就要获得行驶动力学调节器中符合车轮打滑更改要求的额定值。

下一级制动和驱动打滑调节器通过获得的数值对制动液压系统和发动机管理系统的促发器进行控制。

5.4.3.1.2 结构

图5-17以简化框图的形式介绍了包括输入和输出参数以及信号流在内的ESP行驶动力学调节器的结构。

- 偏转速度(测量参数)。
- 方向盘转角(测量参数)。
- 横向加速度(测量参数)。
- 汽车纵向速度(估算参数)。
- 轮胎纵向力和轮胎打滑值(估算参数)。

观察器获得了如下参数:
- 车轮上的侧向力。
- 倾斜角。
- 浮游角。
- 汽车横向速度。

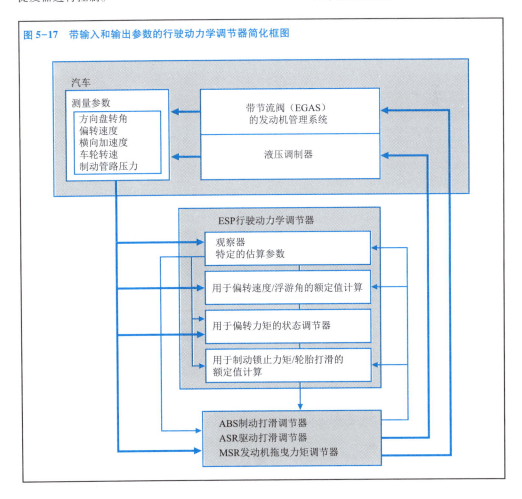

图5-17 带输入和输出参数的行驶动力学调节器简化框图

用于浮游角和偏转速度的额定值应来自下列由驾驶员规定或者受驾驶员影响的参数：
- 方向盘转角。
- 估算的汽车速度。
- 由纵向加速度（估算参数）和横向加速度（测量值）确定的静摩擦系统。
- 油门调节或者制动管路压力（制动踏板力）。

同时，还要考虑汽车动力学的特殊性能以及特殊的状态，如倾斜的路面或者不同摩擦系数的路面（例如左边不光滑，右边光滑）。

5.4.3.1.3　工作方式

行驶动力学调节器要对 2 个状态参数（偏转速度和浮游角）进行调节并计算必要的偏转力矩，以便实际状态参数能够平衡额定状态参数。随着值的增大，对调节器中浮游角的考虑也会增加。

最大可能的横向加速度和其他行驶动力学方面的重要参数要以调节程序为基础，参数用于每辆汽车的静态环路试验。由此获知的转向角同汽车速度和偏转速度之间的联系既构成了普通情况下的单一行驶汽车额定运动的基础，也构成了制动和加速情况下汽车额定运动的基础。汽车额定运动（偏转额定速度）作为单线模型储存在软件中。

偏转额定速度应符合摩擦值比例被限制在一个符合物理可行驶的轨迹曲线的数值内。

5.4.3.1.4　单轨迹模型
5.4.3.1.4.1　横向加速度范围

轿车的横向加速度最大为 $10\ m/s^2$，如车辙或者侧向风会产生小信号范围（$0\sim0.5\ m/s^2$）的横向加速度。

线性变化范围在 $0.5\sim4\ m/s^2$。变道和弯道行驶时的负荷变换反应是典型的横向动力学行驶行为。其中出现的汽车特性可以通过线性单线模型进行描述。在过渡范围（$4\sim6\ m/s^2$），一些汽车还是呈现线性变化，而另一些汽车则呈现非线性变化。

当横向加速度到达极限范围，即 $6\ m/s^2$ 以上，则汽车处于极端状态，例如接近发生事故。在这里汽车特性很大程度上为非线性。

5.4.3.1.4.2　单轨迹模型中的规定

在最简单的模型中只考虑特性为线性变化，这样此类模型可以被称为线性单线模型。

通过线性单线模型可以获得汽车横向行驶动力学特性的重要信息。在单线模型中将一个轴及其车轮的横向动力学特性总结为一个有效车轮。

最重要的模型规定：
- 仅考虑轴的线性运动学及弹性运动学特性。
- 轮胎侧向力的形成线性，忽略轮胎复原力矩。
- 重点高度为路面高度。这样汽车仅将偏转运动作为旋转自由度。摆动、点头及上下运动（z 方向的线性运动）不做考虑。

如果汽车在右侧弯道的自由行驶中过度转向并超过了偏转额定速度（汽车沿固有垂直轴旋转过快），则行驶动力学调节器会在左侧前轮产生制动额定打滑（左侧前轮制动）。这样在临界"打滑"的倾斜车辆上就会产生向左旋转的偏转力矩变更。

当汽车在右侧弯道自由行驶出现不足转向并低于偏转额定速度时（汽车沿固有垂直轴旋转过慢），则会在右侧后轮上产生制动额定打滑（右侧后轮制动）。这样会在"朝前轴滑移"的汽车上产生向右旋转的偏转力矩变更。

5.4.3.2　在 ABS 和 ASR 功能行驶下的 ESP 调节器功能

为了实现 ABS 和 ASR 基本功能，充分利用每个行驶状态下轮胎与路面之间的最大可能附着力，还需对下一级调节器的所有现有测量及估算参数进行利用。

在 ABS 功能行驶状态下（车轮接近抱死），行驶动力学调节器将下列值传给下一级制动打滑调节器：
- 汽车横向速度。
- 偏转速度。
- 方向盘转角。
- 用于调节 ASB 额定打滑的车轮速度。

在 ASR 行驶中（车轮在起动或者加速时接近打滑），行驶动力学调节器将下列偏置值传给下一级驱动打滑调节器：
- 用于驱动打滑的额定值改变。
- 打滑公差带的改变。

- 改变影响力矩减小的值。

5.4.3.3 下一级制动打滑调节器(ABS)
5.4.3.3.1 任务
一旦在制动时超过了额定打滑,则下一级制动打滑调节器就会激活。在 ABS 行驶情况以及主动制动行驶情况下,车轮打滑的调节系统应尽可能精确地用于不同行驶动力学作用方式。为了达到实现规定的额定值,打滑应尽可能精确。汽车的纵向速度不能直接测量,而是由车轮速度确定。

5.4.3.3.2 结构和工作方式
制动打滑调节器可以使一个车轮实现瞬时制动,以间接测量汽车的速度:打滑调节系统会中断,当前的车轮制动力矩有限制地下降且在一段时间内保持状态。为了让车轮在这段时间末稳定,可以计算自由行驶(不打滑)时的车轮速度。通过计算重心速度可以获知 4 个车轮的自由行驶速度,这样就可以计算 3 个可调节车轮的实际打滑。

5.4.3.4 下一级发动机拖曳力矩调节器 (MSR)
5.4.3.4.1 任务
发动机中运动零件的惯性会在静止或者汽油突然用完的情况下对驱动轮施以制动力。如果这个力及由此产生的力矩太高,就不能由轮胎传递到路面上。在这种情况下发动机拖曳力矩调节系统就会发生作用(通过"轻踩油门")。

5.4.3.4.2 结构和工作方式
如果车轮接近抱死,例如因为路面发生变化导致发动机制动力矩过高,那么通过"轻踩油门"这种方式会起到相反作用。也就是说,控制器通过对带有 EGAS 功能的发动机管理系统的相应促发器进行控制提高驱动力矩。驱动轮会在允许范围内通过发动机作用实现调节。

5.4.3.5 下一级驱动打滑调节器(ASR)
5.4.3.5.1 任务
一旦在起动或者制动时,驱动轮超过了额定打滑,则下一级驱动打滑调节器就会激活,同时 ASR 功能也相应激活。此外,ASR 还有一个任务就是在行驶情况下将发动机额定力矩限制在可以传递到路面的驱动力矩范围内,以避免驱动轮打滑。

通过制动器或者发动机管理系统可以对驱动轮进行作用。柴油机中,通过喷射的燃料量可以降低电子柴油调节系统(EDC)的发动机扭矩。在汽油机中,这一任务可以通过对电子油门(EGAS)的调节完成,也可以通过点火角或者喷射屏蔽实现。

非驱动车轮上的主动制动作用可以通过制动打滑调节器直接实现控制。与 ABS 不同的是,ASR 从行驶动力学调节器处获得改变额定打滑的值及驱动轴允许的打滑差异。这种改变以偏置的形式影响 ASR 的基础数值。

5.4.3.5.2 结构
用于万向轴和车轮差异转速的额定值由打滑额定值和自由行驶的车轮速度组成。2 个调节参数(万向轴转速和车轮差异转速)由每个驱动轮的车轮速度获知。

5.4.3.5.3 工作方式
ASR 模块计算了 2 个驱动轮的制动额定力矩和通过发动机管理系统实现的发动机扭矩降低额定值。

整个动力总成(发动机、变速器、万向轴和驱动轮)的惯性力矩会影响万向轴转速。因此,万向轴转速可以用一个相对大的时间常数进行描述(低动力学)。与之相反的是车轮差异转速的时间常数会相对小,因为其动力学几乎仅通过 2 个车轮的惯性力矩确定。此外,与万向轴转速不同的是,车轮差异转速不受发动机影响。

万向轴额定力矩和差异额定力矩是测量促发器调整力的基础。差异额定力矩通过左侧和右侧驱动轮之间的制动力矩差异由一个液压调制器中的相应阀门控制装置进行调节。

万向轴额定力矩既可以通过发动机作用实现,又可以通过对称的制动作用实现。汽油机的节流阀作用只能通过相对大的减速实现(发动机死点和过渡特性)。发动机加速可以用点火角延迟调节的方法,也可以使用喷射减弱方法。对称的制动作用可以对发动机扭矩降低进行短时间支持。

6 自动制动功能

当今对电子制动系统的应用已远远超出以往。最初防抱死制动系统(ABS)的任务仅是防止制动时车轮抱死以及保证汽车在完全制动时的可操控性,而当今它还承担了制动力分配的功能。汽车电子稳定性控制程序(ESP)具备不依赖于制动踏板位置形成制动压力,而以其自身能力提供主动制动作用的大量可能性。其目的是利用自动制动作用减轻驾驶员的负担,并为其提供更多的舒适性。同时一些功能也为安全性做出了贡献,如自动制动作用在紧急情况时可以缩短制动行程。

6.1 概述

电子制动力分配(EBV)取代了用于前后轮之间制动力分配的机械元件,不仅降低了成本,而且为制动力分配提供了很大的柔性。

此外,在电子制动系统中还逐渐集成了许多其他功能,如图6-1所示。

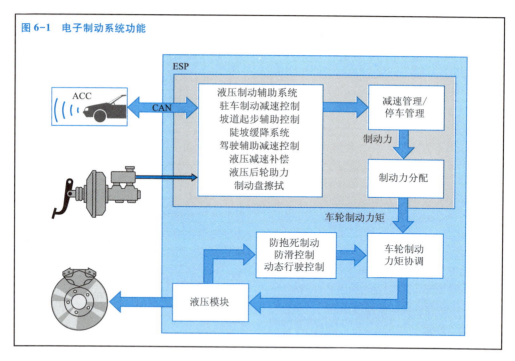

图6-1 电子制动系统功能

- 液压制动辅助系统(HBA):识别紧急制动状况并缩短制动行程,期间形成制动压力直至抱死极限。
- 驻车制动减速控制(CDP):可以实现驾驶员对汽车从制动到完全停稳的要求。
- 坡道起步辅助控制(HHC):坡道起步时,在制动系统中起作用,避免汽车向后溜车。
- 陡坡缓降系统(HDC):当汽车下坡行驶时,通过自动制动作用支持驾驶员,以减少下坡时驾驶员操纵疲劳度。
- 驾驶辅助减速控制(CDD):与自动间

距控制装置联系在一起,在需要的情况下共同采取制动措施。

- 液压减速补偿(HFC):当很有力地踏动制动踏板,例如由于很高的制动盘温度,仍不能达到最大可能的制动减速时,HFC 就可以起到帮助作用。
- 液压后轮助力(HRB):当 ABS 制动时,HRB 可以将后轮的制动压力提高到抱死水平。
- 制动盘擦拭(BDW):可以在驾驶员瞬时无觉察的制动时清除掉制动盘上的喷溅水。

这些功能与汽车电子稳定性控制程序(ESP)联系在一起进行工作。部分功能还可以与防抱死制动系统(ABS)或驱动防滑系统(ASR)联系在一起进行工作。

大多数的功能都可以利用现有电子制动系统的传感技术进行工作。但是有一些功能还需要使用附加的传感器,如图 6-2 所示。

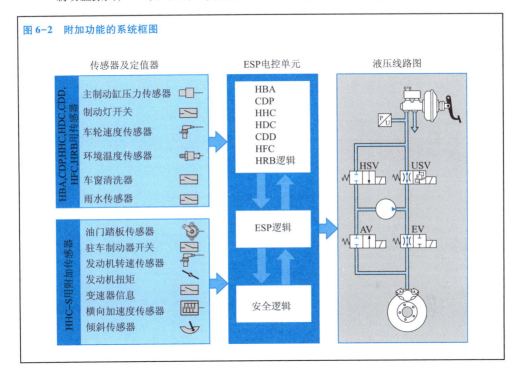

图 6-2 附加功能的系统框图

6.2 标准功能

6.2.1 液压制动辅助系统(HBA)

6.2.1.1 要求

道路车辆的制动系统必须按照适用的法规进行设计,必须具有至 $0.83g^*$ 的减速度,并且在汽车的所有驾驶操作中都必须具有稳定的行驶性能,例如不得出现时左时右的打滑现象。

* 重力加速度 $g = 9.81$ m/s²

6.2.1.2 传统的制动力分配

在无 ABS 的汽车上可以通过前后轮固定调校,或通过使用后轮制动器的制动减压器达到稳定的制动特性,如图 6-3 所示。

曲线 2 显示了使用汽车的固定调校,处于空载时理想的制动力分配 1I 之下的 0 ~ 0.83g 的范围,并不能充分利用可能的较大后轮制动力;满载的汽车(曲线 1b)制动力也没有充分利用。曲线 3 显示了使用制动减压器的特性,在空载时后轮制动力明显增长,满载的车辆增长相对较小。

满载车辆的特性可以通过使用依赖于载荷及减速的减压器得到改善,但是昂贵的机械及液压装置会大大提高成本。

6.2.2 电子制动力分配

电子制动力分配系统(EBV)可以满足汽车制动设计的需求:后轮在稳定特性监控时很强地参与整车的总制动。例如,通过取消制动减压器或者通过强化后桥制动设计,提升用于前轮的制动力。它可以用于具有很高前轮负荷的汽车。

6.2.2.1 结构

结构设计应满足:不使用制动减压器也可以在总制动较小数值时,例如 0.5,获得理想制动力分配(曲线1)与交点固定的调谐,如图6-4所示。使用 ABS、现有的液压系统、传感器技术及电子装置,并与改良的阀门及软件联系在一起可以实现在总制动较高数值时降低后轮上的制动力。

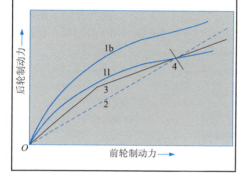

图6-3 传统的制动力分配
1—汽车理想的制动力分配;1l—空载;1b—满载的汽车;2—固定制动力分配(固定调校);3—带制动减压器的制动力分配;4—0.83 g 减速直线(g=重力加速度)

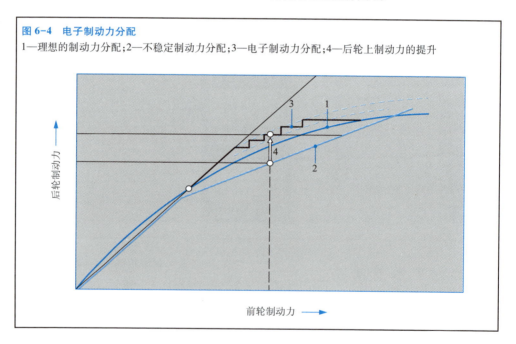

图6-4 电子制动力分配
1—理想的制动力分配;2—不稳定制动力分配;3—电子制动力分配;4—后轮上制动力的提升

6.2.2.2 工作方式

控制器不断计算在所有行驶状况下前后轮上的滑动差。如果在制动时后轮与前轮滑动比超过了规定的稳定性极限值,后轮的 ABS 进压阀便相应闭合。这样就阻止了车轮制动缸中的压力继续提高。

如果驾驶员继续提高制动踏板力并同时提高制动压力,前轮上的滑动也会随之加强。后轮与前轮滑动值的比相应变小,进压阀开启,并且后轮上的压力又重新提高。依赖制动踏板力及驾驶技巧多次重复,会得出电子制动力分配的阶梯状曲线(曲线3),它近似理想的制动力分配。

电子制动力分配系统(EBV)仅控制 ABS

的后轮阀门时,液压装置中的回油泵电机处于无电状态。

6.2.2.3 优点

根据以上概述的性能,可以得出 EBV 的优点:

- 在所有负载状态及在弯道行驶中出现侧向滑动力情况下,以及在上、下坡行驶时及动力系统变更时(接合与分离、自动变速器),优化汽车稳定性。
- 取消了传统的减压阀及限压阀。
- 降低了前轮制动器的热负荷。
- 均匀利用前后制动摩擦片。
- 在相同的踏板力时提高制动延迟。
- 在汽车寿命期内稳定制动力分配。
- 仅需要在现有的 ABS 总成上进行微小改动。

6.3 附加功能

6.3.1 液压制动辅助系统(HBA)

液压制动辅助系统的主要特征在于对紧急制动状况的识别,以及由此而自动提高汽车的减速性能。通过使用 ABS 调节器限制汽车减速,可使其处于物理上可能的最佳状态。由此可以达到至今仅能由训练有素的驾驶员达到的短制动行程。如果驾驶员减少制动要求,同样通过踏板力降低了汽车的减速,驾驶员就可以按照紧急情况为减速精确定量。

驾驶员制动要求的标准是踏板力和踏板压力。踏板压力由测量的主缸压力与现时的液压控制推导出来。

驾驶员任何时刻都可以对制动完全作用,并因此直接影响汽车的行为。HBA 仅可以提高制动压力,即由驾驶员设定的预压力无论如何都必须执行。当系统出现故障时,HBA 通过向驾驶员输出故障信息切断系统(切断方案)。

6.3.2 驻车制动减速控制(CDP)

电子机械驻车制动器(EPB)是一个自动的制动系统。它用一个电动机替代了传统的手制动及脚制动器,但因为其仅在后轮上起作用,所以紧急减速时其制动力受到限制。

为了实现舒适的较高的减速,而对汽车的稳定性使用 ESP 系统的叠加调节器,这就需要 CDP 的功能。

CDP 功能是在具有液压制动装置及 ESP 的汽车上主动提高制动压力的附加功能。CDP 可以实现驾驶员对汽车从制动到完全停稳的要求。当汽车达到静止状态后 ESP 液压系统短时间内控制所有静态驻车制动的过程。

使用与不使用自动辅助功能的制动比较如图 6-5 所示。

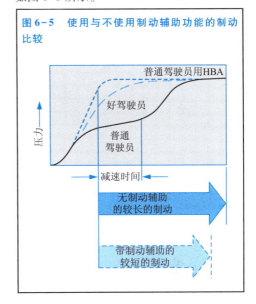

图 6-5 使用与不使用制动辅助功能的制动比较

6.3.3 坡道固定控制(HHC)

起步辅助(坡道固定控制 HHC)是一个舒适性功能,可避免在坡道起步时汽车向后溜车。此时的坡度通过倾斜传感器(纵向加速度传感器)获得。起步辅助要求汽车静止状态时应具有制动压力,即通过脚制动形成的制动压力。

在制动期间,驾驶员预先给出制动压力,制动装置识别到静止状态并保持住,即不再踩踏制动踏板。最迟在 2 s 的保压时间后,制动压力卸压。在这一时间内驾驶员可以踏油门踏板并开始起步过程,当起步愿望被识别后制动压力卸压。

当发动机达到可以向行驶方向驱动汽车

的扭矩时，实现起步愿望。起步愿望可通过驾驶员踩踏油门踏板或者离合器踏板实现，也可由变速器通过发动机扭矩的输出（例如，自动变速器/CVT）进行触发。

如果在静止状态已经达到足够的发动机扭矩（例如，通过自动变速器的牵引），那么制动装置中不需保持制动压力。

如果油门踏板在特定的停车时间内被操纵，便会延长停车时间，直至达到用于起步的发动机扭矩。

如果既不踩踏油门踏板又不踩踏制动踏板，此功能最迟在 2 s 后中断，同时汽车开始运动。

HHC 功能是作为 ESP 的附加功能而设计的，并利用这一系统的零件自动激活，如图 6-6 所示。

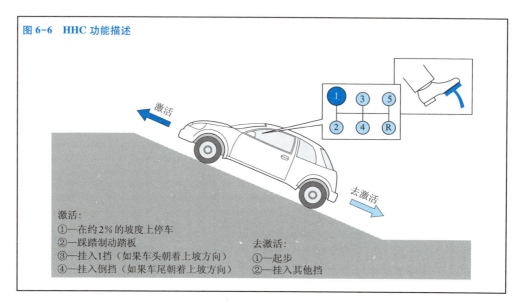

图 6-6 HHC 功能描述

激活：
①—在约2%的坡度上停车
②—踩踏制动踏板
③—挂入1挡（如果车头朝着上坡方向）
④—挂入倒挡（如果车尾朝着上坡方向）

去激活：
①—起步
②—挂入其他挡

6.3.4 陡坡缓降系统(HDC)

陡坡缓降系统是一个舒适性功能。当汽车在下坡行驶时（至50%的坡度），通过自动制动辅助作用支持驾驶员，以减少下坡时驾驶员的操纵疲劳度。这一功能激活后，不用驾驶员出力，速度便可被调节到规定较低的额定速度。

HDC 功能的激活与去激活，原则上是通过操纵 HDC 按键来实现的。

在需要时驾驶员可以通过踩踏制动及油门踏板或者借助于速度调节装置的操作按键改变预设置的速度。

如果车轮在 HDC 调节期间以很高的制动打滑率滚动，ABS 便自然激活。当车轮处于不同的路面上时，打滑车轮的制动力矩自动分配到摩擦值很高的车轮上。

相对于仅仅利用发动机的拖动，HDC 提供了附加的优点：当车轮抬起时（发动机拖动损失）可以保持车速，不会导致突然加速的出现；制动力可变分配，与自动行驶方向识别功能耦合在一起；倒车时后轮相应产生很强的制动，以便实现卸载的前轮自如转向。

HDC 还具有一个功能（Lever Ground Detection，操纵杆基础探测），即仅允许在下坡时使用 HDC 的制动作用。如果汽车处于平路或上坡时，HDC 切换为准备状态，以便识别到下坡时，重又自动激活。

为了预防驾驶员的滥用，只要油门踏板踩踏超过一定界限或者超过最大的调节速度，HDC 准备状态便接通。如果汽车继续加速到切断速度，HDC 便会激活。

HDC 的功能状态通过 HDC 控制灯显示。HDC 发生制动作用时制动灯仍可进行控制。

HDC 功能描述如图 6-7 所示。

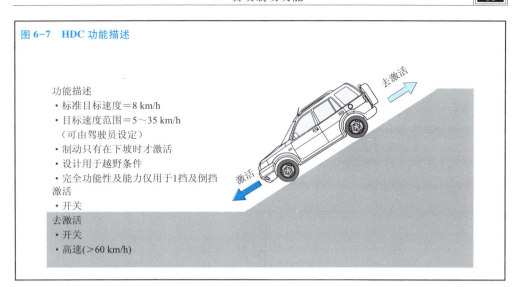

图6-7 HDC 功能描述

功能描述
- 标准目标速度＝8 km/h
- 目标速度范围＝5～35 km/h
  （可由驾驶员设定）
- 制动只有在下坡时才激活
- 设计用于越野条件
- 完全功能性及能力仅用于1挡及倒挡激活
- 开关

去激活
- 开关
- 高速(>60 km/h)

6.3.5 驾驶辅助减速控制装置(CDD)

CDD 的基础功能是在连接车速调节装置（自动车距控制装置 ACC）时实现主动制动作用，即用于自动车距控制。只要低于规定的与前车的距离，驾驶员不用操纵制动踏板便可自动制动。CDD 是以液压制动装置及 ESP 系统为基础的。

CDD 功能的输入是额定减速要求。CDD 功能的输出是借助液压实现的压力调节来实现汽车减速。减速要求由预接通的车距控制系统提出。

CDD 功能描述如图6-8所示。

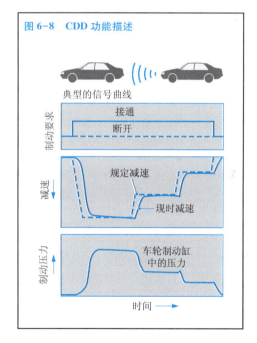

图6-8 CDD 功能描述

6.3.6 液压减速补偿(HFC)

液压减速补偿功能为驾驶员提供了附加的制动力支持。当很用力地踩下制动踏板，正常情况已达到抱死压力的水平（升压超过80 bar（800 kPa），但仍不能达到最大可能的制动减速时，HFC 就可以起到帮助作用。例如在制动盘温度很高时，或者当制动摩擦片具有明显降低的摩擦值时，HFC 就会起作用。

当 HFC 激活时，车轮压力会一直提高，直至所有车轮达到抱死水平，ABS 调节功能也会发生作用，因此此时制动处于物理最佳点。车轮制动缸中的压力即使在 ABS 调节控制时也大于主制动缸中的压力。

如果驾驶员将其制动要求减少到低于切换界限的数值，就可根据其踏板力减少汽车减速性能，因此驾驶员可以根据对状态的精确阐述确定减速。当入口压力或汽车速度低于切断极限时，即满足 HFC 的切断条件。

HFC 功能描述如图6-9所示。

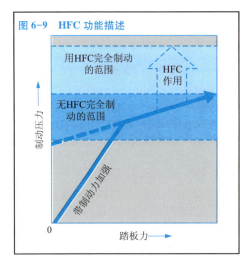

图 6-9 HFC 功能描述

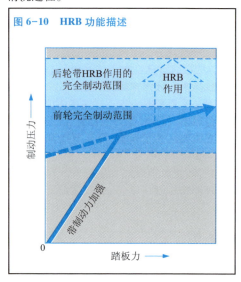

图 6-10 HRB 功能描述

6.3.7 液压后轮助力（HRB）

液压后轮助力（HRB）是当 ABS 调节前轮制动时为驾驶员提供支持后轮制动力的性能。许多驾驶员在 ABS 调节开始时便不再继续提高踏板力，尽管当时状况需要提高踏板力。HRB 激活后可一直提高后轮压力，直至同样达到抱死的水平并使用 ABS 调节，因此制动过程处于物理最佳化。后轮制动缸中的压力在 ABS 调节期间也可以大于主制动缸的压力。

如果前轮不再处于 ABS 调节状态，或者升压低于切断极限，HRB 便满足切断条件。

HRB 功能描述如图 6-10 所示。

6.3.8 制动盘擦拭（BDW）

制动盘擦拭（BDW）通过对雨刮器或雨量传感器信号以及由此在脚制动器中得出的制动压力主动形成评价，识别雨水或路面潮湿情况。制动压力用于清除制动盘上的喷溅水，以保证在路面潮湿时最小的制动反应时间。干式制动时的压力水平应设置为：汽车的减速制动应处于感觉极限。

只要系统识别到雨水和路面潮湿，干式制动就在确定的周期内重复进行，也可选择仅在前轮上进行清洗的方式。

一旦驾驶员踩下制动踏板，BDW 便结束清洗过程。

▷ 行驶稳定性

良好的汽车驾驶取决于：汽车是否沿着行驶轨迹行驶，尽可能精确地与转向角度变化一致；汽车是否保持稳定，在转向的时候不跑偏。

汽车的横向动力性在此具有特殊的意义。它通过侧面运动（通过浮游角体现特征），以及汽车围绕垂直轴的运动（偏移速度）进行描述，如图 6-11 所示。

图 6-12 用实例说明了一辆汽车在固定转向角度时的横向动力性（环路行驶）。位置 1 显示了转向轮转动的力矩（转向跳动）。曲线 2 描述了在不滑路面上的行驶轨迹，与转向角度变化一致。这保证了，在静摩擦系数足够大的条件下，可以向路面传递横向加速力。当较小的静摩擦系数时，例如由于路面光滑，浮游角将特别大（曲线 3），虽然偏移速度的调节导致汽车同样（如同曲线 2）围绕其垂直轴旋转，但是由于较大的浮游角汽车还是受到不稳定性的威胁。于是电子稳定程序调节偏移速度并限制浮游角 β（曲线 4）。

6 自动制动功能

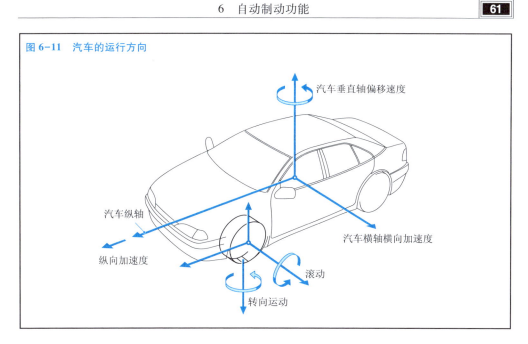

图 6-11 汽车的运行方向

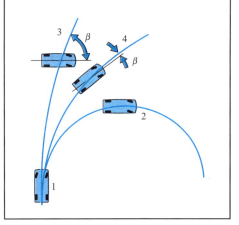

图 6-12 汽车的横向动力学
1—转向跳动，转向角度确定；2—不滑路面上的行驶轨迹；3—调节偏移速度，在光滑路面上的行驶轨迹；4—附加调节浮游角 β，在光滑路面上的行驶轨迹（ESP）

7 传 感 器

传感器采集工作状态(例如,发动机转速)以及额定值(例如,油门踏板位置),将物理值(例如,压力)或化学值(例如,废气浓度)转变为电气信号。

7.1 在汽车上的应用

传感器和执行器构成了汽车与其复杂的驱动系统、制动系统、行驶系统及车身功能以及作为处理加工单元的电子控制之间的接口(例如,发动机控制、ESP、空调等)。通常在传感器中匹配有电路准备信号,因此可由电控单元进行数据处理。

在机械、电子及数据处理紧密进行合作的机械电子领域中,传感器越来越具有重要意义。传感器被集成在模块中(例如,带有转速传感器的曲轴-密封模块)。

目前,传感器越来越小,同时又更快捷、更精确,因为其输出信号会直接对发动机的功率、扭矩、排放以及汽车性能及安全性造成影响。机械电子使这一切都成为可能。

信号准备、模拟-数字转换、自标定功能及未来用于其他信号准备的微型计算机,根据集成等级都可以集成在传感器中,如图7-1所示。其具有以下优点:

- 在电控单元中不需要很大的计算能力。
- 所有传感器使用灵活的、可通过总线连接的接口。
- 通过数据总线传感器直接多重应用。
- 采集较小的测量特征。
- 传感器简单的调谐。

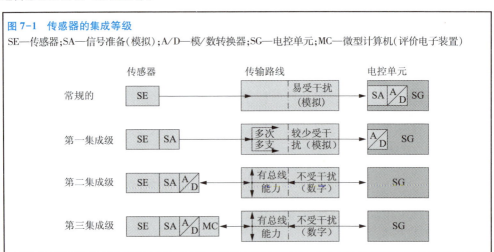

图7-1 传感器的集成等级
SE—传感器;SA—信号准备(模拟);A/D—模/数转换器;SG—电控单元;MC—微型计算机(评价电子装置)

▷ 微型器件

微机械使传感器以最小的尺寸实现其功能。典型的尺寸为微米级。在这方面,具有特殊性能的硅是制造非常小的、常带花纹的机械结构的一种有效材料,它几乎是生产传感器和实现电气特性相关特性的理想物质。随着半导体技术的发展,传感器的机械功能和电气功能可以集成到一块或多块芯片上。

1944年Bosch公司首批生产了一种能测定汽车发动机负荷的、带有微机械测量元件的进气压力传感器。新的微型化器件的例子是在汽车行驶安全性系统中为保护乘员安全而使用的微机械加速度传感器和偏转率传感器,以及行驶动态调节。

由图7-2可以很形象地看到微型器件的微小尺寸。

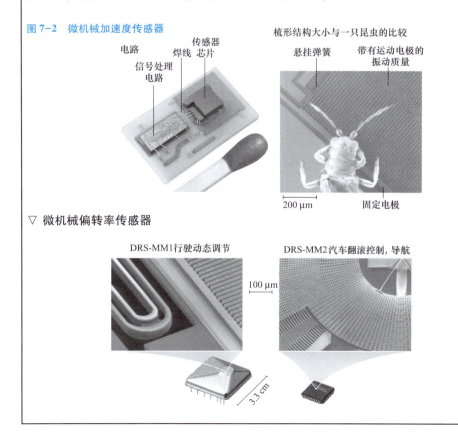

图7-2 微机械加速度传感器

7.2 车轮转速传感器

车轮转速传感器用于求得汽车车轮的旋转速度(车轮转速)。转速信号借助电缆传送给汽车上的ABS、ASR和ESP控制单元,以个性化地调节每个车轮的制动力。这一调节回路避免了抱死(ABS)或车轮的打滑(ASR及ESP),从而保证了汽车行驶的稳定性和可操纵性。

车载导航系统同样需要车轮转速信号,以便从中判明汽车行驶路段的路况(例如在隧道中或者没有卫星信号的时候)。

车轮转速传感器的结构与工作原理:借助一个与车轮轮毂固定相连的钢制脉冲探测器(用于无源传感器)或者多极电磁脉冲探测器(用于有源传感器)产生信号。这一脉冲探测器具有与车轮一样的旋转速度,并不接触传感器头部的敏感范围。因此传感器可以不用直接接触,而是通过2mm的空气间隙进行"探测",如图7-3所示。

空气间隙(具有很小的公差)可保证无故障的采集信号。可能存在的故障,如车轮制动器范围的振动、摆动、温度、湿度、与车轮的装配关系等。间接的"探测"排除了潜在的影响因素。

自1998年取代无源(感应式)车轮转速

传感器后,新开发的车轮转速传感器全部采用有源车轮转速传感器。

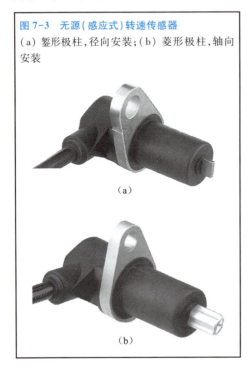

图 7-3 无源(感应式)转速传感器
(a) 鏊形极柱,径向安装;(b) 菱形极柱,轴向安装

7.2.1 无源(感应式)转速传感器

如图 7-4 所示,无源(感应式)转速传感器由一个永久磁铁 1 及一个与其相连插在具有数千圈绕线的线圈 2 中的软磁芯极柱 3 构成。这种方式产生持续的磁场。

图 7-4 无源转速传感器原理草图
1—永久磁铁;2—电磁线圈;3—极柱;4—钢制脉冲轮;5—磁力线

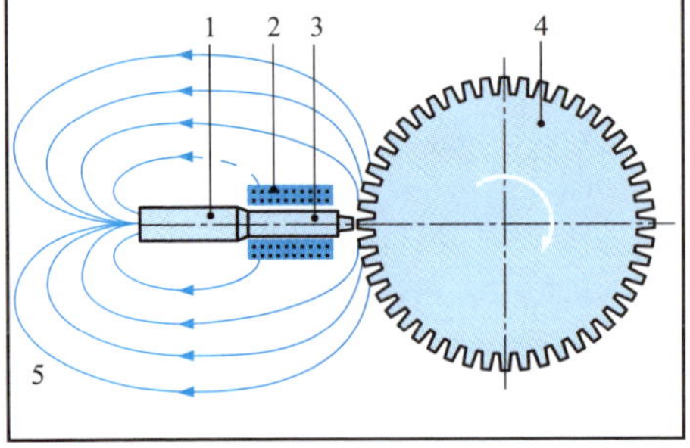

极柱直接处于一个与车轮轮毂固定相连的齿轮的脉冲轮 4 上。脉冲轮动时齿与齿隙交替变换,使永久磁铁通过极柱的磁通密度不断变化,从而影响极柱外面线圈中的磁场变化,使线圈感应到在线圈两端发出的交变电压。

交变电压的频率和幅值与车轮转速成正比,如图 7-5 所示。当车轮静止时感应电压为零。

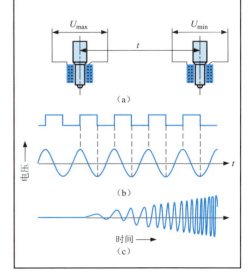

图 7-5 无源转速传感器的信号输出电压
(a) 带脉冲轮的无源转速传感器;(b) 保持车轮转速时的传感器信号;(c) 提高车轮转速时的传感器信号

脉冲轮的齿形、空气间隙、感应电压升高的斜率和控制单元输入口的灵敏度,决定了可测的最低车轮转速,也决定了 ABS 中可达到的最低的开关速度。

因为传感器在车轮上的安装不都是一样的,所以需要有各种不同形状的极柱和不同的安装方式。用得最广的是鏊形极柱(也称扁极柱),如图 7-3(a) 所示,径向安装在脉冲轮处,径向检测信号。菱形极柱(也称十字形极柱),如图 7-3(b) 所示,轴向安装在脉冲轮处,径向检测信号。安装时两种极柱都应与脉冲轮精确校正。

7.2.2 有源转速传感器
7.2.2.1 传感器元件

现代的制动系统仅使用有源转速传感器，如图 7-6 所示。这种传感器通常由用塑料密封注塑的装在传感器头部中的硅 IC 构成。

除了磁阻 IC 外（磁场变化时电阻也改变），博世公司还大量使用霍尔传感器元件，其在磁场较小的变化时就可以反应，相对于无源转速传感器而言，可以具有较大的空气间隙。

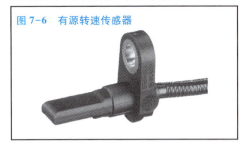

图 7-6 有源转速传感器

图 7-7 为多极脉冲传感器的零件分解图。

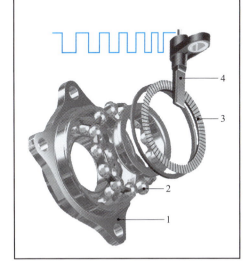

图 7-7 多极脉冲传感器的零件分解图
1—车轮轮毂；2—滚珠轴承；3—多极环；4—车轮转速传感器

7.2.2.2 脉冲轮

作为有源转速传感器的脉冲轮使用了一个多极磁环。在此涉及一个可变换磁极塑料元件，其形状为环形，安装在非磁性金属载体上（图 7-8 及图 7-9(a)），它的南北极承担着脉冲轮齿的功能。传感器的 IC 感受这一磁环不断变化的磁场（图 7-8 及图 7-9(a)），因此多极磁环转动时磁通量通过 IC 进行不断的变换。

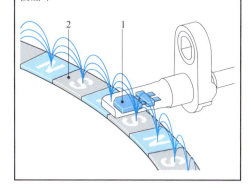

图 7-8 有源转速传感器剖面图
1—传感器元件；2—带有可变换南北磁极的多极磁环

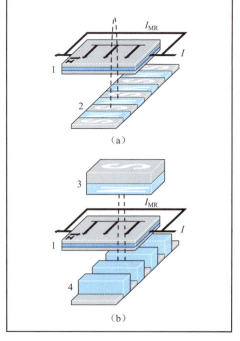

图 7-9 转速采集的原理简图
(a) 多级磁环霍尔；(b) 钢制脉冲轮及磁铁式霍尔 IC 脉冲传感器
1—传感器元件；2—多级环；3—磁铁；4—钢制脉冲轮

多极磁环还可以使用钢制脉冲轮替代。在这种情况时,在霍尔IC上也具有磁性,可以持续产生磁场(图7-9(b))。当脉冲轮旋转时现有的恒定磁场受到齿及齿间不断变换顺序的"干扰"。测量原理、信号处理及IC都如同无磁性的传感器一样。

有源转速传感器典型的特征是集成有霍尔测量元件、信号放大器及IC中的信号处理器,如图7-10所示。转速信息作为注入的电流以矩形脉冲的形式进行传递,如图7-11所示。电流脉冲的频率与车轮转速成正比,车轮在几乎是静止状态时还一样可以测到电压信号(0.1 km/h)。

感应式转速传感器的信号传输方式抗干扰性能更强,干扰电压对它不起作用。由于转速传感器的重量较轻,仅需较小的安装空间,因此可装在车轮轴承上,如图7-12所示。

图7-12 带转速传感器的车轮轴承
1—转速传感器

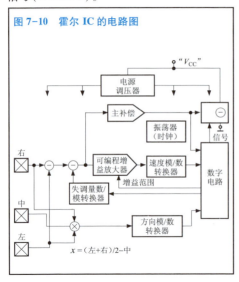

图7-10 霍尔IC的电路图

此外数字信号还可以:
- 传输车轮转动方向的信息,如图7-13所示,具有坡道驻车辅助功能。

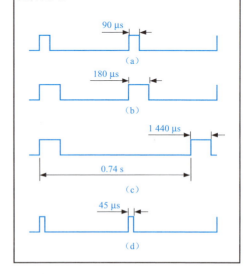

图7-13 具有脉冲宽度模式信号的编码信息传递
(a)倒车时的车速信号;(b)前行时的车速信号;(c)停车时的信号;(d)传感器的信号质量,自诊断

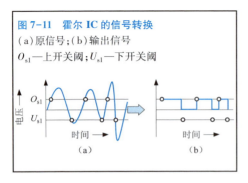

图7-11 霍尔IC的信号转换
(a)原信号;(b)输出信号
O_{s1}—上开关阈;U_{s1}—下开关阈

供电电压在4.5~20 V的范围之间。矩形输出信号电平为7 mA(低)及14 mA(高)。

这种使用数字化处理的信号传输方式比

该功能可防止汽车在山路行驶时由于制动使车轮反转。导航系统也需要这一功能。

- 为驾驶员和汽车售后服务部提供检查传感器的功能。
- 传感器信号质量信息传达,驾驶员可以及时发现信号故障。

7.3 霍尔(Hall)加速度传感器

7.3.1 应用

带有防抱死制动系统(ABS)、驱动防滑系统(ASR)、四轮驱动或者还带有汽车电子稳定性控制程序(ESP)的汽车,除车轮传感器外都装有霍尔加速度传感器,以便测量汽车行驶时的纵向和横向加速度。

在霍尔加速度传感器中使用"弹性"固定的弹簧-质量系统,如图7-14及图7-15所示。

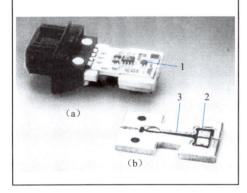

图7-14 加速度传感器(拆开情况)
(a) 信号处理电路;(b) 弹簧-质量系统
1—霍尔传感器;2—永久磁铁;3—弹簧

传感器有一个立式带状弹簧3,一端夹紧,另一端固定着永久磁铁2,以作为振动质量。在永久磁铁上面是带有信号处理集成电路的霍尔传感器,在下面有一块铜阻尼板4。

7.3.2 工作原理

如果传感器感受到横向加速度a,则传感器的弹簧-质量系统离开它的静止位置产生偏移。偏移程度与加速度大小有关。运动的磁铁在霍尔元件中产生霍尔电压U_H,经信号处理电路后输出信号电压为U_A,它随加速度增加而呈线性增加。加速度范围约±1g,如图7-16所示。传感器的频率很低,只有几赫兹,并具有电动力阻尼作用。

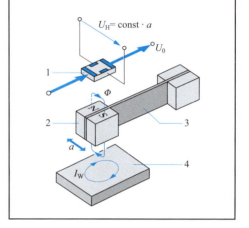

图7-15 霍尔传感器简图
1—霍尔传感器;2—永久磁铁;3—弹簧;4—阻尼板;I_W—涡流(阻尼);U_H—Hall电压;U_0—供电电压;Φ—磁场;a—检测到的横向加速度

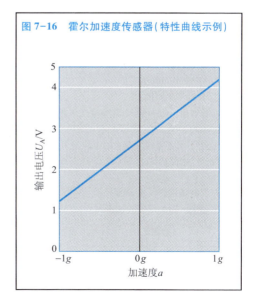

图7-16 霍尔加速度传感器(特性曲线示例)

▷ **博世公司鲍克斯贝尔格汽车道路试验中心**

实际试验是开发汽车各系统的重要组成部分,但不是所有的试验都在公共的道路上进行。自1988年以来,博世公司在德国南部的海尔布朗市和维尔茨堡市之间的鲍克斯贝尔格汽车道路试验中心进行零部件的开发试验工作,试验中心占地92 ha(1 ha=10 000 m^2)。在试验中心可全面、深入地进行零部件的各种行驶安全性和舒适性试验。试验的零部件或系统是在7个不同的路段,在各种行驶条件下直至达到人体极限——当然也是在驾驶员和汽车尽可能安全的情况下——进行试验,如图7-17所示。

图7-17 博世公司汽车道路试验中心平面图
1—恶劣路段;2—沥青坡道路段;3—涉水路段;4—充水的特别路段;5—行驶动力学场地;6—高速椭圆路段;7—大楼(车间、办公室、试验台、实验室、油库、公共空间);8—汽车驶入区;9—弯道和坡道路段

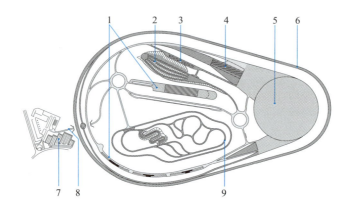

恶劣路段1:试验速度可达50 km/h或100 km/h,该路段包括下列路面:
① 凹坑、车辙;
② 搓板路;
③ 振动路;
④ 比利时石块路;
⑤ 各种不平路面。

沥青坡道(倾斜)路段2:模拟汽车在山区道路上的起步和加速试验,坡度有5%、10%、15%、20%4种,包括不同宽度的可灌水的石块地带。

两个涉水路段3:水深0.3 m和1 m,长100 m及30 m。

充水的特别路段4,路面铺覆:
① 交错(棋盘)路面,铺覆沥青、石块;
② 沥青;
③ 石块;
④ 蓝玄武岩;
⑤ 水泥;
⑥ 积水路面;
⑦ 梯形的蓝玄武岩路面。

行驶动力学路试场地5:用于弯道行驶,它是1个直径为300 m的圆形沥青路面,可模拟汽车在结冰路面或薄冰层上的行驶状况。该场地用于汽车轮胎的安全性试验,以保护驾驶员和汽车。

高速椭圆路段6:有3个车道,供轿车或商用车使用。路段设计车速可达200 km/h。

弯道和坡道路段9:它分两段,一段的车速可达50 km/h,另一段的车速可达80 km/h。两个路段有不同弧度的弯道和不同的坡度。该路段主要用作汽车行驶动力学试验。

7.4 微机械偏转率传感器

7.4.1 应用

硅微机械偏转率传感器或偏转速度传感器(也称陀螺测速仪),用于检测装备有汽车电子稳定性控制程序(EPS)的汽车在弯道行驶,或加速时绕其垂直轴的转动,以便对其动态行驶状态进行调节。

硅微机械偏转率传感器成本低、体积小,将取代现今常用的精密机械式偏转率传

感器。

7.4.2 结构与工作原理

7.4.2.1 MM1型微机械偏转率传感器

为达到行驶动力学系统所需要的高精度,偏转率传感器采用了混合技术。利用空间微力学在硅片上加工出2个较厚的振动质量块,这2个振动质量块在它们的谐振频率上推挽式振动,每个振动块上带有具有最小外形尺寸的电容式表面微力学加速度传感器。如传感器芯片绕汽车垂直轴以转动率为 Ω 的速度转动时,传感器可检测到硅片表面垂直于振动方向的哥氏加速度,如图7-18及图7-19所示。其值与转动率 Ω 和调节到等值的振动速度的乘积成正比。

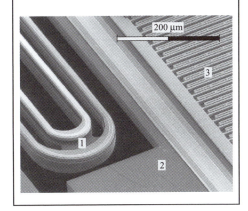

图7-18 MM 1 偏转率传感器结构
1—保持(导向)弹簧;2—振动质量块的一部分;
3—哥氏加速度传感器,振动频率>2 kHz

在振动质量块上的电路上通电,对振动块激振,振动块在磁通密度 B 的作用下,产生一个垂直于芯片的洛伦兹(Lorenz)力。同样,利用节省导线的简单的芯片表面,在同一磁场下以感应的方式直接测量振动速度。激振系统和传感器系统间的不同物理特性可以避免这2个振动块之间出现不期望的干扰。为抑制外部的混杂加速度,将2个相反的传感器信号相减(利用两信号的合成还可确定外部的混杂信号)。精确的微机械偏转率传感器结构可抑制较高的振动加速度与比它要低好几个数量级的哥氏加速度的影响(横向灵敏度还要低于40 dB)。传感器的这种结构将激振的驱动系统和传感器的测量系统在机械和电气上严格地分开。

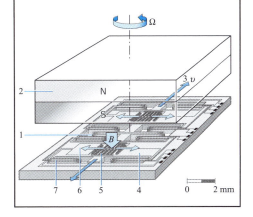

图7-19 MM 1 微机械偏转率传感器(结构)
1—由频率确定的耦合弹簧;2—永久磁铁;3—振动方向;4—振动质量块;5—哥氏加速度传感器;6—哥氏加速度方向;7—保持(导向)弹簧;Ω—转动率;v—振动速度;B—磁通密度

7.4.2.2 MM 2型微机械偏转率传感器

如果硅偏转率传感器完全用表面微力学(OMM)技术制造,同时驱动系统和调节系统用静电系统代替,就可使驱动系统和调节系统始终不分离。一个中心放置的扭振器被梳状结构件静电驱动而产生扭振,如图7-20及图7-21所示。利用均匀的电容式抽头,调节电容使扭振振幅不变。同时哥氏加速度迫使扭振器俯仰,其幅值与转动率 Ω 成正比,在扭振器下面放置的电极就会检测到俯仰运动时电容的变化。

为了不使俯仰运动受到太大的阻尼,扭振器要放置在真空中。微小的芯片尺寸和简单的制造过程使传感器的成本明显降低,但整个传感器尺寸不能进一步缩小,否则测量效果不显著,测量精度不高。侧向混杂加速度可通过扭振器至心轴的支承以及系统很高的弯曲刚度等机械方法予以抑制。

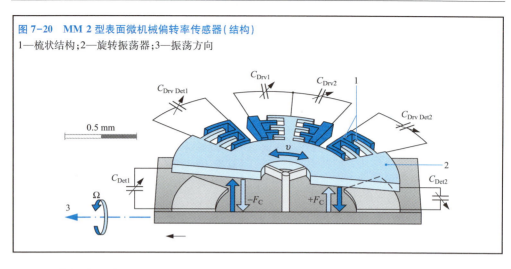

图 7-20　MM 2 型表面微机械偏转率传感器(结构)
1—梳状结构；2—旋转振荡器；3—振荡方向

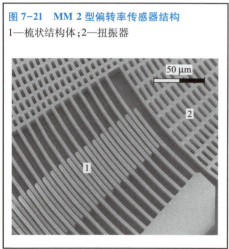

图 7-21　MM 2 型偏转率传感器结构
1—梳状结构体；2—扭振器

7.5　方向盘转角传感器

方向盘转角传感器是为了在汽车电子稳定性控制程序(ESP)中应用而开发的。它在控制单元中将方向盘调整角度和给定的制动压力与汽车实际的转向和行驶速度进行比较，必要时制动车轮。这样可保证车轴与转向的偏差，即"浮游角"最小，并可防止不希望的过度转向，保证适度的不足转向。

各种角度传感器在原则上都可用于检测方向盘转角。为了保证安全性，可以使用简单的方式检测可信度，也可用理想的方式进行自检。常用的方向盘转角传感器有电位器式、光代码式和磁电式。现在大多数传感器，都可以连续记录和存储当前方向盘的转角。因为常用的角度传感器只能测量 360°，但轿车方向盘的角度范围为 ±720°，总的转动为 4 圈。

与 Bosch 电控单元匹配的有 2 种测量绝对角度的电磁式角度传感器(与增量式传感器不同)，它们可在任何时间，在整个角度范围内测出方向盘转角。

7.5.1　LWS 1 型霍尔方向盘转角传感器

LWS 1 型霍尔方向盘转角传感器用 14 个"霍尔限界"探测方向盘的旋转及角度。一个霍尔限界的功能如同一个光栅：霍尔元件测量相邻磁场，因为与转向柱一同旋转的金属代码盘可能使其变弱或屏蔽。按这种方式，用 9 个霍尔 IC 获得作为数字信息的方向盘转角。其他 5 个霍尔传感器记载由 4∶1 的传动比在明显的 360°范围传递的转速。

LWS 1 型方向盘转角传感器零件分解图，如图 7-22 所示，9 个磁铁通过下面的软磁代码盘按照方向盘的位置单独确定。在印刷电路板下面的霍尔开关(IC)及一个微处理器，在合理性测试中运行并译码角度信息，并为 CAN 总线制备。在其下面还有驱动装置及其他 5 个霍尔限界。

7 传 感 器

图7-22 LWS 1型数字霍尔方向盘转角传感器零件分解图
1—带有新的等距布置永久磁铁的罩盖;2—代码盘(软磁材料);3—带有9个霍尔开关及微处理器的印刷电路板;4—驱动装置;5—其他5个霍尔限界;6—转向柱用固定套管

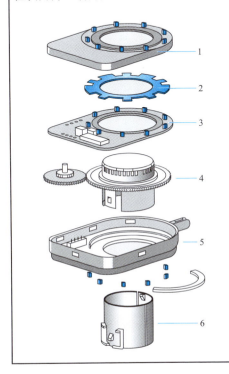

大量的传感器元件及所要求的等距(相同间距)以及与霍尔IC平行布置的磁铁导致由LWS 3取代LWS 1方向盘转角传感器的方案。

7.5.2 LWS 3型磁阻式方向盘转角传感器

LWS 3型磁阻式方向盘转角传感器为具有各向异性的磁阻式传感器(AMR)。磁阻式传感器电阻随外部磁场方向(即磁通密度)而变。

图7-23显示了LWS 3型方向盘转角传感器的构造,通过测量2个齿轮的角度就可得到方向盘在4整圈的角度信号。2个齿轮由转向轴上的一个齿轮驱动。这2个齿轮之间差1个齿。这样,从2个齿轮的一对角度值就可知道方向盘的每个可能位置。

图7-23 LWS 3型AMR方向盘转角传感器(原理)
1—转向轴;2—AMR测量单元;3—带有m齿的齿轮;4—电子分析装置;5—磁铁;6—带有$n>m$齿的齿轮;7—带有$m+1$齿的齿轮

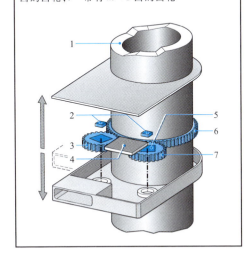

图7-24为LWS 3型AMR方向盘转角传感器。

图7-24 LWS 3型AMR方向盘转角传感器(视图)

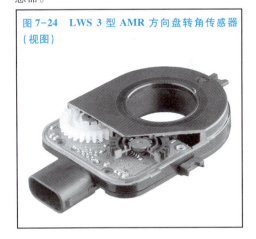

利用被称为"游标原理"的数学算法(按一定的计算流程)可在微处理器中计算出转向轮角度。同时2个AMR传感器的测量精度还可进行校正,另外还具有自身控制的可能性。这样,通过CAN总线可将非常可信的测量值传输给控制单元,通过标准的CAN总

线可以将方向盘转角信息用于汽车底盘调节、巡航及电动伺服转向系统。机械连接中的变化通过电子界面也可以进行显示。

此外,由于成本的压力还对新的传感器进行了研究。为此对单个 AMR 角度传感器(LWS 4)进行了试验,当然仅可进行 360°测量,将其安装在转向轴端部,以便保证 ESP 的安全性,如图 7-25 所示。

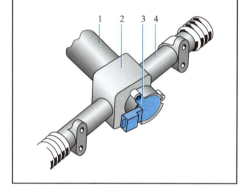

图 7-25 安装在转向轴端部的 LWS 4 型 AMR 方向盘转角传感器
1—转向柱;2—转向机;3—方向盘转角传感器;4—齿条

8 液压总成

液压总成/调制器构成了主制动缸与车轮制动缸之间的液压连接,并由此构成电子制动系统的核心元件。它实现了电控单元的执行指令并借助于电磁阀调节车轮制动器的压力。

液压总成基本上可以分为2种系统:模拟驾驶员施加制动力(ABS)及可自动形成压力(ASR、TCS、ESP)。所有系统均根据法规的要求仅用于双回路制动形式。

8.1 发展历史

ABS的发展描述了由3/3到2/2电磁阀的变化过程。在第二代中使用的3/3电磁阀,仅可用一个电磁阀实现压力形成、保持压力及卸压的调节功能。用于这一目的的电磁阀具有3个接头。这种电磁阀的缺点是,非常昂贵的电子控制装置及很高的机械部件造价。利用最新一代的2/2电磁阀可以实现对成本的控制。其功能方式下面将进行详细描述。

自2001年起投放市场的是第8代产品,为全模块式结构。因此,液压装置可以根据汽车生产厂家的要求量体定制,例如考虑到增值功能、舒适性、汽车类型(轻型商用车)等。第8代产品是防浸密封的,即液压装置可以短时间浸泡在水中而不损坏。

8.2 构造

8.2.1 机械装置

用于ABS/ASR/ESP的液压装置由一个铝集成块构成,其中有液压连接通路,如图8-1所示。这一集成块同时也用作为其他必要的液压功能元件的定位,下面将进行详细介绍。

图8-1 1ESP8液压装置
1—电控单元;2—线圈冲压格栅;3—线圈/电磁组件;4—电磁阀;5—液压集成块;6—直流电机;7—活塞泵;8—制动液存储器;9—压力传感器

8.2.2 ABS 液压装置

三通道 ABS 系统在这一集成块中为每一个前轮各布置了一对进出流阀,及一对用于后轴的进出流阀,即一共有 6 个阀门。这一系统仅用于具有 II 回路制动系统的车辆。为此在后轴上不是调节单个车轮,而是按照 select-low(低选)原理调节 2 个车轮,即打滑较大的车轮决定车轴可调节的压力。

四通道 ABS 系统(用于 II 回路或 X 回路制动力分布)每个车轮都有 1 对进出流阀,总计使用 8 个阀门。利用这样的系统可以使每个车轮都个性化地进行调节,如图 8-2 所示。

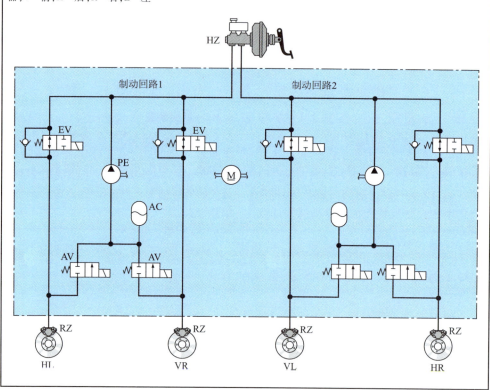

图 8-2 4 通道 ABS 液压装置的液压线路图(X 制动回路分配)
HZ—主制动缸;RZ—车轮制动缸;EV—进流阀;AV—出流阀;PE—回油泵;M—泵电机;AC—制动液存储器;V—前;H—后;R—右;L—左

此外,每个制动回路都配备有一个泵元件(回油泵)及一个制动液存储器。这 2 个泵元件通过一个共同的直流电机进行驱动。

与 ABS 装置相比带有 II 制动回路的 ASR 在后轴回路(驱动轮)中还附加有一个换向阀及一个吸油阀(总计 10 个阀门)。

带有 X 制动回路的 ASR 在每个回路中还附加有一个换向阀及一个吸油阀(总计 12 个阀门)。

8.2.3 ESP 液压装置

ESP 系统独立于制动回路,需要 12 个阀门,如图 8-3 所示。在这一系统中 2 个吸油阀门,如同在 ASR 液压站使用的一样,由 2 个高压分配阀取代。这 2 个阀门的区别在于,高压分配阀可以用于相对较高的压差(>0.1 MPa)。这对于 ESP 来说是必要的,因为提高由驾驶员给出的制动力,可以使车辆保持稳定。这一驾驶方式(部分主动的驾驶方式)是必要的,尽管很高的入口压力时,还是应该打开泵的吸入路径。

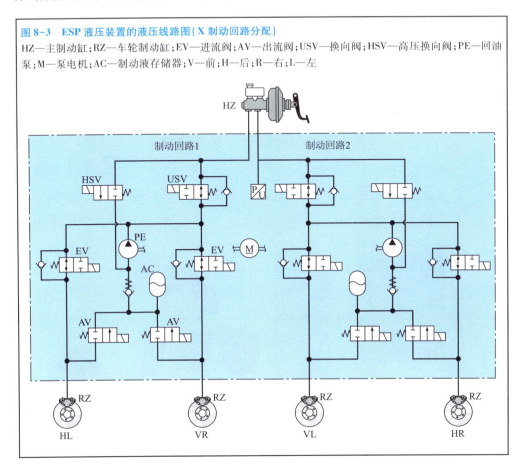

图8-3 ESP液压装置的液压线路图(X制动回路分配)
HZ—主制动缸;RZ—车轮制动缸;EV—进流阀;AV—出流阀;USV—换向阀;HSV—高压换向阀;PE—回油泵;M—泵电机;AC—制动液存储器;V—前;H—后;R—右;L—左

此外,在 ESP 系统中还使用了集成的压力传感器,可以识别主制动缸中的制动压力,获取驾驶员的愿望。这对于部分主动的 ESP 调节的驾驶方式,同样是必要的。因为此时最重要的是,应知道驾驶员已经以什么样的入口压力进行制动。

因为 ASR/ESP 系统必须自动产生压力,所以在这 2 个系统中回油泵被自吸式泵取代。为了防止泵因车轮运转吸入不合适的介质,需要配备具有一定闭合压力的附加止回阀。

8.2.4 ABS 形式

由于在以下领域中不断的技术发展:

——电磁阀及其制造工艺。
——装配技术及零部件集成。
——电子开关(分离的开关被具有微控制器的混合的及集成的开关取代)。
——试验技术(电子及液压零件在组装成液压站之前的单独的试验可能性)。
——传感器及继电器技术。

ABS 的重量及尺寸与1978年的第一代 ABS 2 相比降低一半以上。因此这一系统也可以安装在具有最小空间的汽车中。ABS 系统的成本通过继续开发而大大降低,以至于当今 ABS 系统已成为所有车辆的标配。图8-4 为 ABS 配置的演变。

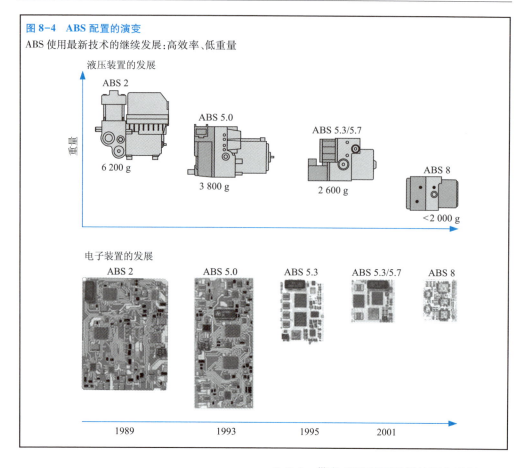

图 8-4 ABS 配置的演变

8.3 压力调节

8.3.1 ABS 控制装置的调节

ABS/ASR/ESP 系统的模块化借助于电磁阀可以实现。出流阀以及在 ASR 及 ESP 上使用的进流阀及高压分配阀为无流闭合的分配阀,并拥有 2 个状态:闭合或开启。

与其相反,进流阀及换向阀都是无流开启,并首次作为调节阀在第 8 代中应用,由此可以实现在制动功率、制动舒适性以及在噪声特性方面的优势。借助于这一标准阀门组件,可以调节至 200 bar(1bar=100kPa)的压力,可用于更高压力的特殊系统。但同时又要适应大多数商用车领域需要的较大流量,这在第 8 代模块的基础上通过专门的技术开发实现。

所有的阀门都是通过线圈进行控制,电流通过电控单元附件进行调节。

8.3.2 带有 ABS 液压装置的压力调制

在 ABS 制动的情况时,驾驶员首先通过操纵制动踏板在车轮上产生制动压力。这是不用接通阀门就可以的,因为进流阀(EV)是无流开启,而出流阀(AV)是无流闭合的,如图 8-5(a)所示。

由此产生保压状态,以至于进流阀关闭,如图 8-5(b)所示。

如果一个车轮抱死,通过开启相应的出流阀将压力由这一车轮排出,如图 8-5(c)所示。此容积可以通过车轮制动缸排入到相应的制动液存储器中。这一存储腔可以完成缓冲器的任务。它接收具有很大动力产生的制动液。一个在回路中通过共同电机利用偏心轮驱动的回油泵将由驾驶员预先给出的压力进行卸压。电机的控制是按需求的,即电机是通过转速调节进行控制的。当然许多抱死

8 液压总成

的车轮可以同时进行 ABS 调节。

动的及部分主动的制动作用,如图 8-6 所示。

图 8-5 ABS 液压装置中的压力调制
(a)压力形成;(b)保压;(c)卸压
EV—进流阀;AV—出流阀;PE—回油泵;M—泵电机;AC—制动液存储器;HL—后左;VR—前右

图 8-6 ESP 液压装置中的压力调制
(a)制动时压力形成;(b)ABS 调节时卸压;
(c)通过 ASR/ESP 作用经自吸泵形成压力
EV—进流阀;AV—出流阀;USV—换向阀;
HSV—高压换向阀;PE—回油泵;M—泵电机;
AC—制动液存储器;VR—前右;HL—后左

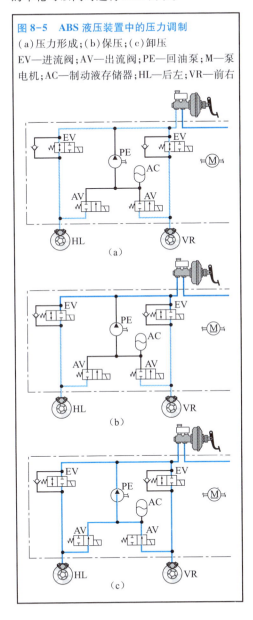

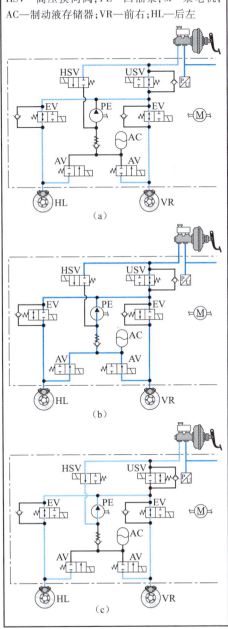

8.3.3 带 ESP 液压装置的压力调制

ABS 调节时的压力调制可以借助 ESP 液压装置按前面描述的与 ABS 相同的方式进行。与 ABS 不同的是,ESP 通过一个无流的开启换向阀及一个无流的闭合高压分配阀将车轮制动缸及主制动缸连接起来,用于完成主

压力产生链条由2个自吸泵和1个电机构成。所使用的泵与在ABS中描述的活塞泵相同,不用驾驶员的预压力产生压力。泵的驱动按需求使用直流电机,驱动安装在电机轴上的偏心轴承。

ASR/ESP泵可以独立于驾驶员形成压力并提高由驾驶员已经施加的制动压力。因此,换向阀闭合,并且进流阀及高压分配阀开启,制动液存储器通过主制动缸吸出制动液,并在车轮制动缸中形成压力,如图8-6(c)所示。这不仅仅对于ASR/ESP是必要的,而且对于所有附加功能(增值功能,例如制动辅助、HBA等)都是必要的。

泵电机按需求控制降低压力产生及调节期间的噪声排放。当汽车制造商考虑对噪声性能特别高的要求时,泵可以配备消声元件。

ESP原则上有3种不同的应用情况:
- 被动情况,如前面在ABS调节中描述的。
- 部分主动情况,当驾驶员预先给出的压力不足时,产生压力以便使汽车保持稳定。
- 完全主动情况,不用驾驶员操纵制动踏板,为了保持汽车稳定性产生的压力。

后2种压力形成情况除了在ESP调节时出现,大多数情况也用于附加功能,例如ACC、制动辅助等。

8.3.4 部分主动调节

为了实现部分主动调节,必须使高压换向阀在很高的压差时可以开启泵的吸入路径。因为虽然驾驶员已经产生了很高的压力,但是对于稳定汽车来说还是不够的。

因此,高压换向阀在很高的压差时可以开启,其结构为二级形式。阀门的第一级通过带电线圈的磁力开启,第二级通过液压面差进行开启。

当ESP调节器识别到汽车的不稳定状态时,便关闭无流开启的换向阀,并开启无流闭合的高压换向阀,接着2个泵产生附加的压力,以使汽车实现稳定。

当汽车稳定以后,出流阀开启,将所调节的车轮中过高的压力排入到存储器中。一旦驾驶员松开制动踏板,制动液便从存储器中回流到制动液罐中。

8.3.5 完全主动调节

当ESP调节器识别到汽车的不稳定状态,便关闭换向阀。这样既防止了泵的输出功率由于USV/HSV造成的液压短路,又可不产生压力。同时高压换向阀开启,自吸式泵将制动液输送到相应的车轮中,以便形成压力。如果只需在一个车轮中形成压力(用于补偿偏移率),可将其他车轮的入口阀关闭。卸压时,仅需开启出流阀,将高压换向阀及换向阀返回到初始位置。制动液由车轮流回到存储器中,通过泵进行输送。

8.3.6 液压装置的发展

8.3.6.1 液压装置的控制

电控单元处理传感器的信息并形成用于液压装置的控制信号。集成在液压系统中的电磁阀可以接通或切断液压缸与车轮制动缸之间的液压传导。

8.3.6.2 带有3/3电磁阀的液压装置

ABS 2S型作为第一代防抱死系统于1978年开始量产。在这一ABS系统中,电控单元在3个不同的阀门位置接通液压装置的3/3电磁阀。每个车轮制动缸都由一个这样的电磁阀,如图8-7(a)所示。

- 第一个位置(无流)将主制动缸与车轮制动缸相互连接起来;车轮制动压力可以提高。
- 第二个位置(借助于最大电流激发)将车轮制动器与主制动缸及回流分离,以便使车轮制动压力保持恒定。
- 第三个位置(借助于最大电流激发)将主制动缸分离,并同时将车轮制动器与回流相互连接起来,以便使车轮制动压力下降。

因此,制动压力不仅仅可以持续,也可以通过点动的控制分级地(并由此适度地)形成压力及卸压。

8.3.6.3 带有2/2电磁阀的液压装置

ABS 2S型使用3/3电磁阀工作,其后代系统ABS 5及ABS 8具有带2个液压接头及2个气门位置的2/2电磁阀。主制动缸与车轮制动缸之间的入口阀用于形成压力,车轮制动缸与回油泵之间的入口阀用于卸压。每一个车轮制动缸都有一对电磁阀,如图8-7(b)所示。

- 在"压力形成"位置,入口阀将主制动缸与车轮制动缸连在一起,以便使在主制动缸中形成的制动压力在制动过程中对车轮制动缸起到作用。

- 在"保压"位置,入口阀在很强的车轮减速时(抱死危险)切断主制动缸与车轮制动缸之间的连接,并由此阻止制动压力的继续提高。此时出流阀也闭合。

- 在继续加强的车轮减速时,入口阀在"卸压"位置继续闭锁。此外回油泵通过开启的出流阀排出制动液,以便降低车轮制动缸中的压力。

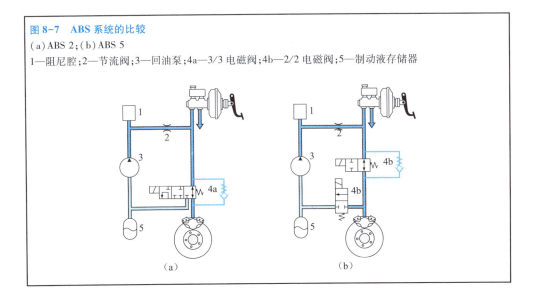

图 8-7 ABS 系统的比较
(a) ABS 2;(b) ABS 5
1—阻尼腔;2—节流阀;3—回油泵;4a—3/3 电磁阀;4b—2/2 电磁阀;5—制动液存储器

9 驾驶员辅助系统

全球的社会机动化在迅速增长。交通密度与运输能力不断在提高，不仅仅在工业化国家，而且在新兴工业化国也在迅速增长。社会、政策及消费者都要求降低事故发生率及避免重大事故的发生。欧盟委员会依据欧洲安全首创的道路安全行动计划确定了苛刻的目标，2001年与2010年相比，交通事故死亡人数应减少一半。在此期间，美国及日本也在启动相应的国家计划。力求的目标前提是，汽车应为汽车乘员提供更多的主动及被动安全性。驾驶员也应得到更多的支持，更好地获得信息以及最终减轻负荷。为了达到这一目标，驾驶员辅助系统做出了重要的贡献。

9.1 应用驾驶员辅助系统的动机

9.1.1 驾驶员、汽车及周边环境之间的驾驶员辅助系统

驾驶员、带有驾驶员辅助系统（DAS）的汽车及汽车的周边环境在时间与空间中起到共同的作用。因此，在开发驾驶员辅助系统的时候必须考虑到用户的期望、能力及不利的方面。只有这样才能期待改进舒适性及安全性，以及最终做好对购买汽车的准备。

驾驶员辅助系统在其实现主要的驾驶任务时给予支持。它通报信息并提供警报，提高驾驶员的舒适性及安全性，在汽车行驶及汽车稳定性方面为驾驶员提供支持。如果必要的话，还可以减轻其工作负荷。更具有意义的是，当驾驶员在执行由于人的能力不能适应的任务时给予支持。其中包括，距离与速度的估计，特别是在恶劣的视野、长时间持续单调的控制车速、车距及轨迹，以及在紧急情况下开锁、安全地进行紧急情况处理，等等。

如图9-1所示，驾驶员由于众多的因素，状况会有所不同。例如，年龄、健康程度、情绪及感觉、能力以及经验等；每位个体驾驶员又可能是，清醒或者疲倦、无聊或者高度紧张。此外，汽车根据其装备、状态，决定采用何种与辅助系统协同作用的输入及输出单元。汽车的周边环境会出现不同的行驶状态及交通情况。汽车行驶可能发生在不同的道路上、在良好的及恶劣的视野条件下。在汽车辅助系统的开发时应考虑到这些多面性。

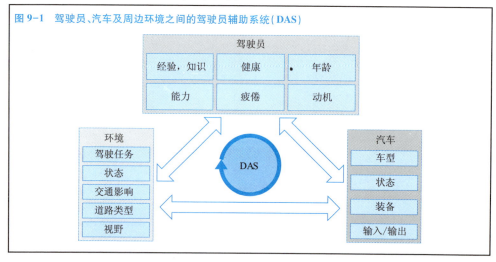

图9-1 驾驶员、汽车及周边环境之间的驾驶员辅助系统（DAS）

9.1.2 驾驶支持及信息需求

驾驶员期望驾驶员辅助系统可以为其提供支持而不造成额外的负担和谬误。系统应满足无附加的条件就可有效完成工作,不允许出现需要由驾驶员不断进行调节的状况。该系统必须永久地完成其任务,并且其处理过程对于驾驶员来说应该是透明的。当驾驶员自己需要获取或掌握情况时,不允许系统通过永久的报警或事先监控的作用进行干扰。

因此,学习驾驶特性模型,通过驾驶员的意图在完整的行驶状态中进行预报,并当其处理与"正常"的个性驾驶行为偏离时给予警报,如图9-2所示。

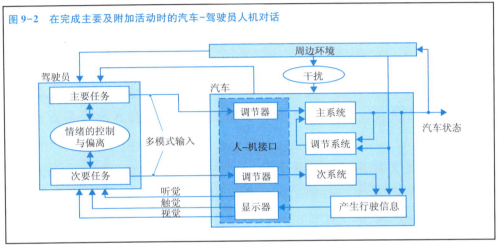

图9-2 在完成主要及附加活动时的汽车-驾驶员人机对话

9.1.3 被动及主动行驶安全性

由于不断增长的对于汽车被动安全性的更高要求,在过去的几年中尽管几乎保持相同的交通事故数量,但是交通事故死亡人数明显地下降。

安全气囊及安全带张紧器事实上为提高被动安全性做出了贡献。在被动安全系统减小事故后果的同时,主动安全系统也发挥了积极作用,例如防抱死系统(ABS)、汽车电子稳定性控制程序(ESP)及液压制动辅助装置(HBA)可以在关键的情况下帮助驾驶员避免事故的发生。

9.1.4 事故原因及由此派生出的驾驶员辅助系统

仅仅利用前面所说的系统还不能达到欧盟的目标。在开发未来的主动及被动的驾驶员辅助系统的时候,汽车应该具备觉察并说明周围环境的能力,以及预见性的识别危险状态(预报),并尽可能好地支持驾驶员的驾驶方式。

为了将开发这一系统作为尽可能降低事故潜能的重点,显而易见应将注意力集中在针对不同事故种类及事故原因、频次方面的事故统计上,如图9-3所示。所有事故中,大约四分之一是由于换道及无意离开行驶轨迹而造成的。大约30%的事故是由于驶入高速

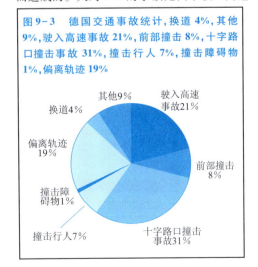

图9-3 德国交通事故统计,换道4%,其他9%,驶入高速事故21%,前部撞击8%,十字路口撞击事故31%,撞击行人7%,撞击障碍物1%,偏离轨迹19%

公路,正面撞击及与路面上的障碍物碰撞造成的。与行人的碰撞在总计事故中占7%,在十字路口发生的碰撞约为31%。

主动及被动安全系统的作用越有效,越可以很好地获得成功,以便于采纳汽车周边的可靠信息。因为系统越早识别可能的事故,越可能高效地完成其任务。因为尽早警告驾驶员,就可以使驾驶员的反应提前。如果提前约0.5秒,就可能使驶入高速公路的事故减少65%,如图9-4所示。在大多数具有主动干预汽车动态的驾驶员辅助系统(主动驾驶员辅助系统)中,在可识别的危险状态时汽车的反应可能比驾驶员的正常反应要快。

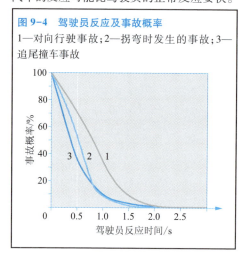

图9-4 驾驶员反应及事故概率
1—对向行驶事故;2—拐弯时发生的事故;3—追尾撞车事故

9.2 驾驶员辅助系统的分类

当前,市面上有众多的驾驶员辅助系统,它们在所有交通状况中,支持驾驶员并帮助驾驶员实现轻松而不紧张的无事故行驶。驾驶员辅助系统的概念被广泛使用,主要取决于其在汽车上的有效作用范围及其应用,如图9-5所示。

9.2.1 驾驶员信息系统

驾驶员信息系统的主要作用是为驾驶员及副驾驶员提供重要的信息。信息可分为在驾驶员的主要视野范围内的重要信息(例如,行驶速度、巡航提示、ACC工作参数)、前挡风玻璃上的主要视野(抬头显示装置)内的信息。

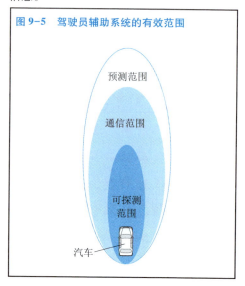

图9-5 驾驶员辅助系统的有效范围

次要信息一般在副仪表板上显示,如导航系统的地图显示,电话、空调或娱乐装置。

导航系统在预测范围时起作用。该系统可以接收卫星数据,并对本车进行定位,并为驾驶员提供有关行驶路线的信息。它也允许接收交通信息。

手机网络(GSM、UMTS)在很远的距离都起作用。当今它被用作私人通信的目的,在未来也可用作紧急呼叫(C-CALL)。

9.2.2 汽车通信系统

无线电系统(无线局域网络(WLAN))在家居及办公领域的快速扩展(WLAN,无线局域网络)使这一系统对于汽车的匹配更有意义。汽车-汽车通信(C2CC)以及汽车与公共设施之间的通信,(C2IC)是通过向其他交通参与者实时传递最新的交通数据(例如,在事故及堵车时传递最新的警告信息)来提高交通安全性的可能性。

9.2.3 预报驾驶员辅助及安全系统

预测辅助系统借助周边传感器扫描汽车的周边,并获取汽车周边的对象,由本车的相对速度和与对象的间距识别危险状态。驾驶员可以被提出警告(例如,超声停车辅助系统)或通过电控单元对汽车采取措施(例如,自适应自动巡航系统(ACC))。

9.2.4 汽车稳定性系统

汽车稳定性系统在汽车动力性中起作用,借助于传感器获取关键的行驶状态,并使汽车通过制动器与油门的干涉,以及未来转向的干涉重又恢复稳定,如 ABS(防抱死系统)、ESP(汽车电子稳定性控制程序)及 ASR(驱动防滑系统)。

2001 年年末德国统计局公布的调查结果显示,装备有 ESP 的汽车的(由于本车失控造成的)交通事故频率明显降低,如图 9-6 所示。对使用驾驶员辅助系统降低事故的明确统计,证实了:驾驶员辅助系统具有很高的避免事故的潜能,并且其作用不会被有风险的驾驶方式抵消(风险抵消)。

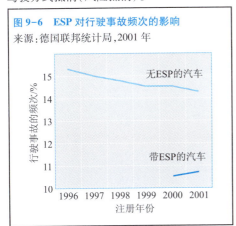

图 9-6 ESP 对行驶事故频次的影响
来源:德国联邦统计局,2001 年

9.2.5 主动及被动安全系统的组合

进一步的改良还有主动及被动安全系统的组合。ESP 及制动辅助系统的传感器信号给预防措施提供了更好的安全保障。汽车乘员由此可以尽可能地对即将来临的事故做好准备,同时激活可逆的支持手段(安全带张紧器),将座椅靠背垂直调整,并关闭车窗及天窗。

如同 ESP 干涉汽车动力性一样,采取避免事故的措施或用于减轻事故后果的措施,只有当汽车中的数值超出控制或发生事故的时候才生效,如安全气囊只有出现碰撞的感应时才释放,系统典型的反应时间为 5ms。尽管采取减轻事故后果措施的时间特别短,但安全气囊还是为减轻事故后果的严重性做出了巨大贡献。但是这一非常短的时间间隔限制了系统的潜能。

减轻事故后果及避免事故的高潜能可以很大的尺度传递给可预测的驾驶员辅助系统,因为它可以对危险的状况预测反应。通过周边传感器扩展汽车的探测视野,可以将汽车周边的物体及状况包含在避免事故及减轻事故后果的措施之内。

9.3 灵敏的汽车

驾驶员辅助系统借助智能的周边传感器可以实现新的信息、助手及安全功能。理想的目标是,周边都可以一目了然观察的灵敏的汽车。这种汽车可以学习感知并解释周边环境。汽车的"眼睛"就是照相机,"触觉"就是诸如超声波及雷达传感器。定位通过导航系统的磁卡及定位信息或未来的车-车及车-设施通信系统(C2CC/C2IC)。这样汽车可以获得对于行驶状态的自我理解。

9.3.1 汽车周边环视

9.3.1.1 传感器及系统

电子环视,如图 9-7 所示,即通过汽车周边的感知及发现可以实现众多驾驶员辅助系统的功能。

- 借助超声波传感器检测汽车周边的停车辅助系统,识别障碍物并提醒驾驶员。
- 长行程雷达(远距雷达,有效距离<200 m)探测汽车前面的范围。为此 ACC 可以自动适应前车行驶速度。
- 借助摄像机在黑暗时摄取用红外线照射的汽车前面的区域,并通过安装在驾驶员主要视野边缘处的显示屏进行描述(夜视)。
- 安装在汽车尾部的摄像机可以在倒车及调车时给予帮助。

通过新部件及算法的开发可以在汽车中推行新的系统。

- 利用改进的超声波传感器,可以测定停车的车后界限。由此可以实现半自主或全自主停车(停车辅助)。

- 利用近程雷达传感器(近距雷达)可以在将来构成一个环绕汽车的"虚拟的安全地带"。这样的传感器可以为驾驶员监控"死角"。此外通过这一传感器也可以识别紧凑的扇面。
- 利用摄像机监控,可以确定汽车是否偏离轨迹。当离开轨迹时,它会向驾驶员报警,或者系统可以主动干涉转向。
- 摄像技术也允许对物体的识别及分类,例如用于有效的行人保护。
- 长行程雷达可以探测与前行车辆具有威胁的冲突。可以向驾驶员报警,或者系统可以主动干涉制动。

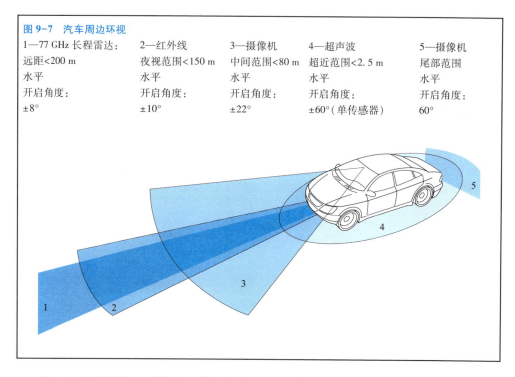

图9-7 汽车周边环视

1—77 GHz 长程雷达:
远距<200 m
水平
开启角度:
±8°

2—红外线
夜视范围<150 m
水平
开启角度:
±10°

3—摄像机
中间范围<80 m
水平
开启角度:
±22°

4—超声波
超近范围<2.5 m
水平
开启角度:
±60°(单传感器)

5—摄像机
尾部范围
水平
开启角度:
60°

图9-8 显示了驾驶员辅助系统在避免汽车事故方面的众多领域,可以分为具有尽可能远的目标的舒适系统——半自主驾驶,以及具有避免事故目的的安全系统。此外,还可分为主动系统与被动系统。主动系统干涉汽车动力性,被动系统仅警告驾驶员。

9.3.1.2 传感器数据兼容

驾驶员辅助系统最初只是使用单一的传感技术,例如超声波辅助停车系统或自适应巡航控制系统(ACC)。

随着不断增加的对系统功率能力的要求通过许多传感技术的兼并可实现其功能,或利用其他系统,例如与导航系统合并。与导航系统的兼并可以实现预测传感器的数据与道路几何形状的数据的结合。图9-8中部件与导航系统之间的联系明显阐述了这一点。

驾驶员辅助系统的传感器采集汽车周边的物体,并求得物体与本车的间距及相对速度。雷达传感器可以在单个测量循环中很快并比其他传感原理更精确地测出距离及相对速度。当然水平解析由于有限的雷达射束的数量(博世 ACC2 为 4 个)而很低。雷达信号本身不能传递关于物体大小及状况的内容,即雷达系统不能在一个重要的物体(例如一辆自行车)与一个无关紧要物体(例如路面上的一只饮料罐)之间进行区分。

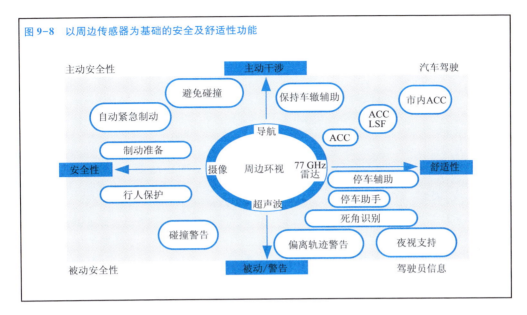

图9-8 以周边传感器为基础的安全及舒适性功能

相反,因为摄像机每行有很高的像素,所以具有非常好的横向分辨率。利用摄像机的单分辨率,可以进行很好的单物体探测(MOD)。单相机分辨率的纵向测量精度很差。由于图像传感器很高的分辨率可以为后接通的图像处理单元提供相当好的对物体大小的估计,并可以对物体的重要性进行可靠的说明。

通过雷达与摄像机数据的兼并,可以用最佳的方式将2个传感器原理的正探测特性组合在一起,因此可以以很高的精度对物体距离及大小进行单物体验证(MOV)。图9-9显示了具有高距离测量精度,但是很差的横向分辨率的雷达与具有较低距离测量精度,但很高横向分辨率的摄像机组合的原理。

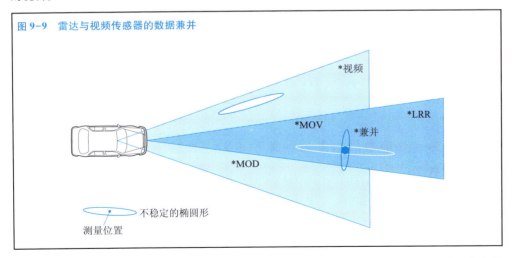

图9-9 雷达与视频传感器的数据兼并

驾驶员辅助功能的其他重要方面还有物体的分类性。"传感器可视"的过程原则上,与人的视觉是不同的。所有波(局部)由物体的表面反射,同时反射回信号的强度取决于波的本性(例如,电磁波以及超声波)或其频率(与微波相反的光)。这样的话,有一些物体在光线下很容易识别,但是用雷达可能很难识别。

优秀的汽车驾驶员具有杰出的分类能力,可以对物体的形状进行分析。这一分析根据经验得出结果。原则上也可以用以摄像机为基础的图像处理技术来进行。但至今却败在存储器很高的硬件开销及受限的计算机可行性方面。

9.4 展 望

目前还在孤立考虑的信息、辅助及安全功能逐步将会紧密相连在一起,并持续应用在汽车的整个工作范围中。传感技术及高集成的功率很强的半导体芯片在未来将实现这些功能。下面将列举一些示例展望未来将会带来什么发展。

9.4.1 交叉路口辅助系统

交通路口是道路交通事故发生的重点区域之一,特别是在城市周边。在德国约30%的交通事故是发生在十字路口。

交叉路口辅助系统开发时的挑战在于交叉路口范围交通状态的复杂性。再加上目前在汽车中,实际上没有通过导航系统或其他服务装备可供支配的关于交叉路口设施"在线"信息。这不仅仅涉及道路信息、交叉路口几何形态及拓扑学,而且还涉及对于单个车道适用的交通法规。根据这一背景,目前由于关键信息的缺失,用于普遍交叉路口状况的辅助系统几乎不可实现。

根据联邦统计局(德国)的事故统计,左转弯行驶车辆与对面优先行驶车辆发生的交通事故占交叉路口所有事故的24%,忽视优先行驶标牌或交通信号灯的事故占17%。因此,迫切需要开发优先行驶辅助系统及用于左转弯行驶时的逆行辅助系统。

9.4.1.1 优先行驶辅助系统

优先行驶辅助系统的目的是,借助于对驾驶员及时发出的警告,避免无视优先限制的交通标识和信号(例如,停止、红灯等)造成的交通事故。主要任务在于借助周边传感技术的交通信号及交通标志识别,开发用于解除警告的算法并建造人-机对话接口(HMI)。

9.4.1.1.1 停车标志识别

优先行驶辅助系统的功能,采用了真实的、以视频为基础的停车标志识别功能。此时停车标志用单个相机采集。图像处理算法支持八角形状的图像范围,并在成功后附加进行对"停车"字样的样本进行识别补偿。如今已实现的探测及分类能力,可以实现在40 m的距离内识别停车标志。这一功能足够在市内交通中及时向驾驶员发出预警。

另一种方法是以导航技术为基础的系统,借助数字照相机实现用于优先行驶辅助的HMI方案及算法。

9.4.1.1.2 信号标志识别

目前信号标志识别满意的结果只可以通过使用彩色照相系统实现。相比单色调系统,彩色信息可以使用简单、稳定及快速的算法。此外,信号状态的识别在很大程度上得益于彩色信息,尤其是在清晨及夜晚行驶时。

9.4.1.1.3 驾驶员警告

当接近停车警示牌以及交通信号灯时,可提醒驾驶员不要采用不合适的车速,并发出光学以及声学的警告。当超过制动减速的一定限值及直至停车线时,考虑到驾驶员的反应时间发出停车警告。

作为后一个手段,利用触觉措施(即触觉反应)激活"加速制动警告",随后驾驶员还可以利用很强的制动手段将汽车停止在停车线上。

如果是故意驶过停车线,此系统是不可阻止的,即将汽车强制制动,尽管技术上是可行的,但在目前的系统设计中尚未考虑。

9.4.1.2 逆行辅助系统

逆行辅助系统的目的是避免左转弯时由于忽视具有优先权的逆行交通而造成的交通事故。

9.4.1.2.1 转弯过程中时间间隔的估计

在越过逆行车道进行转弯操作时,驾驶员应直觉估计与逆行车辆的时间间隔(时间间距),并采取决策:是否可以无危险地进行转弯。此时间间隔在实际交通中为4~14 s。这一变量较大的原因在于,驾驶员的反应时间间隔取决于许多因素,例如交叉路口地形情况、车道数量、交通规则、视野情况、交通流速、逆行的车辆类型(摩托车、轿车、卡车)、交通密度、驾驶员的年龄、由驾驶员个性偏爱的转弯轨迹或起步特性等因素。

因为以上所提及的影响因素没有合适的辅助系统可供使用,所以目前几乎不可能开发一个直接对驾驶员的转弯决策给予支持的系统。因此,逆行辅助功能是作为纯碰撞警告(光学、声学或触觉警报)以及作为避免碰撞系统(预报安全系统)进行设计的,仅在与逆行车辆具有碰撞危险时才采取行动。

9.4.1.2.2 驾驶员警告

该系统首先由汽车本身的测量数值,例如转弯信号、转向角度或转向角速度,来识别驾驶员的转弯愿望。除了转弯愿望以外,还应产生识别起步愿望的信号。为了这一目的,首先应评价油门踏板位置、汽车的纵向加速度以及挡位及换挡杆位置。

随后必须通过长行程雷达传感器或其他附加的传感器,例如摄像机或短程雷达传感器,过滤潜在的逆行物体,来识别目标对象,由此保证应只有可信的目标进入到连接的警告释放算法中,并由此降低应处理目标的数量。如果驾驶员对光学、声学或触觉的警告没有反应的话,车载计算机便采取制动动作,以便避免事故发生。

9.4.2 车-车及车-设施之间的通信

以前汽车的功能性通常是作为独立系统实现,当今的汽车通信总线系统却已经属于标准配置。它几乎可以实现无限制地交换汽车内部数据,不断增加组合功能。传感器及执行器的多重利用显得更突出。进一步的开发可以实现,在未来将汽车之间的数据(车-车,C2C)以及汽车与智能设施之间(车-设施,C2I)的数据进行交换。

9.4.2.1 应用

包括在C2X概念下的功能是各种各样的:

- 娱乐系统(如音乐/视频下载、车载因特网)。
- 交通效率(如交通信息及交通管制)。
- 使用效率(如根据最佳的局部交通流及协调一致的速度)。
- 驾驶员辅助(如交通标志识别、交叉路口辅助)。
- 安全功能(如堵车警告、避免碰撞)。
- 公共应用(如停车场付费、通行许可、远程诊断及警告)。

9.4.2.2 技术前提
9.4.2.2.1 传递技术

这一系列的功能可以通过通信技术实现,例如在计算机电子学领域很著名的技术,包括移动电话标准(例如,GSM、UMTS)或WLAN(例如,IEEE802.11a/b/g/n),未来也可以使用宽带技术(例如,WiMAX、MBWA)。目前,DSRC(专用短程通信)标准在汽车上的专门应用正处在开发中,对此涉及提高安全性要求的WLAN标准的改进,扩展为可以在高动力性的通信网络中进行数据交换。

9.4.2.2.2 数据安全性(安全)

考虑到数据安全性,原则上具有以下要求:

- 数据完整性:错误的及更改的数据不允许发送,或必须至少这样理解。
- 匿名性:鉴于个人隐私对数据保护的要求。
- 兼容性:安全方法经过数年保持一致性。
- 更新/升级能力:可以将老旧车信息更新为安全方法的最新状态。
- 真实能力:上述要求决定了编码及解码等应用的很高的计算能力。

9.4.2.2.3 定位

C2X的应用需要关于本车位置及通信伙伴的信息。最简单的情况借助于GPS/伽利略定位系统进行方位确定就足够了。相对定位可以使用微分GPS,一般用于满足获得较高精

9.4.3 驾驶员状态识别

驾驶员辅助系统使用了周边传感器,以便获取汽车周围环境中所需要的信息。特别是对于安全性的系统,应有针对性地阻止碰撞,识别关键间距,并向驾驶员发出警报或在紧急的时候直接干涉汽车的驾驶。关键间距本身在许多情况下是驾驶员先行错误处理或错误反应的后果。美国 NHTSA(国家公路交通安全管理局)2006 年的研究结果显示,所有交通事故中的 52% 都是驾驶员的疏忽造成的;仅疲劳方面就占 20%~25%。驾驶员辅助系统通过周边传感器仅识别到结果,而不是驾驶缺陷的原因。

如果可以获取驾驶员的状态,需要与辅助系统的报警及介入方案进行匹配。疏忽大意及疲倦的驾驶员必须在其早期阶段给予警告,设法使驾驶员具有足够的时间进行反应。相反,对于注意力集中的驾驶员,过早的警告会造成干扰。驾驶员辅助系统与驾驶员状态的适应在通过驾驶员最佳认可的同时保证了附加的安全性。

9.4.3.1 探测可能性
9.4.3.1.1 直接方法

直接方法是对人体生理学信号的测量,例如心率、皮肤电导率、眨眼频次或其他与其状态具有直接关联的数值。在汽车中还需要有附加的传感器测量,但不允许为驾驶员带来负担。对注意力或疲劳识别特别重要的视向及眨眼频次的采集,可以借助摄像机来完成。

9.4.3.1.2 间接方法

间接方法,即不采集驾驶员本身的状态,而是采集汽车驾驶时其能力的变化。疲劳的驾驶员其动作受到限制,特别是转向能力下降(例如,突然很强的转向动作),操作信息系统(例如,汽车收音机选台)时产生的短暂的疏忽。汽车自身的传感器(转向角度传感器以及探测的操作活动)可以测量驾驶员状态的不同方面(长时间的疲倦及短时间的偏移方向)。

9.4.3.2 疲劳警告系统

除了在匹配辅助系统时考虑驾驶员的状态以外,在提供附加功能,如单独的疲劳或信息系统时,也存在提高安全性的潜能。因此,可以直接向驾驶员反馈其状态并采取相应的措施,这样就不会导致能力变化而造成驾驶缺陷。

9.5 驾驶员辅助系统的开发

汽车操作功能的数量在不断增加。客户希望这些功能成本较小,并可长期使用。这就需要简单的构造,并易于操作。理想是"直观的操作性":用户不用准备就可直接正确处理,实现期望的功能。

在汽车的复杂性不断增长的同时,这一目标只有在用户及其需求处于开发的中心点时才可实现。

9.5.1 驾驶员的需求导致产品开发思想的形成

驾驶员与辅助系统之间人-机对话的开发,如图 9-10 所示,是整个系统开发环节中的组成部分。驾驶员辅助系统(DAS)的需求可以由事故分析、道路观测、个别驾驶状况的分析或对用户群进行问卷调查得出。这样就可以通过大量的夜间事故与相同驾驶能力在良好视野情况下的比较,推导出用于改进视野的系统,例如改进的前大灯,可以考虑到道路情况或迎面驶来的车辆,或者夜视系统,通过利用红外线向驾驶员提供更多的信息。

由于驾驶员生命状态、感知及思维能力、风险应对及驾驶经验的不同,驾驶行为也不同。从众多的用户群及应用状况中可以选择出一定的用户类型及驾驶状态,例如"母与子""家用厢式车""驶入车库",也可以是一系列状态的分析研究,例如在"一家人驾车去西班牙度假驶入一家酒店"出现的情况。驾驶员辅助系统可以为未确定的需求给出提示。

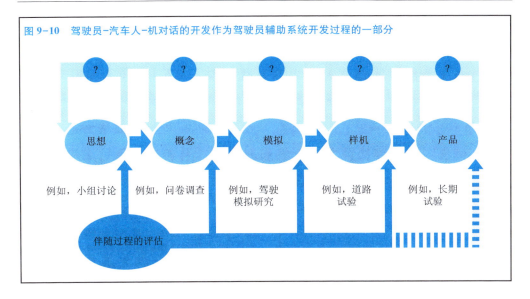

图9-10 驾驶员-汽车人-机对话的开发作为驾驶员辅助系统开发过程的一部分

与这一小组用户系统的直接工作也证明是非常有成效的,可以获取至今未知的辅助需求,或者评价即将上市的产品思想。

因为新的驾驶员辅助系统首先安装在新车上并进行销售,所以应支持特别典型的新车购买者。由这一群体可以推导出以下用户类型:

- 较老的汽车驾驶员。
- 公务差旅人员。
- 逸乐驾驶员。
- 家族企业经理人。

"较老的汽车驾驶员"的共性是有局限的活动性及有局限的感知能力。他们不参与职业交通,大多具有很大的时间及空间的灵活性。

"公务差旅人员"经常将汽车用于公务目的,几乎没有时间上的灵活性及没有自由的目标选择。这一用户群与外界人员或数据库的通信是实际的需求,并且在行驶时应尽可能不会对交通安全带来威胁。

"家族企业经理人"大多在城市中及短途交通使用车辆,用于完成料理事务、采购及接送小孩。经常在市内交通红绿灯下停留,经常有小孩在车中,这一群体应被视为处于不舒适的状态。

"逸乐驾驶员"经常将汽车作为一种爱好。他们对于自己的汽车有一种情感上的关系。他们愿意驾车,并经常开快车。他们将害怕汽车停放时损坏、盗窃和偷窃视为实际的问题。

在与所选出的一个用户类型的代表和工程师的评审中,共同分析来自用户经验的关键结果,并讨论及评价解决方案。例如在与"较老的汽车驾驶员"的工作中可以得出"不良的视线与照明"、夜间行驶、通过潮湿路面、直射的太阳光,以及对面车辆的前大灯等问题。考虑到其他交通参与者,动物及路面上的物体、交通标识及指示灯都会带来问题。

9.5.2 概念开发时的具体化

会有成功希望的产品思想将在技术概念开发步骤中得以实现。因此,标准化的描述被证明是可靠的,并使最终客户应用的分析评价成为可能。这一评价的重要尺度是功能应用的频次、改进交通安全性的潜能、对环境的影响、购置及保养的成本,并且可以产生适合于评审中向最终用户展示的汽车辅助系统直观的描述。在这一阶段,驾驶员辅助系统的基本功能包括:其极限范围必须是已知的;还应该确定人-机对话的介质,即是否通过语言、视觉或触觉通道与用户进行联络。因此,应注意这些人-机对话通道特殊的能力及限制,包括行驶状态时利用驾驶员辅助系统的需求,始终需要平行利用许多通道,以便提高向驾驶员进行信息传递的安全性。

9.5.3 界面及操作对话的搭建

在开发阶段,需要对于系统能力及由其提供的状态进行结构上的描述。为此开发了对交通状态的标准化描述及计算机支持的工具。在此基础上,详细制订在用户与系统之间建立的人-机对话(HMI)。

除此之外的目标是,将操作对话与汽车驾驶协调一致。也就是说,驾驶员可以决定何时及多久使用这一操作,才不会过长地将视线离开路面,在中断操作时不用损失以前确定的操作步骤就可以继续进行操作。

操作对话应构建为,使每一个单独的对话步骤通过对话系统的反馈直接可以理解,或者向用户解释提问。系统的反应必须适应驾驶员的期望。人-机对话时的故障不允许存在巨大的影响,并且不用很高的花费就可进行修正。驾驶员应在使用操作时给予支持并排除问题。

分析辅助系统一定功能的可能影响应使用问题目录,例如在欧洲项目 RESPONSE3 中的目录。

在这一阶段,系统大多通过计算机模拟进行描述。接着在实验室可靠的环境中及驾驶模拟器上用具有代表性的试样进行测试。

9.5.4 利用样件的行驶试验

随着系统不断增长的成熟度及不断增长的对用户影响的经验,应制造一个辅助系统的样机。利用这一样机可以在试车场进行行驶试验。首先由具有经验的专家开始试验,然后由选出的用户组进行大量的行驶试验。为此开发出经过雕琢的评价方法,用这一方法可以可靠地求得 DAS 人-机对话对行驶质量个别尺度上的影响。

9.5.5 市场反馈

一旦这一系统作为产品投放市场,其他经验也随之增长,应由 HMI 专家(人-机界面,人-机接口)采集并进行评价,并汇入到下一代产品的开发过程中。此外,还应与第一个选出的购买者进行长时间测试。

如果在评价步骤中明确需要改进或改良这一系统的话,人-机对话应包含所有这些过程步骤。

9.5.6 通过驾驶员辅助系统改变驾驶员与汽车的关系

驾驶员辅助系统的使用在很大程度上改变了驾驶员的任务。这一效果在驾驶员辅助系统的整个开发过程期间就应该被注意到,并应审核其对交通安全性及舒适性的影响。

不断增长的辅助系统的复杂性增加了掌握的难度。例如,自动巡航装置用于 ACC,直至用于堵车辅助系统,为驾驶员减轻了负担,但是由于其复杂性却提高了危险,驾驶员不再能掌握功能的极限。

如果驾驶员使用一个辅助系统,直接干涉行驶过程(例如,ACC 具有部分承担纵向行驶任务或具有起-停功能),这就意味着基本改变了其驾驶汽车的任务。如今驾驶任务的一部分可以委托到辅助系统中,因此这一系统减轻负担的效果应基于对交通安全性具有积极作用。此时保留的任务是少控制而多监控的部分。

辅助系统体现自主驾驶特性,可能与驾驶员的正常驾驶特性存在差异。这取决于自动化的程度,驾驶员由此在时间上或多或少会感到处于副驾驶的状态中。驾驶员通过 DAS 再造的自我驾驶特性,不能保证驾驶员的驾驶特性是好的。驾驶员与辅助系统之间的共同作用实际上是对系统的认可。

DAS 这一特性,驾驶员必须学会。他必须"了解"DAS 在什么样的状况下会带来什么样的动作,并且这一功能极限处于何处。同时构建一个 DAS 特性的"内在的"精神的模型。这与 DAS 物理系统不必一致。随着增长的经验,这一模型将更加细化,并可能进行修正。它可以帮助驾驶员高效地使用这一系统并建立信任。

为了采集交通状况信息,该系统利用了自己的传感器。但其接收范围正常情况与人类的感觉器官不一致。传感器的极限以及信号的处理确定了 DAS 实际的功能性。如果这一极限对于驾驶员而言,不能理解,他将很难理解整个系统并按照规定去应用。

原则上来说,学习很少出现的特性是很难的,特别是危险状况的特性,实际上根本不可能学到。因此,构思及设计只有在危险状况时才介入的 DAS,存在巨大的问题。给予巨大帮助的是应用在学习程序中的模拟器。

在与驾驶员辅助系统进行人-机对话时具有危险,因为驾驶员太长时间避开主要的驾驶任务。驾驶员辅助系统不期望的通报或行动可以使驾驶员偏离方向甚至受到惊吓,因此应避免由于与驾驶员辅助系统的人-机对话而经常或较长的视线偏离造成交通事件的发生。这必须在塑造界面及对话时考虑到。塑造并定位显示装置,应足够快地被识别。这一点在 ISO 15008 标准中有详细规定。对话必须由驾驶员激发并控制节拍,必须可随时中断,而不损失实际对话步骤。

驾驶员与驾驶员辅助系统的人-机对话,还会影响驾驶员其他的精神能力。原则上,还会体现附加的负荷,这至少可以通过驾驶员辅助系统的去负荷作用进行补偿,但最好是能够胜过它。在特别苛刻的交通状况时,驾驶员不应受到其他与行驶不相关的任务的附加影响。

一种可能性是将与驾驶员辅助系统的人-机对话设计为,在一定程度上不超过驾驶员的任务和人-机对话的总负荷。这需要与交通状况和驾驶员眼下状况的配合。在一个交通状况现时负荷的评估中,可以将一些系数计算在内,例如一个同时使用的数字卡片的路段特征、关于相邻交通的知识、关于以横向及纵向加速度为基础的行驶动力性以及天气及道路状况的认识等。次要活动,例如与副驾驶谈话,也可以计算在内,以便评估驾驶员的现时能力。

只有在驾驶员有足够的能力可供支配时,方可提供苛刻的人-机对话。通过驾驶员辅助系统,也可以提高支持程度,例如在需要接听电话时,汽车横向及纵向控制工作由驾驶员辅助系统承担。当驾驶员具有很高负担时,可以将通话暂时放弃,直至交通状况正常时,再接听电话。

不同的用户类型在不同的驾驶状态中对驾驶员辅助系统的设计具有不同的期望。例如在 SANTOS2003 项目中开发了一个 HMI,在这个系统中,驾驶员可以输入轻松、正常或运动的驾驶风格,这样就可以同时设定许多驾驶员辅助系统的特性。此外,还可以选择其他行驶状态:是否期望得到用建议或警告的形式由驾驶员辅助系统进行控制及介入。

如果长时间持续无用要求或千篇一律的要求,同样如同过度要求一样会导致故障的概率提高。因此存在基本的问题是,DAS 以其不断增长的"杰出性"在越来越多的状态中完成其任务,以至于驾驶员很少能够介入,这便会造成非常困难的状态。DAS 的设计必须保证,至少信息状态应随时可由 DAS 重新承担任务,这包括适当的状态感觉(状态感知),除了通过驾驶员的经验,还要通过其与驾驶过程永久的关系来决定。在发动机强度方面出现的短时间起作用的损失当然很难克服,为此还存在继续研究的需求。

人类的特性是以主观风险为依据的,可能与客观上有明显偏差。因此,应研究,长期应用 DAS 是否会导致对行驶状况风险不适当的估计。因为必须通过一个相应的反馈系统向驾驶员提供支持,并且驾驶员在使用 DAS 时的责任也明显突出。

在维也纳道路交通协定(1968)中明确规定:"每一位驾驶员都必须能够持续掌控汽车……"。按照当今在专业领域中讨论的状态,驾驶员应对汽车行驶负责,包括在使用 DAS 的情况下。其结果是驾驶员总是过度控制 DAS 的行动。这又要求一个设计,应将 DAS 现时状态透明化,以便可以构建适应系统特性的"内部模型"。但是看起来非常困难,因为需要识别具有很高动态的状态,是否驾驶员想过度控制 DAS 的自主活动。在讨论中,目前尚未得出结论的是,是否系统允许驾驶员没有可能干预"否决",或者必须干预,如果由于"正常"驾驶员的能力或物理条件的冲突不可避免的话。

9.5.7 国际协定

为了达到对 DAS 统一的理解并确立有责任心的开发方法,在欧盟范围及全球范围正在竭尽努力完成这一工作。欧洲产生了"新版欧洲人-机接口基础目录"(ESoP2006)。其中包括的建议虽然仅针对信息系统而不是针对 DAS,但是它阐述了规定,在开发 DAS 时也可提供帮助。特别明确表达了所有参与开发、经营及应用系统的人员的责任,从导航系统地图数据的供应商到经销商,直至客户。

在许多公开促进的项目(RESPONSE3)中由汽车生产商、供应商、行政当局、研究所及律师事务所共同开发了用于开发 DAS 的方法,将风险的识别与评价系统化。特别是驾驶员对于 DAS 可控性的要求成为重点。这一方法包括正常的功能、对功能极限的表现及在 DAS 失灵时的处理。

在标准中还包括了大量处理信息及 HMI 辅助系统重要的观点,但也包括单个的系统。在形成的标准中规定了最低要求——应保证该系统在较宽的范围内可以由驾驶员轻易及可靠地应用。标准不应妨碍技术进步。因此大多不规定如何构造一个一定的系统(设计标准),而是规定了应为一定的系统提供什么样的能力(性能标准)。此外,不应对品牌特定的造型造成阻碍,在更换汽车时对用户不应产生安全风险。如可以使用报警灯开关的造型,由不同的位置和形状构成几乎完整的解决方案。每一个想要针对其竞争对手提供占优势产品的供应商都尝试要超过标准的要求。

10 驾驶员辅助系统的人-机对话

汽车驾驶员必须处理不断增长的由本车或外部车辆、由道路或通过通信装置对其起作用的信息流。这些信息必须可以利用合适的显示媒介并考虑到人机工程学的需求进行传递。

直至1980年,驾驶员用的信息单元仅由很少的显示元件构成,如带里程计数器的转速表、油箱显示及一些控制灯显示汽车最重要的工作状态的信息。不断增长的信息系统(导航系统、车载计算机等)在汽车中的应用,导致大量的信息提供,并提供了在驾驶员与电子系统之间扩展人-机对话的可能性。

随着1990年以超声波为基础的停车辅助系统应用的开始,我们的汽车中引入了众多用于舒适性及安全性的以传感器为基础的驾驶员辅助系统。由其产生的信息必须在现有的显示平面上进行显示。

10.1 人-机对话通道

10.1.1 可视通道——看

人类主要借助于视觉感官认识其周边环境,如图10-1所示。其他的交通参与者、其位置、其猜测的行为、道路轨迹及道路空间中的物体,都是利用视觉装置及具有最高能力的图像处理及转换被发现、挑选并考虑到事态发展及其关联在大脑中进行评价。

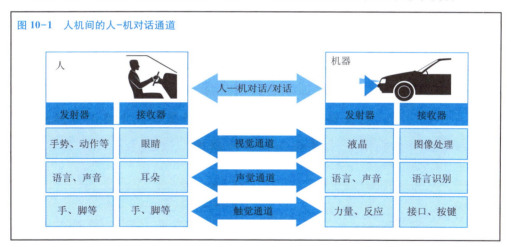

图10-1 人机间的人-机对话通道

道路交通中的设施也特别需要可视通道:交通标志传达交通规则;标志线限定了相互的行驶界限;转向灯显示了行驶方向的改变;制动灯提醒汽车在进行制动。

因此,可视通道在汽车行驶时具有重要的意义。它适用于有感觉的观看,此时驾驶员将目光投向物体并聚焦,但也可用于对周边的观察,实际上用于在行驶路线中的定位。因此,在监控或与汽车信息及驾驶员辅助系统人-机对话期间,必须附加认真观察车内的显示装置(DIS/DAS),以利用其对交通安全性可能的影响。

10.1.2 声觉通道——说及听

用于对其他交通参与者提示危险的显示及信号,在人及驾驶员辅助系统中都使用声觉通道。其中包括通过语言输入系统的指令输入,由驾驶员辅助系统借助于语音输出装置向驾驶员输出警告、提示及显示。

语音指令的输入不需要投入视线,但与

驾驶员的精神能力有联系。听不需要投入视线,但是空间及复杂的信息(例如,复杂的交叉路口状态的描述)很难传达。此外,没有足够好的听力的驾驶员也必须可以与驾驶员辅助系统进行通信。

10.1.3 触觉通道——操作及感觉

触觉通道在所有发动机操作过程、开关操作过程、转向及制动时向驾驶员提供反馈,向驾驶员发出一系列的警告,例如安全带短接、换道时振动等。

行驶时感受加速度运动感觉的通道,在量产汽车中已经应用,通过很短的制动冲击提高驾驶员的注意力。

当然,用于转向及速度调节的触觉通道需要持久使用,而附加的手动操作(例如,操作手提电话的按键)可能会影响到正常驾驶。

10.2 人-机界面

10.2.1 信息及通信范围

汽车中具有显示特性,并带有不同要求的4个信息及通信范围:
- 组合仪表。
- 挡风玻璃。
- 副仪表板。
- 汽车后部。

提供可行的信息及对于乘员必要的合乎目的或合乎愿望的信息确定了其特性。
- 驾驶员应对其反应的动态信息(例如,行驶速度)及监控信息(例如,油箱显示)在组合仪表上尽可能接近主要视野的地方显示。
- 为了引起特别高的注意力(例如,当车距警告、雷达报警或引路指示时),适当借助抬头液晶显示器(HUD)进行描述,信息显示在前挡风玻璃上。音响补充构成了语言输出。
- 状态信息或具有要求特性的操作对话(例如,用于汽车导航)主要利用副仪表板上的中央液晶显示屏进行描述。当然,操作单元不一定直接布置在中央液晶显示屏上,也可布置在中间通道上。
- 娱乐信息可以远离视野范围,布置在

汽车的后部。副驾驶员座椅的靠背是显示屏及笔记本电脑操作单元合适的安装地点。

10.2.2 组合仪表

用于视觉信息(例如,车速、发动机转速、油箱液位及发动机温度)输出的传统的单个仪表,由具有良好的照明及镜像的物美价廉的组合仪表(将许多信息单元组合在一个外壳中)替代。随着时代的进步,不断增长的信息量,在现有的空间中产生了具有更多指示仪表及众多控制灯的现代的组合仪表,如图10-2所示。

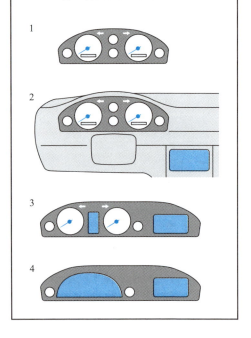

图10-2 驾驶员信息范围(开发中)
1—指针仪表;2—在副仪表板上带有 TN-LCD 及单独 AMLCD 的指针仪表;3—带有 D-STN-LCD 及集成 AMLCD 的指针仪表;4—带有 2 个 AMLCD 组件可自由编程的仪表

10.2.3 测量装置

仪表的主要部分利用机械指针及表盘进行工作。如今大多使用传动步进电动机,如图10-3所示。因为紧凑的磁路及(大多)具有仅约100 mW功率消耗的两级传动装置,可以保证快速及非常精确的指针定位。

10 驾驶员辅助系统的人-机对话

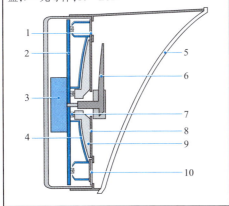

图 10-3 组合仪表（构造）
1—控制灯；2—印刷电路板；3—步进电动机；4—反射片；5—玻璃；6—指针；7—LED；8—表盘；9—光导体；10—LCD

10.2.4 照明

相当长一段时间以来,在组合仪表中使用 LED(发光二极管)作为控制灯及警告灯。由于白色 LED 的应用,也将其用于照明,并替代了白炽灯。刻度盘、液晶显示屏及指针都使用透光技术的塑料光导体进行照明。

10.2.5 数字显示

直至 1990 年还一直使用真空荧光技术(VFD),后来使用液晶(LCD)的具有信息描述的数字仪表(例如,用于车速显示)大多消失了。取而代之,在具有液晶显示屏的组合仪表中使用传统的指针仪表。同时液晶显示屏的颜色描述、像点的数量及面积不断增长。

10.2.6 图形模块

具有安全气囊及动力转向的汽车的标配形式仅有一个小观察孔在方向盘的上部起作用。同时,现有的安装空间描述的信息量也在增长。这就要求附加的图形显示模块,其显示平面可以柔性地并按照优先布置描述任意的信息。

这一趋势导致具有经典指针仪表的仪表化,但是用图形显示进行补充。中央显示屏也处于组合仪表的高度,如图 10-4 所示。

对于所有视觉描述,重要的是在驾驶员主要的视野中或其附近,易于读出,以便保证不分散驾驶员的注意力。

10.2.7 LCD 液晶显示器

LCD 液晶显示器有:
- TN-LCD 双向列液晶显示器。
- AMLCD 有源矩阵液晶显示器。
- D-STN-LCD 双层超双向列液晶显示器。

组合仪表中的图像模块主要用于描述对于驾驶员重要的功能,例如保养周期,汽车运行状况的检验功能或者还有用于维修服务站的汽车诊断功能。还可以显示导航系统的引路信息(无数字地图显示,只有引路符号,如用箭头作为转弯指示或十字路口符号)。首先是单色形式的模块,在高级的汽车装备中也有彩色的液晶显示屏(大多是 TFT 技术),其阅读速度及安全性通过彩色显示而提高。

自 2005 年以来,TFT 液晶显示屏(例如 8 英寸荧屏)用于类似的仪表显示。由于成本的原因,这一技术只能慢慢替代传统的显示器。

10.2.8 抬头显示器(HUD)

传统的组合仪表具有约 0.8 s 的观测间隔。为了在组合仪表范围阅读信息,驾驶员必须在很短的时间内将眼睛由注视道路转向注视仪表。这一转移视线的过程持续 0.3~0.5 s。

自 1950 年以来,在军用飞机上就使用了抬头显示器(HUD)。用于汽车的这种显示器采用了简单的形式,大多作为数字车速显示器,很多年以来,在日本及美国作为选装件提供。在此期间一些欧洲汽车制造商也在他们的汽车中装有这一装置。

HUD 的图像通过挡风玻璃投射到驾驶员的主要视野中。HUD 的视觉系统可以在较大的观测间隔中产生可视图像,不会影响驾驶员一直观测道路情况。HUD 不需要驾驶员的目光偏离路面,因此可以保证行驶安全。如果将车速或其他重要信息同样通过 HUD 显示的话,就可以不必观察车速表。

10.2.8.1 构造

典型的 HUD 包括显示模块,如图 10-4 所示,带有用于产生图像的控制装置 5、照明、图像光学系统 4 及一个组合器 2。通常是投射到前挡风玻璃,可能的话带有一个提高反射率的涂层,图像通过涂层反射到驾驶员的眼睛中。为了避免双重图像——由于在倾斜的前挡风玻璃的内外接触面上反射造成的——应将玻璃(准确地说是安全玻璃上的塑料薄膜)做成略微楔形的形式。驾驶员的目光与在两侧接触面上产生的图像重合。

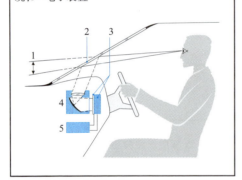

图 10-4 抬头显示(原理)
1—可视图像;2—发射到挡风玻璃上;3—显示模块,LCD 及照明(或 CRT、VFD);4—视觉系统;5—电子装置

发动机罩上",如图 10-5 所示。为了避免在主要视野中对注意力的干扰,HUD 不允许信息过量,因此不应用其取代传统的组合仪表。但是其显示应完全适用于对于安全关键的信息,例如警告显示或安全间隔的显示。

图 10-5 前部显示器中的信息描述
1—现时速度;2—驾驶员设定的额定速度;3—ACC 信息:与前车的控制间距

在显示模块中产生正常的电像。这个模块可以是一个光学的显示器,也可以是一个在散射面上借助于扫描激光束的反投影。真实的移像通过合成仪以及挡风玻璃反射到驾驶员的眼睛中。为驾驶员堆叠出汽车前面行驶场景的画面。在光程中可以设置光学元件(透镜、凹面反射镜),用于放大图像的间隔。

作为具有较少信息含量的单色 HUD 显示器,可以使用 VFD(真空荧光显示器,大多为绿色),或者使用反差特别大的扇型 TN-LCD。高级及彩色的显示器使用多晶硅技术的 TFT。

10.2.8.2 HUD 信息的描述

虚拟图像不应覆盖道路场景,因此仅在具有较低信息含量的区域内描述,即"悬浮在

投影系统可以实现较大的视角,并向模拟接触描述的方向迈出一大步,例如警示视角下的障碍物也应让驾驶员看到。

除导航及驾驶员信息系统外,在副仪表板上还配置有显示屏及按键。这一系统将功能单元中的所有附加信息及信息组件汇集成一个中央显示及操作单元。例如包括:
- 移动电话。
- 车载收音机/CD。
- 暖风/空调装置的操作元件。
- 重要的电视功能。

组件之间是相互连接并可对话的。

驾驶员及副驾驶员可充分利用的、位于副仪表板上的终端,由人-机工程及技术的眼光来看,是适用并必要的,可降低偏离视线的机会。视觉信息显示在显示器上。对图像及

地图显示的电视播放及导航系统的要求,确定其分辨率及色彩真实度。

具有集成信息系统的中央荧屏,长宽比为4∶3的荧屏趋向于具有长宽比16∶9的宽屏幕规格,这样除了显示地图还可以显示附加的交通符号。

10.3 报警信号方案

许多信息及辅助系统可以向驾驶员通报汽车及周围环境特殊的或危险的状态。报警在理想的方式上仅是向驾驶员通报其未掌握的信息。这些信息应促使驾驶员采取一定的措施或忽略。警报可以是一种状态的简单显示,直至要求采取一定的行动;然后要求驾驶员快速及正确地反应。因此必须知道,驾驶员在一定的状态中如无警告将如何反应,以便可以估计出警告的作用。

10.3.1 警报的产生

随着应用系统数量的不断增长,可能的各种各样报警的数量也在上升。这必须单独进行定义,但也必须相互协调一致。

警报应代表所关系到的状况。大多应满足2个任务:既应引起注意,又应提供信息。声音报警在很大程度上是引人注意的,但是也许毫不提供信息——除了提示某一个不正常的情况。相反,文字通报包含许多信息,但是完全不引人注意,或者在危险的情况时由于担心跑偏的危险而未能阅读。

一个好的报警应包含以下内容:
- 一个可以引起注意的元素。
- 用于报警的基础。
- 由于忽视而产生的后果。
- 提示应如何处理。

所说的误报警为:
- 在关键的状态时报警未发生。
- 在不关键的状态时反而报警。
- 过早或过迟报警。
- 报警过强烈或过和缓。

驾驶员另一方面可以获得其他印象:
- 系统的反应不像状况所体现的一样。
- 系统未考虑实际的信息,或者跟踪了其他的目标。
- 与报警系统相比驾驶员更相信自己的判断。

通常,警报是由单个信号组成,所以必须决定是应用声音信号还是语音信号,是使用目视信号还是触觉/感觉信号,例如制动时短促的冲击或安全带拉紧。在声音信号时必须体现其方式、时间、频率及音量。此外,还应确定声音信号对驾驶员起作用的方向。视觉信号应决定所显示的形状、大小、颜色、地点及时间过程。在形成信号时同样应确定单个信号的时间顺序。

在时间上关键的、紧迫的警告最好通过声音信号传送,例如喇叭声。视觉信号通常很少引人注意,因此特别适用于对在时间上不是很关键的状况给予预警。利用视觉信号还可以向驾驶员传递空间的关联。

用于单个驾驶员信息及驾驶员辅助系统的警报的形成,是目前最重要的研究领域,并且已经成为正常活动的组成部分。

10.3.2 警告的时间节点

为了使驾驶员有足够的时间处理逐渐显露出的关键状况,警报系统应尽可能早地发出警报。在这一时间节点,驾驶员辅助系统根据传感器的有效距离或空间的分辨率可能还不肯定是否真正存在或期待关键的状况。可能的话,驾驶员已经识别到危险并自己已经采取了相应的行动。因此,只要系统未确认或切断的话,就会无根据地发出报警,经常会对驾驶员造成干扰。

另一方面,一个警报的解除,一定要持续到识别绝对可靠的状态。这也可能有助于驾驶员有效地采取措施,特别是当驾驶员注意力不集中时。

10.3.3 示例:侧面碰撞报警

以一个系统为例,当驾驶员防止有威胁的侧面撞击时,应采取以下解决措施。

警报由单个的信号进行多级的组合。一个单个信号的时间节点关系到一个本车与对应车相遇的时间节点。

在这一冲突发生5 s之前会发出视觉信号,例如在显示屏上闪亮三角形的橘黄色持续报警,显示屏应布置在驾驶员视野的中央位置。这种显示屏可以是组合仪表、仪表板上的显示器或抬头显示器。

碰撞前 3.5 s,驾驶员在驾驶室内可以听到报警声音,与喇叭声相同;同时警报灯继续闪烁。

碰撞前 2.5 s,警报灯引人注意地闪烁,喇叭声急促加速,并且本车外的其他交通参与者通过按动汽车喇叭进行警告。

如果驾驶员仍未采取适当的反应的话,在可能的碰撞前 1.6 s 时汽车会自动采取部分制动。

10.4 未来 DAS/DIS 的 HMI 的开发

未来的汽车大多将配备驾驶员辅助系统(DAS)、驾驶员信息系统(DIS),相互间进行网络连接。以上系统共同利用传感器信号,并且将驾驶员及汽车中其他用户的人-机对话统一起来。也就是说,对于驾驶员来说,信息系统与报警系统同时具有视觉及听觉的构造。其输出按照意义进行优先处理,并且可以将可能的单个信息组合成有意义的提示。

未来将利用所有的感官通道——视觉、听觉及触觉。单独的输入系统将继续开发,以便改进能力及坚固性。视觉显示即使在有干扰的环境光线的情况下也应很好地可读;必须将其设置在易于阅读的位置,以便缩短阅读时间。抬头显示器应设置在接近驾驶员的中央视野位置并易于阅读,不必将眼睛由远至近移动。

使用语音输入作为利用信息系统是减少驾驶员移开视线可靠保障的最佳手段。特别是在保持行驶轨道时要比手动输入好得多。这一系统可以限定必须由驾驶员学习的一定数量的指令。与用户的对话也是按照死板的规则及规定的框架进行。这样是很不舒服的,并且需要很多时间用于复杂的输入。

在许多研究项目中,成功实现了相对于环境噪声及各种各样的发音大大地改进的稳固性。在此期间这一语音输入系统可以理解许多词组,例如一个国家所有城市及道路的名称(用于导航系统的目的地输入)。其他的开发目标还有相对不完全的以及有缺陷的输入以及语音停顿的稳固性。此外这一输入系统还应掌握多义性。"可视智能副驾驶员"的目标是,如同在 VICO 项目中所要求的,如图 10-6 所示。

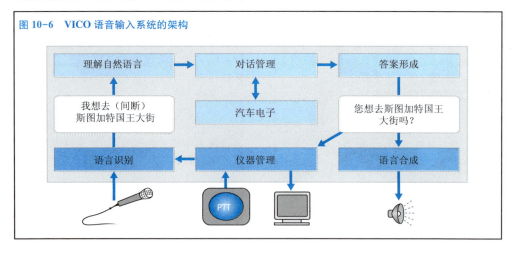

图 10-6 VICO 语音输入系统的架构

11 汽车周边环视系统

利用电子周边环视系统可以实现众多驾驶员辅助系统的功能。可"视"的汽车借助传感器观察汽车的周边,探测并尽快识别危险状况,对驾驶员给予支持,并且在未来将更强烈地自主介入驾驶操作行动中。该系统按照不同的任务及要求使用了各种各样的传感器,如图11-1所示。

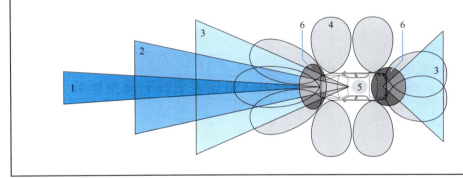

图 11-1 汽车中近距离及远距离范围间距测量
1—远程雷达(77 GHz),作用范围≤200 m;2—远/近程红外夜视系统,作用范围≤150 m(夜视范围);3—外部视频(平均范围<80 m);4—近程雷达,24 GHz(作用范围<20 m);5—内部视频;6—超声波(作用范围<2.5 m)

11.1 概 述

11.1.1 安全范围

11.1.1.1 超近范围
超近范围约 2.5 m。处于这一范围中的障碍物可以由停车辅助系统的超声波传感器探测到。

11.1.1.2 近范围
近范围探测除了使用具有扩展测量范围(约 4.5 m)的超声波传感器外,还使用以 24 GHz 为基础的短距雷达传感器(SRR)。它可以在汽车周边构成一个"虚拟的安全地带"。因此,可以用 2 种传感器对"死角"进行监控。

11.1.1.3 中间范围
视频监控的中间范围约 80 m,用以识别汽车是否偏离行驶轨道(保持行驶轨道辅助系统)。

11.1.1.4 夜视范围
利用远红外线技术使夜视得到改进。摄像机摄取汽车前的景象并通过显示屏再现。有效距离相当于远光灯射程,约 150 m。

11.1.1.5 远距离范围
远距离范围探测使用具有长程雷达传感器的 ACC 系统(自适应巡航控制)。其在 76~77 GHz 的频率范围内工作,雷达射束可以探测汽车前面约 200 m 的范围。因此,可以探测到前方的汽车,使自动控制速度适应流动的交通状况。

11.1.1.6 车尾部范围
为了在停车及倒车时监控车尾范围,除

了超声波传感器外,还可使用视频摄像系统。

11.2 超声波技术

11.2.1 应用

如今的倒车辅助系统及停车辅助系统均使用超声技术超近范围传感器。客户对其有很高的认同,因此得到不断扩展。超声传感器安装在汽车保险杠上,用于获取与障碍物之间的距离,并用于监控其间距,例如用于停车、驶离以及倒车。通过利用大量传感器(汽车尾部及汽车前部总共使用6个传感器)获得的较大的检测角度,借助于三角法可确定与障碍物的距离及角度。当接近障碍物时,驾驶员可以获得听觉或视觉的提示。

如今的超声技术超近范围传感器的标准型式具有约2.5 m的可测量范围。利用提高的发射功率以及利用下一代超声传感器可以实现超过4 m的测量范围。这也开启了这一传感器的一系列新的应用领域,例如停车距离测量、辅助停车等,为驾驶员在停车过程中持续提供最佳停车位置的提示。在未来的系统中,从半自动停车的设想出发,驾驶员仅需控制汽车的纵向行驶,而转向则可自动控制。

11.2.2 测量方法

类似于回波探测法,传感器发射具有约43.5 kHz频率的超声脉冲,并探测发射脉冲与由障碍物反射的回声脉冲到达之间的时间间隔,如图11-2所示。与下一个障碍物的间隔d由首先到达的回声脉冲及空气中(取决于温度的)音速c_s(约340 m/s)得出:

$$d = 0.5 \cdot t_c \cdot c_a$$

11.2.3 超声波传感器

11.2.3.1 构造

超声波传感器,如图11-3所示,由一个带有集成插接器的塑料壳体、一个超声波转换器(带有膜片的铝筒,其内侧粘贴有压电振荡器)以及一个带发送器及集成电子装置的导板构成。

控制器上的电气接头通过3根导线连接,其中2根用于供电。通过第3根双向的导线接通发射功能,并将评价的接收信号反馈给

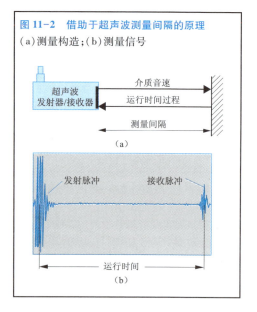

图11-2 借助于超声波测量间隔的原理
(a)测量构造;(b)测量信号

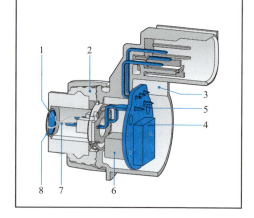

图11-3 超声波传感器的接口
1—压电陶瓷;2—退耦环;3—带插接器的塑料外壳;4—ASIC;5—带发送器及集成电子装置(ASIC)的导板;6—发送器;7—波特导线;8—铝膜片

控制器。

11.2.3.2 工作方式

超声波传感器由控制器接收数字发射脉冲,随后电子开关用矩形脉冲以典型的约300 μs的共振频率激励铝膜片振动,以便发射超声波脉冲。由一个障碍物反射的声波使

在此期间稳定的膜片重新振动起来。在约 900 μs 的衰退期间不可能进行接收。这一振动由压电陶瓷转换为电信号发出，由传感器电子装置放大并转换为数字信号。图 11-4 为超声波传感器的框图。

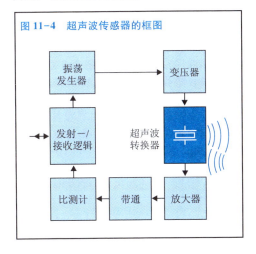

图 11-4 超声波传感器的框图

11.2.3.3 探测特性

为了一方面在一个较宽的接收范围内识别许多障碍物，但另一方面又要忽略路面的不平整性，因此传感器的探测特性应为不对称的，应具有较宽水平及较窄垂直探测射束的探测辐射特性，此特性主要通过不对称构成的传感器膜片或利用所选的很长很薄的膜片范围来实现。为此传感器具有在水平±60°的接收角度，垂直方向缩小到±30°。图 11-5 为超声波传感器的辐射曲线图（测量曲线）。

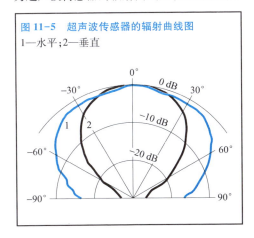

图 11-5 超声波传感器的辐射曲线图
1—水平；2—垂直

11.3 雷达技术

11.3.1 应用

由雷达装置发射的波束在金属及其他材料的表面上反射，并可以由雷达的接收系统接收。由这一电磁波的运行时间可以测量出与物体的间距。利用多普勒效应可以测量相对速度。

雷达技术为此提供了一个可能性，可以对汽车的周边进行探测。

11.3.2 测量方法

接收的信号关系到时间以及/或者频率与发出的信号的比较。正是在这种比较中确认已知的方法具有巨大的差别。因此，将接收到的信号与发出的信号明确排列，将发出的波束按频率-时间过程进行调节。最著名的方式是：

● 脉冲调节，当脉冲周期大致为 10~30 ns 的数量级（相当于 3~10 m 的波长）构成时。

● 频率调节，随时间变化发射时波的（现时）频率。

所有雷达间距测量方法中，都是以直接或间接运行时间测量为基础的，即雷达信号发出与信号回声接收之间的持续时间。

11.3.2.1 脉冲调节

在脉冲调制的信号中，测量发射与接收之间的运行时间 T。接收到的信号可以提供期望的信息并进行解调。通过光速可以由这一时间差确定与前行车之间的间隔。

这一持续时间 T 在直接反射时通过与反射器的（双）间隔 d 及光速 c 得出：

$$T = 2d/c$$

当间隔 $d = 150$ m 及 $c = 300\,000$ km/s 时运行时间 $T = 1.0$ μs。

11.3.2.2 FMCW 调制

如前面所描述的，直接运行时间测量成本是很昂贵的。简单的办法是间接运行时间测量，如众所周知的 FMCW 方法。取代发射信号与接收回声之间的时间比较,在 FMCW 雷达上对发射信号与接收回声之间的频率进行比较。其前提是在时间上可变的发射频率,如图 11-6 所示。

在 FMCW 方法中,频率中调制的雷达波以几微秒的时间及几百兆赫兹的行程直线发射(f_s,图 11-6 中所示的贯通曲线)。前行车反射的信号按信号运行时间延迟(f_e,图 11-6 中的虚线)。

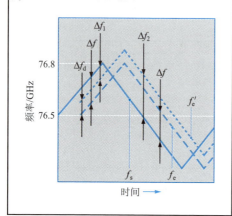

图 11-6 FMCW 方法
f_s—发射信号;f_e—相同速度时的接收信号;
f_e'—相对速度时的接收信号

在上升的斜面上是较低的频率,在下降的斜面上是具有相同数值的较高的频率。频率差 Δf 为间隔的直接数值。

如果在两车之间还附加存在相对速度,则接收频率 f_e 由于多普勒效应不论在上升的斜面还是在下降的斜面上都揥高一定的数值 Δf_d(如图 11-6 中所示的点线)。由此得出两个不同的频率差 Δf_1 和 Δf_2,相加为间隔数值,相减为汽车相互间相对速度的数值。

频率范围的数据处理,为每个对象提供了一个频率,作为线性组合为间隔与相对速度得出一个元。具有不同斜度的 2 个斜面测得的频率,用于为一个对象确定间隔及相对速度。具有许多目标的场景需要不同斜度的许多斜面。

11.3.2.3 多普勒效应

尽管相互关联的间隔测量可以确定测量对象的相对速度,但这一测量值也可以快速、可靠并精确地通过使用多普勒效应进行测量。

由与雷达传感器相对运动的对象(相对速度 $v_{\rm rel}$)相对于发射信号的信号回声得出频率偏移 f_D。此时关键的差速度为:

$$f_D = -2f_c \cdot v_{\rm rel}/c$$

此处 f_c 是信号的载波频率。

在用于 ACC(自适应巡航控制系统)所需要的雷达频率 $f_c = 76.5\ \rm GHz$ 时,得出频率偏移 $f_D = 510 \cdot v_{\rm rel}/m$,即 1 m/s 相对速度时频率为 510 Hz(近似值)。

11.3.2.4 角度确定

作为第 3 个基础数值寻找雷达对象侧面的位置,只有当雷达射束在不同方向发射,以及有很强反射的方向时才可确定。为了确定雷达测定对象的角度,既可单个射束摆动(扫描),又可许多雷达"束"平行发射及测量。

为了能够测量角度,需要至少 2 个重叠的雷达射束。一个对象在相邻的射束中测量的振幅的关系,允许在视角上有推断的结果。如果使用 4 个雷达射束,以双通道天线曲线为例,其水平角度倾斜如图 11-7 所示,这样水平视角可以通过振幅及所测雷达信号的状态与天线曲线的比较求得。

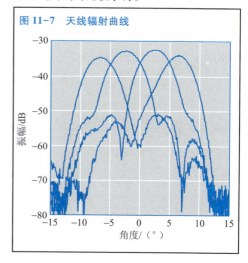

图 11-7 天线辐射曲线

11 汽车周边环视系统

11.3.2.5 测量数值及推导数值

由 3 个直接求得的数值——间隔、相对速度及水平角度——接着可以计算推导出数值,例如相对加速度、相对横向偏移及相对横向速度。

除了应确定物体位置的主要功能外,在雷达传感器上还可以实施许多附加功能。其中,包括传感器校准支持以及各种诊断功能,例如,传感器失灵及无功以及功能失效。

11.3.3 长射程雷达

自适应行驶速度调节(自适应巡航控制系统(ACC))使用雷达技术,以便探测前车并由此适配汽车速度。长射程雷达(LRR)可探测车前 200 m 的距离。

11.3.3.1 ACC 传感器的高频部分

图 11-8 为 FMCW 雷达高频部分的框图。共分为 4 个功能组。

高频产生及调节范围为雷达发射提供高频。此时高频功率由一个电压控制的振荡发生器(VCO)产生,它由一个频率为 76～77 GHz 的机械振荡器中的耿氏二极管构成。所产生功率的较小部分由一个带有谐波混频器的介电共振荡器(DRO)降低混频到中间频率段,并输送到电子调节装置(PLLASIC)中。混频器由 2 个输入信号产生乘积(多相乘积调制器),在谐波混频器上输入信号为正弦信号。由混频器作用的乘积产生一个输出信号,由 2 个频率部分构成一个带差频的正弦信号和一个带有 2 个输入信号的总频率的正弦信号。总频率部分(或替代差频部分)通过合适的滤波器抑制,以便为了继续处理仅提供正弦信号。

信号具有相同的应用带宽,仅在其他的中间频率进行混频。

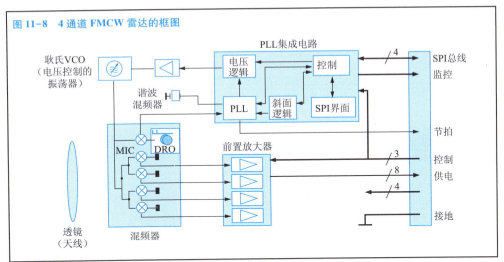

图 11-8 4 通道 FMCW 雷达的框图

PLLASIC 通过一个功率驱动器控制 VCO 并顾及频率稳定性及调制。

在发射及接收线路范围,高频功率通过 3 个维尔金森分压器(由混频器上的 3 个分叉点代表,如图 11-8 所示)分布到 4 个发射及接收通道。经过"吹风式"混频器,一方面将输送天线的功率,另一方面将接收信号混频降到基频带上(具有应传递有效信号的频率范围)。

基频带上的信号放大在 ASIC 中进行。它具有 4 个通道,一个可切换的放大器及一个特殊的特性曲线。它补偿了一部分很大的信号强度,将很高的频率进行很强的放大(相应于很高的间隔)。此外在特性曲线中为后续的探测集成了一个低通图形保真滤波器。这一滤波器用于遵守奈奎斯特-香农采样定理,必须用大于 $2f_{max}$ 的频率探测由持续的频带宽度限制的具有最大频率 f_{max} 的信号,因此由所获得的时间精确的信号无信息损失地改变原始信号,并可精确地任意求得近似值。这一探测滤波器通过低通滤波抑制了高于奈奎斯特频率的信号部分。

天线系统设计为单静态形式,由高频基底上4个组合发射及接收片,4个用于预聚焦的聚苯乙烯棒状辐射源(塑料锥体)及一个用于射束聚焦的塑料透镜构成。作为壳体部分同时将透镜作为雷达光学视窗,用于屏蔽。雷达波由4个天线片同时并内聚发射,以便获得组合的发射波。4个平行射束的实际分离只是在接收方面进行。因此,使用4个单独的接收通道。

发射频率通过电压控制的振荡器(VCO),如图11-6所示,斜坡形直线用坡度进行调制。当接收信号在 $t=2d/c$ 的运行时间后重又出现,在此期间的发射频率改变为差频 $f_d = t \cdot m$。这样运行时间以及距离间接通过确定接收及发射信号之间的差频求得。差频重又用混频器及一个接下来的低通滤波(图形保真滤波)实现。

为了确定频率将时间信号数字化(将属于视野范围内不同雷达目标的各种频率的正弦信号混频),并借助快速的FFT(傅立叶变换)转换为频谱。由此确定在探测到的周期信号中主要出现的频率。

差频信息不仅包括运行时间的信息,而且还包括多普勒位移。这一状态首先意味着在评价时的多义性。通过使用许多具有不同斜率的FMCW调制循环进行解决。

11.3.3.2 雷达信号加工

图11-9为雷达信号加工单元的框图。数字化数据处理使用了具有2个计算芯核的微处理器(双核处理器)。在这一模块中包含的数字信号微处理器(DSP)用于数据寄存、FFT计算及其他基础信号的加工。除此之外,在这一微处理器中还包含一个微控制器(μC),在这个控制器中进行其他信号处理(间距、速度及角度的单独标定)、应用软件(目标生成、线路曲率确定、ACC控制用目标对象的确定),以及电控单元功能(例如,与其他传感器的应答,对于ACC功能是关键的并可用于其他用途)。

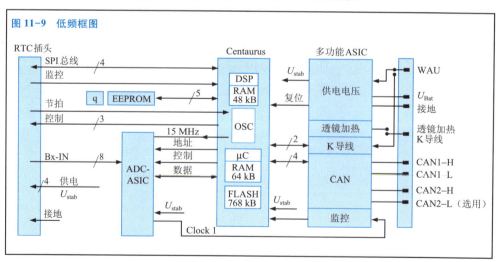

图11-9 低频框图

此外,在双核微处理器中还集成有各种各样的外围单元:串联接口、2个CAN控制器(局域网络控制器)、模拟-数字转换器以及不同的数字端口。

围绕着微处理器布置了许多不同的外围模块。由高频电路板的模拟雷达信号在模拟-数字-转换器中转换为数字扫描数值。这对于4个通道平行发生。在这个模块中还集成有低通数字滤波器(影像保真滤波器),用于限制奈奎斯特的带宽。作为外部非易失的存储器使用了 EEPROM。在此存储应用参数及必要时储存故障记录。多功能 ASIC 用于产生供电电压（不同的 DC 电压）以及作为功率推动器（K 线、CAN、透镜加热）。此外，还集成了监视器。利用温度传感器可以测量系统的内部温度。

该装置与汽车的连接通过一个 8 针插头实现。其中包括电瓶电压（约 12 V）、接地（GND）、2 个 CAN 总线、可选一个苏醒导线（用于由睡眠模式中苏醒）或 K 导线（诊断用串联接口），以及同样可选的天线罩加热器（透镜加热器）或一个时间间隔信号。

低频线路可以为标准的印刷线路板技术的形式。

11.3.3.3 雷达装置的机械构造

图 11-10 为罗伯特-博世公司的第二代 FMCW 雷达装置的零件示意图。高频线路板 5 包含由图 11-8 描述的框图中的元件，低频线路板 2 为图 11-9 中描述的信号处理用的元件。

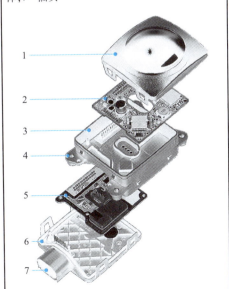

图 11-10　FMCW 雷达装置的零件分解图
1—带透镜的上壳体；2—低频线路板；3—中间载体；4—校准用指点；5—高频线路板；6—下壳体；7—插头

壳体由 3 个元件组成，并可实现大量的功能。它应是水密的，并应防止水及污物的侵入。同时，通过壳体底部的一个特殊的压力平衡元件，可以平衡压力及空气的波动，并不会使水进入。

中间载体 3，核心部件由铝压铸制成。它同时用作 2 个导板的媒介，并作为电子元件导热的冷却片。此外，在媒介的边角可以看到一个支承点，用于将装置固定在支架上。

下壳体 6，除了压力平衡元件外，还有一个插头 7。此外它还用作屏蔽，在与媒介连接时隔绝高频。因此，可以阻止可能的干扰频率向内及向外的传播。

上壳体 1 中集成有一个透镜，用于聚焦雷达射束。此外在透镜中还集成有一个加热器，用于防止透镜结冰。

11.3.3.4　24 GHz 近距离雷达（近程雷达）

脉冲雷达可以发射非常短的脉冲。探测物体可将这一信号反射回传感器。这一信号的运行时间必须进行测量。测量电磁波的传播速度（光速）不是一个简单的测量任务。图 11-11 为一个脉冲雷达的框图。

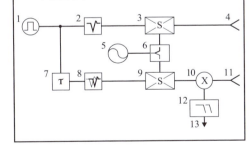

图 11-11　脉冲雷达的框图
1—脉冲发生器；2—脉冲发生器调制；3—高频调制开关；4—发射天线；5—24 GHz 振荡器；6—功率分配器；7—时间延迟；8—脉冲发生器调制；9—高频调制开关；10—混频器；11—接收天线；12—双滤波器；13—输出

以 24 GHz 频率振动的振荡器将其信号传递给功率分配器。其出口汇集到 2 个在曲线图上标识的通道中的 2 个高速开关上。在上路径中一个脉冲发生器的信号首先调制，然后发给高速开关（高频调制开关）。由这一组件将信号发送给发射天线。

在下面的平行路径中可调节的延迟产生基准信号,汇集到接收路径中的高速开关上。

接收到的回声信号与振荡器的输出信号混合,用作内聚关联,以便识别接收到的回声信号中的频率不变化。

内聚在此处意味着,发射的脉冲状态存储保留在基准信号中。变化通过双滤波器求得。

在 20 dBm EIRP 发射的峰功率时(功率电平具有 1 mW 参比量,相等等方辐射功率,有效等方辐射功率),得出测量距离 20 ~ 50 m,视物体大小及反射特性而定。最小测量距离为 25 cm。

一个这样的传感器的测量精度很高,并当物体分离能力为 1.5 m 时仅处于几厘米的范围。用这样的传感器考虑的安全功能(例如,尽早探测即将发生的碰撞用的 PreCrash 传感器)需要很短的测量周期,仅为 2 ms 或更短。

11.3.3.5 无线发射许可

雷达传感器的工作,需要无线发射许可。目前有 2 种不同种类的 SRR 传感器:超宽带(UWB)传感器利用很短的脉冲驱动,由此产生在很宽的频率段中的辐射;窄波传感器利用仅 0.125 GHz 的带宽,并且通常是在 ISM 频带(工业、科技及医学频带),一个可以自由进入的频带中驱动。当 UWB 传感器需要一个明显较大的频带宽(许多 GHz)时,LRR 则在 ISM 频带中工作。很高的带宽 UWB 传感器相对于窄带传感器,具有与一个非常好的目标分选联系在一起的优越的距离测量精度。这样 UWB 传感器特别用于在较低速度范围时满足所有要求的特性。

由于物美价廉的高频元件的可应用性,选择了 24 GHz 频带。如果保持在 ISM 频带中,窄频带传感器则不需要特殊的无线电发射许可就可以驱动。高分辨率传感器需要较高的带宽,典型的是 5 GHz。国际频率分配表格中的 5.340 脚注保护的频率范围为 23.6 ~ 24 GHz,为此这一传感器超过了这一范围。

经过长时间的协商,提出 24.125 ± 2.5 GHz 的频带可以按以下前提释放:最大功率 -41.3 dBm/MHz,运行时间至 2013 年 6 月 30 日,用于每个欧洲国家 7% 最大的汽车通过量。下一个频率段 79 ± 2 GHz,对于欧洲已经确立的用户使用,具有兼容性,不用其他要求即可释放。

雷达技术中典型的近距离传感器的射程为 2 ~ 50 m,视不同驾驶员辅助功能而定。功能既可以仅以这一技术为基础,或者通过与 ACC 或其他功能的组合来实现。

这些传感器首次于 2005 年与 ACC 起-停功能在一起使用。因此,使用了 2 种短行程雷达传感器。如果利用这一传感技术覆盖其他功能的话,就需要在汽车前部及后部各安装 4 个传感器。

11.4 激光雷达

用于 ACC 的激光雷达传感器(光探测及测距)在日本已经应用了数年,尽管相对于雷达来说具有降低的功率能力。原理上激光雷达传感器如同雷达传感器一样工作,不同的是,利用 800 ~ 1 000 nm 的红外线波长范围之间的电磁波。激光雷达射束由于雾气或很差的视野,首先是泡沫,有时会很强地减弱。测量的有效距离也因此相应降低。因此,与雷达传感器相比不太适合用于安全应用目的。

红外线射束是在强度上而不是在频率上调制。图 11-12 为激光雷达的框图。

激光传感器发射调制的红外射束,由一个目标反射,并由一个或多个光电二极管在传感器中接收。调制形式可以是:矩形振荡、正弦振荡或脉冲。调制器向接收器发射调制信息。接收信号由此可与发射的信号进行比较,因此既可求得信号的相位差又可得出其运行时间,并且可由此计算其与目标的距离。

信号/噪声比很强地依赖于调制方式,最好的结果是用脉冲调制达到的。因此,脉冲调制用于具有较大射程的激光雷达,成为在实践中应用的方法。脉冲持续时间的典型数值处于纳秒范围,脉冲长度处于 1 m 范围内。

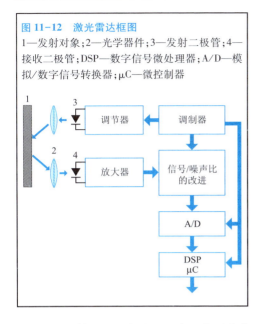

图 11-12 激光雷达框图
1—发射对象；2—光学器件；3—发射二极管；4—接收二极管；DSP—数字信号微处理器；A/D—模拟/数字信号转换器；μC—微控制器

传感器不直接测量目标速度，而通过测距信号的差来计算，由此产生一定的延迟及降低信号质量。另一方面扫描的激光雷达的良好的横向分辨力明显超过当今典型的雷达传感器。

在汽车的应用方面，特别是安全功能方面，激光雷达传感器的优势是气候适应性。如同其他光学传感器方法一样，激光雷达在雾气及水飞溅时也具有明显的缺点。

11.5 摄像技术

11.5.1 应用

图像对于人来说具有最多的信息内容。人可以用自己的眼睛获取对汽车周边的印象，并可用其智慧及经验评价交通状况。因此，对于驾驶员辅助系统开发明显的是摄取图像，从中提取重要的细节并通过图像处理方法求得危险的状态。

在第一步中新的以视频技术为基础的功能，例如偏离轨迹警告、改善夜视的系统或间距报警系统都已投放市场。第二步是(也是通过许多传感器的共同作用)在汽车动态方面通过制动、转向及加油的作用进行干预，为预防事故及降低事故后果开辟了远景。

图 11-13 为摄像系统基础的组成部分及其在图像处理系统中的信号流以及人-机接口(HMI)。

通过合适的信号处理方法可以实现在厘米范围的测量精度。

横向及垂直的分辨力，既可通过多射束结构(多束)又可以通过机械扫描来实现。如果仅使用一个发射及接收件时，机械扫描具有纯的角度分辨力的优点。射束偏转既可以通过旋转的镜子，又可以通过来回移动的传感器的光学系统或者是接收器来实现。

一方面，与大多数雷达传感器相反，激光

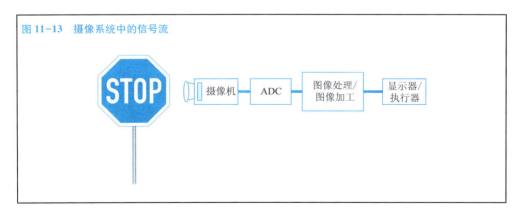

图 11-13 摄像系统中的信号流

视频系统的光学部分在图像传感器上构成了图像源，例如照射的对象。将图像传感器(图像)的单个图像点中的整个的射束转换为电荷，可以重新进行电子处理。只要是涉及一台模拟摄像机的话，这一信息将借助模拟-数字转换器(ADC)转换成用于图像加工计算机中继续加工用的数字信号。

在一个汽车系统中,摄像系统分为2个不同的任务。一种情况是,产生一个反差大的并发光的图像,如同在夜视系统中要求的,进行图像处理。经过处理的图像直接输送给一个显示器。另一种情况是,使用特殊的算法提取确定的图像内容(图像加工,例如交通标识识别)。如此获得的信息,通过显示器向驾驶员提出警告或者通过执行器产生对汽车的干预。

11.5.2 图像传感器

图像传感器(图像技术)由众多单一的图像点构成。当今典型的分辨率为VGA(视频图形阵列,640×480像素)。入射的光子侵入到半导体中,大多由其电子空穴对产生。这一电荷对产生一个光电流,成比例地通过许多数量级用于加强入射的光线。

在半导体中具有光子吸收深度很强的光谱依赖性。具有短波长的射束主要在表面上吸收,而长波长射束(红色光、红外线)很深地侵入到半导体中,因此可达到的空间的分辨率随着增加的波长而大大下降。用红色光或红外线(例用于夜视系统)摄取的图像,显示出的对比度要比用绿色或蓝色光摄取的低得多。纯日间经常使用在透镜前罩上的光学滤镜,用于分离入射的红外线部分。在消费领域,例如录像机,这种滤镜是常用的。

光电接收器的效率通常描述为量子效率。它确定每个光子应产生多少个电荷对。最重要的光电检波器是MOS(金属氧化物半导体)技术的光电二极管及电容器。后者在CCD(电荷耦合器件)传感器中使用。两个传感器都可以用标准的半导体工艺制成。

摄像机经典的传感器是CCD图像传感器。这一技术在近30年来已经达到很高的产品成熟度,并且CCD的用户也越来越满足于关系分辨率、亮度动态范围以及温度特性的限制。CCD传感器趋向于单个像点或像点范围在很强的光辐射时"盛开"散射。这一盛开散射由相邻点上电荷的溢流决定。

CMOS传感器与CCD传感器相比具有一些优点。因为它是按照标准的VLSI(大规模集成)技术制造而成的,可以在同一个半导体芯片上布置其他电子电路。控制仅需微小的功率,因为每一个像点仅在筛选过程期间激活。由于这一特性,CMOS传感器成为汽车苛刻应用的首选技术。

对于呈对数走向的亮度,人的眼睛具有非直线性的敏感特性。显而易见,这一特性也可在光电传感器中实现。

CMOS传感器的新开发显示了大于120 dB的光亮强度,也称为HDRC传感器(高动态范围摄像机)。用这一动态在迎面驶入车辆时大灯仅出现作为具有过辐射效应的亮点。因此,CMOS技术远远超过传统的CCD传感器。图11-14为以一个在隧道中行驶的两种图像的比较。

图11-14 图像技术特性的比较
(a) CCD摄像机图像技术; (b) HDRC摄像机的图像(CMOS图像传感器)

(a)

(b)

图 11-14(a)为用 CCD 摄像机摄取的图像,图 11-14(b)为用具有很大动态范围的 HRDC 摄像机摄取的图像。可以明显看出,图(a)在隧道出口处几乎不能分辨灰度梯度,而图(b)却可以看到所有细节(树木,对面驶来的车辆)。

当今的视频传感器在分辨率、敏感性及亮度动态方面,与人的视觉器官的能力还有差距,但是现代的图像处理方法与新开发的高动态图像传感器在今天就可以看到这一传感技术巨大的潜能。

目前利用 CMOS 传感器已经可以达到很好的空间分辨率,像点规格一般在 5×5 μm 的范围。分辨率和芯片大小仅是传感器所期望的敏感性的问题;小的像点或很高的分辨率意味着较低的敏感性。用于汽车的图像设计还显示了一个折中方案:很高的空间分辨率(例如,4k×4k 像素)仅可以通过限制像素大小及占空系数来达到,其后果是较低的敏感性。

11.5.3 摄像机

图 11-15 为一台适用于汽车的摄像机。该摄像机头包括图像传感器芯片及目镜以及控制摄像机的电子装置。图像处理在一个单独的高功率计算机中进行。当今的摄像机在相当大的程度上还是使用黑白形式,因为内部的滤色片导致敏感性,特别是夜间应用时。

11.6 全距成像技术

全距成像技术是一门新技术,它将激光雷达技术的特性与摄像技术相互组合在一起。它可以作为视频传感器使用,具有附加的能力,可以利用每一个摄像像点测量与下一个目标的距离,由此产生汽车周边的三维图像。图 11-16 为结构框图。不同的平行图像技术,在细节上有所差异。目前在汽车领域中最著名的原理是 PMD(光子混频装置),是由西根大学与奥迪公司共同开发的。

图 11-15 用于汽车的 CMOS 摄像机

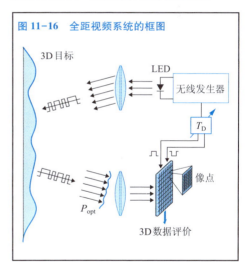

图 11-16 全距视频系统的框图

其原理如图 11-17 所示,目标通过 LED 调制的射束在近红外范围辐射。载有负电荷的电荷载体,通过在每一个像点(像素)射入的射束产生,通过电场,利用所求得的光线的调制进行改变,分配在 C1 及 C2 2 个电容器上。因此,电容的电荷差直接符合射入及出现的射束的相位差,并可以用于计算与目标的距离。

2 个电容的电荷总和相当于射入射束的总量,并可以转换为当时像点的灰度值。

每一个像点需要芯片表面用于个性化的

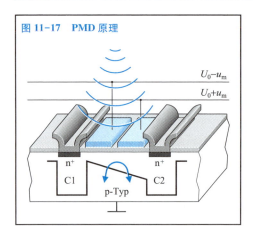

图 11-17 PMD 原理

控制电子装置。因此,平行图像技术的占空系数大大低于视频传感器。目前的 PMD 传感器具有最大 64×16 像素,因此仅限于目标的分类。

汽车前面的场景必须用近红外射束照射。对于超过 5~10 m 的射程需要功率强劲的红外灯,必须可在兆赫兹范围进行调制。这是与较大的放热联系在一起的,并对以 PMD 为基础的系统开发提出了挑战。此外,还应注意遵守激光保护规定。如果问题解决了,PMD 技术在近及中范围应用与其他传感器相比具有很大的前景。

12 车辆稳定系统

在城市路况中,有时会出现危险的驾驶情况,如全制动或急拐弯时。电子系统根据当时的情况会自动介入到车辆的制动系统中,从而起到稳定的作用:防抱死系统(ABS)能防止车轮抱死,从而在纵向上稳定车辆;汽车电子稳定性控制程序(ESP)通过对每个车轮单独的制动干预在横向上稳定车辆。集成在这些系统中的其他制动功能也为车辆的安全性和舒适性做出了贡献。

12.1 车辆稳定系统

防抱死系统(ABS)(如图12-1所示)于1978年第一次由博世公司应用到机动车上。现在它已经是所有在欧洲生产的轿车的标配件。这个系统被扩展为汽车电子稳定性控制程序(ESP),通过更多的传感器,它一开始就能察觉到车辆在竖轴上的侧滑以及由此产生的滑动。

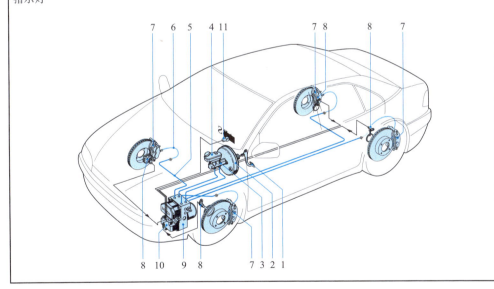

图12-1 防抱死系统(ABS)
1—制动踏板;2—制动助力器;3—主气缸;4—膨胀水箱;5—刹车线;6—制动软管;7—带制动气缸的车辆制动;8—车轮转速传感器;9—液压调节器;10—ABS控制单元(这里作为液压调节器的安装件);11—ABS指示灯

12.1.1 防抱死系统(ABS)

12.1.1.1 任务

如果驾驶员过于用力踩制动踏板,不带ABS功能的车车轮会抱死。这样轮胎就无法再将侧力作用到路面上。因此,前轮抱死的车辆无法再转弯,它只能往前滑移。

如果后轮抱死,车辆将变得不稳定并打滑。通过短时间的松离合,驾驶员就能转弯或使车辆再次稳定下来。这种重复的短时间的制动和松离合被描述为有节奏制动。

通过限制驾驶员给出的制动压力,ABS能防止车轮抱死。通过这种方式它能够保证车辆正常转向。

12.1.1.2 工作方式

ABS 是按照有节奏制动的原理来工作的,但是它能很准确地控制制动节奏,并且比驾驶员操作要快。驾驶员通过踩踏制动踏板给出最大的制动压力。ABS 控制器从车轮转速传感器(如图 12-1 所示,位置 8)的信号中算出制动打滑率 λ。这个值展示了轮周速度 v_R 相对于车辆速度 v_F 的滞后关系。

$$\lambda = \frac{(v_F - v_R)}{v_F} \cdot 100\%$$

未对车轮进行制动时, λ 值接近于 0 ($v_F \approx v_R$)。车轮抱死时这个值为 100% ($v_R = 0$ 时, λ = 1)。ABS 能很早地识别出是否已接近车轮抱死的临界值。

为了防止车轮抱死,ABS 需要对驾驶员通过制动踏板给出的制动压力施加影响。为此主气缸(如图 12-2 所示,位置 1)和车轮气缸 4 之间的一个进水阀 7 和一个排水阀 8 被

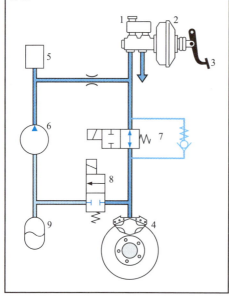

图 12-2 带两个电磁阀的 ABS 液压调节器的原理
1—带膨胀水箱的主气缸;2—制动助力器;3—制动踏板;4—带气缸的车轮制动
液压调节系统有:
5—蒸气室;6—回油泵;7—进水阀(处于打开状态);8—排水阀(处于关闭状态);9—制动液储存器

关闭。在无序的制动过程中,进水阀处于开放状态,排水阀被关闭。主气缸的制动压力通过制动液传到车轮气缸上。

当车辆打滑变严重时,ABS 会识别到抱死的风险,然后通过调节进水阀门阻止车轮气缸中压力进一步升高。关闭进水阀门,车轮气缸中的压力还会保留下来。如果车辆打滑进一步恶化,就需要降低车轮气缸中的压力了。为此 ABS 会打开排水阀并激活回油泵 6。制动液会被导回主气缸,车轮气缸内的压力就变小了。

在四通道系统中每个车轮都可以对气门进行布置。所有气门和回油泵都集成在一个液压调制器中(如图 12-1 所示,位置 9)。

12.1.2 驱动防滑系统(ASR)

12.1.2.1 任务

当驾驶员过于用力踩油门时,没有 ASR 功能的车辆车轮会打滑。车轮就无法将驱动力作用到路面上。ASR 通过介入发动机管理和制动装置防止车轮打滑。

12.1.2.2 工作方式

ASR 功能集成在 ABS 或 ESP 控制器中,因此它可以评估车轮转数传感器的信号。通过计算出的车轮滑移,可以识别出车轮是否有打滑的倾向($\lambda < 0$)。为了防止打滑,需要降低驱动力矩或/和对打滑的车轮进行制动。

控制器能通过 CAN 总线和发动机管理系统交换数据,因此它可以发出降低驱动力矩的要求。发动机管理系统能以不同的方式降低汽油机的驱动力矩。

- 减小节气门开度,让较少的空气进入到气缸中。相应地使用的燃油量和力矩也就变小了。
- 推迟点火角。
- 停止一些缸的喷油。

柴油发动机可以通过减少喷油量来降低力矩。

如果这些措施还不够,ASR 还能够有目的性地对车轮制动。为此液压调制器中要再集成一个阀门或泵,用来产生主动制动压力。ASR 中液压调制器的结构,理论上来说,与接

下来要描述的 ESP 类似。

12.1.3 电子稳定性控制程序（ESP）
12.1.3.1 任务
ABS 和 ASR 负责车辆在纵向上的稳定。这些功能也集成在 ESP 上。快速转弯或急转弯时可能会有危险，ESP 通过有针对性地干预每个车轮的制动，并干预发动机管理，防止车辆侧滑。

12.1.3.2 工作方式
ESP 通过下列传感器获得车辆行驶状态的信息：

- 车轮转速传感器：负责测量 4 个车轮的转速。
- 侧滑传感器：负责测量车体绕垂直轴线侧滑的速度。
- 横向加速度传感器：集成在侧滑传感器中，负责测量车辆在横向上的加速度。
- 转向角度传感器：可以确定前轮的转向回转。

根据车轮速度和转向速度，通过一个模型就能够算出期望的路线。转速和加速度传感器可以给出实际路线的信息。在快速转向时，车轮跟不上给出的转向命令，这种情况下会出现过度转向或转向不足。

ESP 能识别这种偏差，并有针对性地对不同车轮进行制动。在过度转向时，首先会对弯路外侧的前车轮进行制动（如图 12-3 所示，位置 2），转向不足时要对弯道内侧后轮进行制动。这样就会产生单侧的纵向力，从而形成与偏转运动方向相反的偏转力矩，并稳定住车辆。

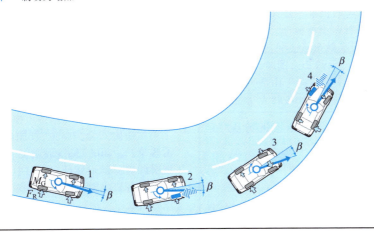

图 12-3　带 ESP 的机动车的横向运动
1—驾驶员转向，侧向力形成；2—可能会不稳定（过度转向），ESP 对右前方车辆制动；3—汽车仍在控制之下；4—可能会不稳定，ESP 控制左前方车辆，稳定完成；M_G—横摆力矩；F_R—轮上的力；β—车辆纵向上的方向偏移；⊪—制动力增加

制动通过液压调节器进行。ABS 除了有进水阀、排水阀之外，每个制动循环还有一个换向阀（USV）和一个高压转换阀（HSV）。通过这种布置（如图 12-4 所示），在设置好打开的方向（HSV）和关闭的方向（USV）后，泵会从主气缸中吸出制动液并导到车轮气缸中。通过进流阀和出流阀可以单独控制每个车轮的制动压力。

当驱动力矩过大时，EPS 会作用于发动机管理系统。通过 CAN 接口，ESP 发出降低力矩的指令，实施发动机管理。

12.1.3.3 ESP 的使用
ESP 是一个安全性系统。当由于外部环

境(如突然出现障碍物)需要进行大转向并且车辆因此处于没有 ESP 就无法完全被掌控的状态时,它能够稳定车辆。

ESP 还能在低速时帮助驾驶员,如行驶在被雪覆盖的道路上。如果车辆没有 ESP 可能就要不断地进行转向。ESP 通过有目的性的制动可以取代不停的转向,从而减轻驾驶员的负担。

ESP 除了有稳定车辆的功能之外,还有一系列的舒适性和安全性功能(自动停车功能)。

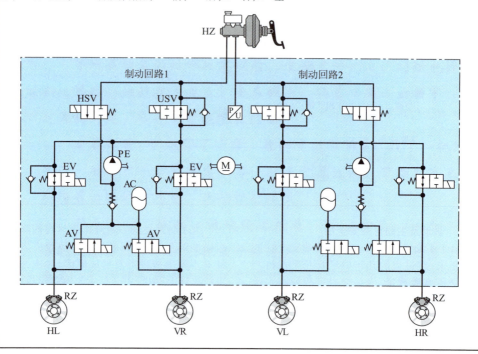

图 12-4 ESP 液压调节器的回路图
HZ—主制动缸;RZ—车轮制动缸;EV—进流阀;AV—出流阀;USV—换向阀;HSV—高压换向阀;PE—回油泵;M—泵电机;AC—制液存储器;V—前;H—后;R—右;L—左

12.2 自动制动功能

12.2.1 液压制动辅助系统(HBA)

在危险状况下,驾驶员会尽快踩制动踏板,但却不能持续踩踏板。因此,制动压力达不到最大值,并且制动距离也比最优制动时长。

制动辅助系统可以通过驾驶员踩制动踏板的速度识别紧急制动状况,于是制动压力自动与 ESP 液压调节器中的泵产生联系,并升到最大值,这使得制动距离在物理可能值的范围内。通过 ABS 调节避免车轮抱死。

12.2.2 机电驻车制动器(EMP)

使用机电驻车制动器(EMP)时,驻车制动器的制动力是由电机产生的。止动杆的作用被一个带电子变速器组合的人-机交互界面取代。在识别到车辆处于静止状态之后,操作人-机交互界面电机会被激活。

12.2.3 驻车制动减速控制(CDP)

在驾驶员的要求下(通过按压按钮),CDP 功能可以使车辆慢慢减速至静止。达到静止状态后,ESP 液压系统会在短时间内接管静态的驻车制动,然后 EMP 会使车辆保持静止。

12.2.4 坡道起步辅助控制(HHC)

坡道起步辅助控制(HHC)可以避免上坡起步时溜车。它使得起步时不再需要驻车制动。

为了激活坡道辅助系统,需要在车辆静止时踩制动踏板。当驾驶员松开行车制动踏板后,系统会保持先前的制动压力,这个压力最多能保持2 s。在这段时间内,驾驶员可以踩油门并起步。当系统察觉到起步意图,制动压力会立刻解除。

12.2.5 陡坡缓降(HDC)

陡坡缓降是用于山地车的一款舒适性功能,它通过自动干预制动系统辅助驾驶员下坡。激活这项功能后,驾驶员无须踩制动踏板,车辆会自动以预设的低速行驶。HDC功能的开关由按钮控制。

12.2.6 液压后轮制动(HRB)

在前轮被ABS控制的情况下,这个功能会给后轮额外的制动助力。通常情况下,当ABS开始工作时,不管是否需要,驾驶员都不再踩制动踏板。ARB功能会起作用,直到前轮进入ABS控制范围内。后轮的制动压力会不断加大,直到达到抱死水平,ABS开始工作。因此制动距离在物理可能值的范围内。

12.2.7 制动盘擦拭(BDW)

湿的制动盘制动性能不佳。BDW功能会施加制动压力,以排除制动盘上的潮气和溅到的水。这样即使是在潮湿的情况下也能保证最短的制动反应时间。干燥制动时的制动压力被调节到这一水平:车辆减速处于被察觉的边缘上。有关潮湿度的信息来自于雨刮传感器或下雨传感器发出的信号。

在一个被定义的周期内,干燥制动重复发生,直到系统识别到雨或者车道潮湿。

12.2.8 液压衰减补偿系统(HFC)

HFC功能能给驾驶员提供一种附加的制动力辅助。当过于用力踩踏制动踏板,正常情况下达到抱死压力水平时,它就会起作用,防止车辆出现最大限度的减速。制动盘温度过高或制动摩擦片摩擦系数大幅降低时,会发生这种情况。

当制动压力过高,车辆减速明显比预期较小时,HFC被激活。接着车轮上的压力持续升高,直到所有轮子上的压力都达到抱死水平,ABS开始工作。

12.2.9 电子预制动(EBP)

EBP功能缩短了紧急情况下的制动距离,驾驶员通过它能在很快松开油门后有效实施踩踏制动操作。这是通过以下原理来实现的:松开油门后,制动装置会预先受力,随后踩制动踏板时能很快达到所需的压力水平。这样一来车辆很早便开始大幅减速。

制动装置的预受力是由ESP液压调节器施加的。随后制动摩擦片会紧贴到制动盘上。松开油门踏板之后很快停止对制动踏板的操作,这样制动装置的压力就又会降低了。

13 停车系统

几乎所有的车辆在停车时视线都会受到限制。这主要为了最大限度降低空气阻力系数从而降低油耗,现在的车身大多微微呈现出楔形。这样就很难或根本没办法察觉前面的障碍。驾驶员通过后窗玻璃只能看到 8 ~ 10 m 外的路面,而且驾驶员也无法察觉恰好位于车辆前的障碍,因为它被车身前部遮挡住了。

13.1 停车助手

13.1.1 系统

可以通过电子设备扩展驾驶员的视野。以超声波传感器为基础的停车助手是个很好的选择。目前它已被广泛采用。

停车助手能观察到车前或车后 20 ~ 250 cm 的范围,如图 13-1 所示。它能察觉到其他车辆和障碍,并通过显示和/或声音的方式(报警器)提醒驾驶员。

停车助手有很多种结构。简单的会在车辆尾部采用 3 或者 4 个传感器,复杂一点的会在车辆上采用多至 12 个传感器(前面 6 个,后面 6 个)。这样也可以在车辆角部的地方安装传感器,从而实现有效的角部防护。

除了超声波传感器之外,整个系统还包括控制器和报警器。选择倒挡时系统自动被激活,带前部防护的系统在车速超过 15 km/h 时自动被激活。在工作时,自检功能会持续监控所有的系统组件。

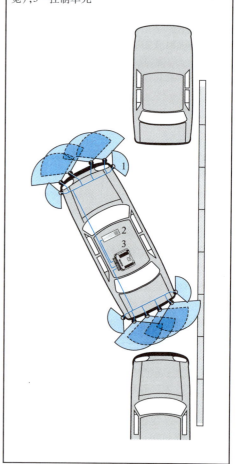

图 13-1 停车辅助系统(最大配置)
1—超声波传感器;2—警示性元件(视觉和听觉);3—控制单元

13.1.2 组件

13.1.2.1 超声波传感器

停车助手的传感器是根据回波探测器的原理来工作的。它发出大约 43.5 kHz 的超声波脉冲并接收由障碍物反射回来的声波。根据发出和接收信号的时间差可以算出与障碍物间的距离。

图 13-2 展示了第四代超声波传感器的样式。

13.1.2.1.1 装配

特别调节过的安装支架将传感器固定在保险杠内的特定位置上。第一次安装时支架会集成到保险杠上。图 13-3 展示了一个安装的例子。

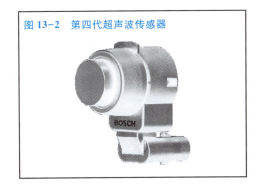

图13-2 第四代超声波传感器

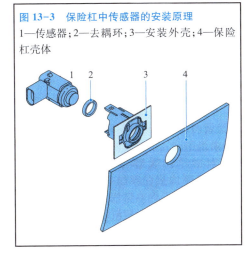

图13-3 保险杠中传感器的安装原理
1—传感器；2—去耦环；3—安装外壳；4—保险杠壳体

特别要说的是，传感器较短的结构能够满足保险杠行人保护区域越来越高的要求。因为发生事故时它便于传感器向内移动。

13.1.2.1.2 探测特性曲线

为了使探测范围尽可能大，水平方向上的探测特性曲线要特别宽，以尽可能多地探测到障碍。与此相对的是，垂直方向上的探测范围要窄一些，以避免地面反射波的干扰。水平方向探测角度为±60°，垂直方向为±30°。

13.1.2.2 控制器

如图13-4所示，控制器包含一个传感器电压稳定器、一个内置的微型处理器（μC）以及所有用于调整各种输入输出信号的接口电路。这些软件有以下任务：

- 控制传感器并接收回声。
- 对波发送和接收的时间进行评估，计算出与障碍物间的距离。
- 控制报警器。
- 评估输入信号。
- 监控系统组件。
- 错误存储并诊断。

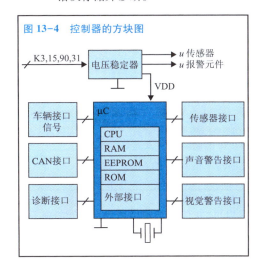

图13-4 控制器的方块图

13.1.2.3 报警器

与障碍物间的距离通过报警器来实现。它是专为汽车应用而造的，因而通常是听觉和视觉提示结合。

图13-5（a）中展示了一个报警器例子。报警器的显示屏上将与障碍物的距离划分成几个主要范围，如表13-1所示。

表13-1 距离显示范围（例子）

范围	间距	视觉显示（LED）	声音显示
Ⅰ	<1.5 m	绿色	断断续续
Ⅱ	<1.0 m	绿色+黄色	断断续续
Ⅲ	<0.5 m	绿色+黄色+红色	连续
Ⅳ	<0.3 m	所有LED闪光灯	连续

13.1.3 距离计算

要根据每个车辆的具体情况计算出传感器的安装角度及传感器之间的距离。车辆的几何数据会被录入到控制器的存储装置中。

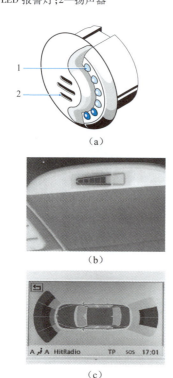

图 13-5 超声波停车助手的报警元件
(a)报警元素的例子;(b)梅赛德斯 S 级车的报警元件;(c)宝马 5 系中控台上的图形显示
1—LED 报警灯;2—扬声器

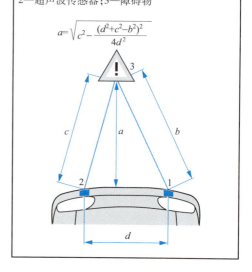

图 13-6 与障碍物的距离
a—保险杠与障碍物的距离;b—传感器 1 与障碍物的距离;c—传感器 2 与障碍物的距离;d—传感器 1 和传感器 2 的距离;1—超声波传感器;2—超声波传感器;3—障碍物

$$a=\sqrt{c^2-\frac{(d^2+c^2-b^2)^2}{4d^2}}$$

由于单个传感器只能提供与障碍物之间的距离而无法提供方向信息,要测量障碍物与车辆之间的最短距离就要用到三角测量法,如图 13-6 所示。在测量中,车辆的几何数据也会被输入。

13.2 停车助理

博世公司生产的停车助理基于超声波停车助手并进行了分级的改良。每一级改良都有自己独特的功能并能够吸引很多客户。此外它还通过在车辆两边各增加一个传感器扩展了这个系统。这些增加的传感器的信号通过停车助手系统控制器中新加的软件进行处理。这些信息通过组合仪表上的显示屏(一般车辆都有)来显示。

13.2.1 第一级:测量停车位

驾驶员激活系统后,新增加的传感器就能够测量出停车位的长度。它还能够发现停车位上的障碍物并警告驾驶员。图 13-7 展示了停车位测量的原理,图 13-8 展示了一个人-机界面(Human Machine Interface,HMI)的例图。

13.2.2 第二级:停车助理的报告功能

停车助理测量出停车位长度后,会在驾驶员停车过程中给出建议:怎样打方向盘可以最平顺地停车。此外,控制器中的微型电脑可以根据新加的超声波传感器的信号计算出最优的停车轨道,如图 13-9 所示。在停车过程中,这个轨道会被持续更新并在显示屏上展示出来,如图 13-10 所示。这就是停车助理与停车助手的区别。

13.2.3 第三级:停车助理的转向功能

第三级由带有电动转向操作功能的系统组成。在测量好停车位长度并挂好倒挡后,驾驶员的手就可以空闲下来了。他只需要踩油门或制动。电脑就会接手转向的工作。前提是,车辆拥有电子操作助力转向系统。一些量产车的高配车型有这个功能。

图 13-9 在停车助理的帮助下停车(原则)
1—已停放的车辆;2—正在停放的车辆;3—停车前边线;l—停车所需长度

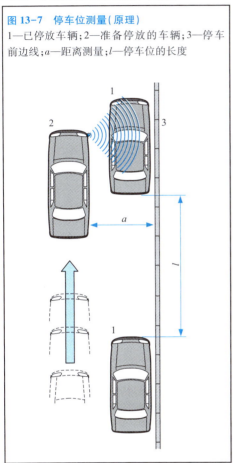

图 13-7 停车位测量(原理)
1—已停放车辆;2—准备停放的车辆;3—停车前边线;a—距离测量;l—停车位的长度

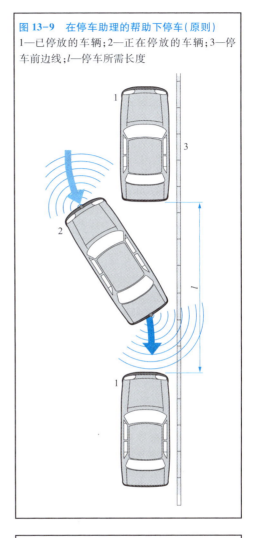

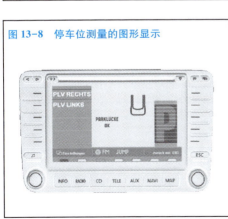

图 13-8 停车位测量的图形显示

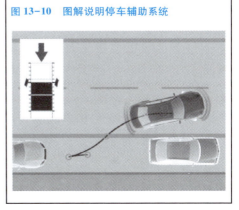

图 13-10 图解说明停车辅助系统

13.2.4 停车助理的优点

停车助理每一级改良需要增加的硬件费用都很低,这也就是说它的性价比很高。

- 竖直方向的停车即使对于不熟练的司机来说也很容易。
- 因停车造成损害的风险大大降低了。
- 可以避免停车不成功;车辆可以很快脱离车流。
- 目前司机普遍认为停车位太小,停车助理可以解决这个问题。

▷ **堵车**

堵车的形成过程

在过去的40年中,德国的道路网增长了约20%,但相应的车流量却翻了八番。交通负荷这么高,干扰、事故以及施工现场都无可避免地导致了堵车。

研究机构和高校都对堵车现象做过专门的研究。20世纪90年代初开发的Nagel-Schreckenberg模型是道路模拟的一个理论模型。在数学公式的帮助下可以预测交通密度(一个路段的车辆数)和车流量(一段时间内驶过的车辆数)。这个模型第一次解释了由以前的交通密度和制动时的过度反应引起的"突发拥堵"。交通密度较低时发生交通故障能够很快缓解,但交通密度较高时,由于相互间的影响会形成更长的拥堵,它会沿着与行驶方向相反的方向以15 km/h的速度蔓延,如图13-11所示。

根据经验,每条车道允许的最大车流量为每小时2 500辆车。当车流量超过这个限额时就会发生拥堵,即使路面上没有明显的障碍。大多数车辆可以达到的速度理论上被定为最高速度。由于车辆间巨大的速度差异会导致频繁刹车并阻碍交通,现实中通常指定85 km/h作为最大车流量的速度。

堵车预告

北莱茵-威斯特法伦州范围内可以通过互联网查询每条高速公路的交通状况(www.autobahn.nrw.de)。它使用的模拟模型主要会用到交通流量和车辆速度等数据。安装在高速公路上的大约4 000个接收器每分钟都会提供这些信息。

通过物理模型不仅能模拟出实际的交通状况,还能对未来30 min和60 min的交通情况作出预测。此外,模拟还能预测出在被询问的路段的行驶时间。

模拟

堵车模拟可以展示驶入高速公路的车辆是如何造成堵车现象的。点击www.traffic-simulation.de这个网址能够进入堵车模拟。通过模拟,很多有不同参数的场景都能被演示。只要增加交通密度,从无到有的堵车就可以通过模拟再现。

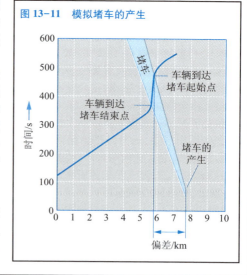

图13-11 模拟堵车的产生

14 自适应巡航控制系统(ACC)

自适应的车辆速度调节(自适应巡航控制系统(ACC))是传统行驶速度控制系统的进一步发展。它设置了一个恒定的行驶速度,通过一个雷达传感器监视车辆前方的区域并根据要求调整速度。ACC 会针对在前面慢慢行驶的车辆和刚驶入的车辆做出反应,以确保与前面车辆的车距不低于法定最小距离。为此 ACC 要介入驱动和制动系统。一旦前面的车辆加速或离开车道,ACC 就会把速度调回到应有的速度上,如图 14-1 所示。因此,ACC 是一个根据前方交通状况调节车速的系统。

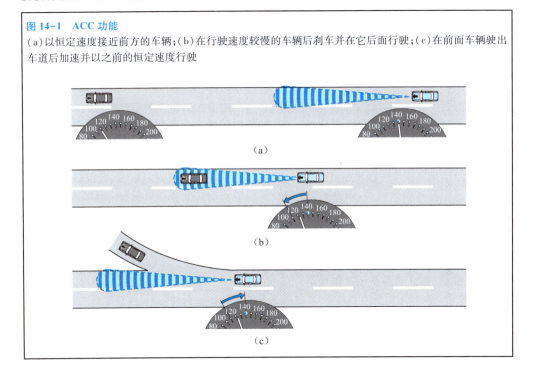

图 14-1 ACC 功能
(a)以恒定速度接近前方的车辆;(b)在行驶速度较慢的车辆后刹车并在它后面行驶;(c)在前面车辆驶出车道后加速并以之前的恒定速度行驶

14.1 系统概览

14.1.1 任务

集成了电气系统的雷达传感器的主要任务是识别物体并把它们归纳到自己的车道或其他车道上。这种车道归类一方面需要对前面的车辆进行详细的识别(高的角度分辨率和精确度),另一方面要对自己车辆的运动有明确的认识。随后要对同时用于电子稳定性控制程序(ESP)的传感器信号进行计算(路线预测)。

针对那些已识别的物体需要进行距离控制,这需要将物体的位置和运动同自己车辆的运动数据进行对比。

14.1.2 工作方式

ACC 系统能测量出与前面车辆间的距离、它的相对速度和侧面长度。雷达传感器(无线电检测和测距)发出毫米波的波束,应用到交通网络中的频带为 76~77 GHz(波长≈4 mm)。

它的一个基本功能是控制车速,把车速调整到给定速度上并加以保持(速度控制功能)。如果前方车辆速度不低于这个给定速度,这种状态将一直持续。

但如果雷达检测到(检测范围为约200m)会阻碍车辆以给定速度行驶的情况,它就会根据前方车辆的速度进行调整。如果和前方车辆的速度差距不大,就只用松开油门,如果和前方车辆的速度差距较大,就需要进行制动了。和前面车辆的速度一致后,带ACC功能的车辆会以这个速度跟随前方车辆,以保持车距。

可以通过开关、按钮或小旋钮来操作ACC。通过它们可以激活这个功能,也就是设置给定速度和给定时间间隙。设好的值以及其他ACC信息(如跟踪模式)会显示在组合仪表上。

ACC控制器中,信号加工的最大技术挑战是选出"正确"的目标车辆。接下来就要从诸多返回来的雷达信号中找出之前识别出的前行车辆的信号,并进行再次识别。然后评估这辆车是否真在同一个车道上。由于雷达传感器的侧面分辨能力不是很高(±8°),在弯道前或弯道中时很难确定前方车辆与己方是否在同一个车道上,尽管传感器能给车辆电子稳定性控制程序(ESP)提供重要的对比数据。

驾驶员随时都可以干预或关闭ACC功能(如通过踩油门或制动踏板)。

ACC系统如图14-2所示。

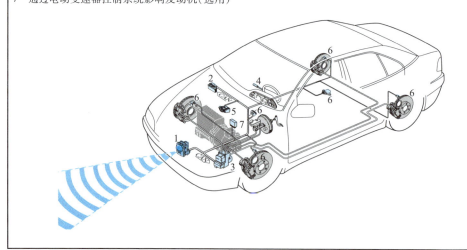

图14-2 ACC系统
1—ACC传感器和控制单元;2—发动机管理系统控制器(汽油机的Motronic和柴油机的EDC);3—通过ESP主动制动;4—操作和显示元件;5—通过电动可调节的节气门控制影响发动机(Motronic);6—传感器;7—通过电动变速器控制系统影响发动机(选用)

14.2 系统联合

14.2.1 系统联合干预

要改变并控制速度就需要利用已有的、针对ACC调整过的辅助系统共同作用。

ACC控制器的基本结构和部件如图14-3所示。

14.2.1.1 发动机干预

ACC要能够作用于发动机管理系统,以实现给定的速度和给定的力矩。

带电子力矩控制系统的发动机管理系统(如汽油机的Motronic和柴油机的EDC)能够不受驾驶员影响地通过电子油门(EGAS)控

14 自适应巡航控制系统(ACC)

制驱动力矩。这样就不需要了解发动机特性曲线,在发动机力矩的基础上就可以控制发动机传动系。如此就能对车辆进行自动加速或减速(如发现障碍时)。

14.2.1.2 制动干预
14.2.1.2.1 制动系统

如果关闭油门减速无法满足制动的要求,就需要通过电子制动调节进行制动干预,如使用制动助力器(电子控制踏板杆)或者 ESP。要给已有的、由踏板激活的制动灯开关一个信号,这样主动制动时制动灯也会亮。

不需要其他的硬件,一个电子液压制动系统(电子感应制动控制,SBC)就完全够用了。它作为线控制动系统十分适用于 ACC。ACC 的要求对这个系统来说只是一个额定值分支。

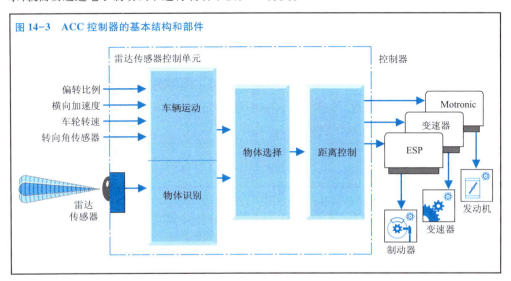

图 14-3 ACC 控制器的基本结构和部件

14.2.1.2.2 ACC 的制动减速

由于 ACC 被设定为舒适性系统,由 ACC 调节器计算出的减速被限制在 $2\sim 3\ m/s^2$ 内。如果这个速度无法满足实际的要求(如前面的车急刹车),系统会通过听觉或视觉警告要求驾驶员采取行动(手动要求)。驾驶员就需要对车辆进行制动。ACC 中无安全性功能,如紧急刹车。

必要时,在 ACC 调节器工作时,稳定性系统 ABS(防抱死系统)、ASR(防打滑系统)或 ESP(电子稳定性控制程序)也会相应地起作用。根据 ACC 的给定参数,稳定性干预会导致 ACC 关闭。

14.2.1.3 变速器干预

为了达到最舒适的状态,ACC 需要与变速器一起工作。自动系统的操作比手动操作更稳定也更快,因此它能够提高驾驶舒适性。

14.2.2 系统结构

由于 ACC 的功能要通过很多系统辅助才能实现,所以系统结构就起到了很大的作用。只有当系统结构合适时,各个系统的功能才能和谐、安全地相互结合,完成一个共同的功能。系统结构的主要挑战是,需要参与工作的各个辅助系统往往来自不同的、相互竞争的供应商,而且在同一个车型中还有部分不同。

系统联合中的数据交换

图 14-4 展示了能帮助实现 ACC 整体功能的、相互合作的系统的概览。

● ACC 对纵向加速度的设定值需要通过发动机控制系统和制动系统来实现。反过来 ACC 也需要这些伙伴系统提供车辆状态信息,如车速、车辆加速和转弯活动、实际发动机扭矩等。
- ACC 通过操作元件获得驾驶员的指示信息(选定的速度、时间间隙)。给驾驶员的信息通过显示元件展示。
- 变速控制系统不被 ACC 用作执行系统。但它需要变速控制系统提供关于实际变速器力/力矩关系的信息。

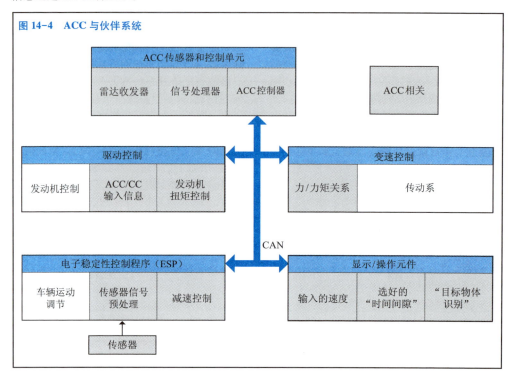

图 14-4 ACC 与伙伴系统

ACC 不是一个自主的系统,它需要基于不同伙伴系统组成的系统网。数据交换由控制器 CAN 总线(控制器区域网络)实现。它连接了发动机控制器系统、变速器控制系统、ESP、组合仪表和控制元件。其他的一些部件(如传感器,只要它的信号不是由 ESP 控制器提供的)也会参与工作或通过网关可与 ACC 相连。

作为物理数据,处于网络中的每个控制器的传感器信号,ACC 都可以使用。

14.3 ACC 的传感系统

14.3.1 车距雷达

为了收集前面车辆的数据、测量与它的车距和它的速度,需要使用车距传感器。现在 ACC 系统最少都会有一个远距离雷达传感器,它在 76~77 GHz 的频段范围内工作。

它除了传感功能外,还有一个用于 ACC 的控制器,因此它被称为 ACC-SCU(传感器和控制单元)。

它被激活后,能监测到车辆前方 200 m 的范围。要分析从前面车辆反射回的雷达信号的传输时间、多普勒效应和振幅关系,由此可以算出与前面车辆的距离、相对速度和角度。

14.3.2 弯道传感器

为了描述车辆轨迹,ACC 系统要使用 ESP 传感信号。参数通过 CAN 由车辆中已有的 ESP 控制器发送给 ACC 控制器,这就省去了 ACC 使用外部传感系统产生的费用。下列 ESP 传感器会被用到:

- 转动传感器。转动传感器能识别车辆竖轴方向上的偏转活动。它的物理测量原则以在转动影响下科里奥利力波动的测量为基础。

- 方向盘转角传感器。通过方向盘转角，ESP能算出驾驶员选择的路线。方向盘转角传感器能测量出方向盘的旋转角度。根据任务要求传感器用摩擦接触（电位的）或无接触的方式（视觉或电磁测量原则）进行测量。
- 横向加速度传感器。横向加速度传感器用于测量作用于车辆横向上的加速度。它的物理测量原则基于在横向惯性作用力的影响下弹性物质偏转的测量。
- 车辆转速传感器。相关的控制器可以从转速传感器的信号中推导出车辆转速。有转速传感器的系统会在轮毂上装一个多极环。在多极环的周围布置了带交换磁极的磁铁。一个霍尔传感器布置在当车轮旋转时磁铁能擦过它的位置上。这个传感器测量车轮旋转时磁流的变化。

14.4 探测和物体选择

14.4.1 雷达信号加工

14.4.1.1 傅里叶转换

所有在同一时间被定位的物体（如不同的车辆）都会返回特定的信号，它们的频率由于距离和相对速度以及振幅反射特性而各有不同。所有信号叠加产生接收信号。

在对信号进行分类-数字化-转换之后，接下来就要进行光谱分析来确定与物体的距离和相对速度。有一个效率很高的算法叫FFT（快速傅里叶转换）。它将一系列的等距离检测的时间信号转化为一系列等频率间隔的光谱能量值（图14-5）。

计算出的光谱一般会显示出很高的能量值，它被归类为雷达回波。另外，光谱中还包括在传感器中产生的干扰信号，它会与目标物体的有用信号叠加。

光谱的分辨率由扫描数和扫描频率决定。

14.4.1.2 障碍物检测

检测也就是找出物体返回的有特点的雷达频率信号。由于不同物体或同一物体不同时间的信号强度有很大不同，因此，要使用ACC雷达传感器。它一方面要尽可能地找到所有物体发出的信号，另一方面要过滤干扰信号。因此，在雷达中产生的干扰信号在光谱中不是连续的，而是与频率和时间相关的。

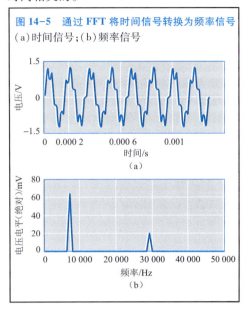

图14-5 通过FFT将时间信号转换为频率信号
(a)时间信号；(b)频率信号

接下来要对每个光谱进行干扰分析。要根据干扰能量的光谱分配确定阈值曲线。只有超过阈值信号的最高值才被看做目标频率。

14.4.1.3 物体识别

每个调制循环（FMCW-雷达）中的返回信号虽然包含了物体的距离和相对速度的信息，但不能明确指出这些信息属于哪些物体。只有和调制循环的检测结果结合才能得出物体的距离和相对速度的最终信息。

一个找到的目标频率既有关于距离的部分也有关于相对速度的部分。为了查明距离和相对速度需要来自不同调制斜面的目标频率相互配合。针对多频率FMCW测量原则，需要对一个已有的物理雷达物体在每个调制频率上找到一个目标频率，这个目标频率必须是由距离和相对速度产生的。当光谱中有很多目标频率时，分类就会变得很困难。

雷达目标相对于车辆轴线的角度位置要通过振幅值来对比评估,它由针对目标物体的4条相邻雷达射线产生。

14.4.1.4 跟踪

跟踪被理解为对已识别到的物体进行进一步的跟踪。这样就能将现在得到的探测物体的测量数据与之前测量得出的数据进行对比。

一个在上次测量中距离为 d、相对速度为 v_{rel} 的物体在两次测量时间间隔 Δt 中继续前进,所以现在的距离应该是 $d_e = d + v_{rel} \cdot \Delta t$。考虑到被测物体也可能减速或加速,距离 d_e 也可能会有一个变化范围,新测量到的距离值应该在这个变化范围内。

如果新测量到的值在距离和相对速度的变化范围内,就可以认为两次测量的是同一辆车。也就是说之前测量过的车辆在这次测量中又被找到了。这些测量值要根据"历史"测量值被过滤。

如果之前测量过的物体在这次测量中没有被找到(如它驶出了雷达射线范围或返回的信号过弱),就要在一段时间内继续使用预测到的物体信息。

如果从一个物体上返回了多个不同距离的信号,就需要在物体跟踪中使用其他措施了。这种情况在商用车上比较常见,因为它的结构是分开的。这些信号要结合为一个物体的信号。

针对信号回波进一步做关于盲目性识别和雷达零件错误功能的分析。

14.4.2 物体选择

为了选出相关的物体,第一步要确定对侧面距离 d_{yc} 和预测到的自己车辆的路线做对比确定(路线偏差)。如图14-6所示,由雷达传感器确定的相对于传感器轴 x_S 的侧面误差通过传感器误差 $d_{ySensor}$ 转换为相对于车辆中间轴 x_F 的误差。

如通过一个弯道接近产生路线偏差 $d_{yc} = d_{yv} - d_{yvCourse}$。

d_{yc} 的确认与自己路线的描述方式有关。

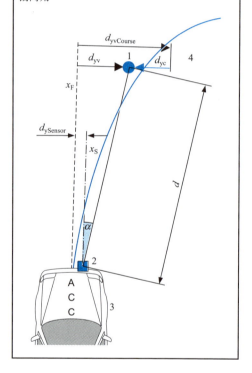

图14-6 确定相对于路线(路线偏差)的侧面物体位置 d_{yc}

1—物体;2—传感器;3—ACC车辆;4—路线;d_{yv}—侧面偏差;d_{yc}—路线偏差;$d_{yvCourse} = k_y \cdot d^2/2$
带有预测物体距离的路线:
k_y—现有弯道;$d_{ySensor}$—传感器偏差;x_F—车辆中轴;x_S—传感器轴;α—物体对比传感器轴的偏离角

第二步要针对每一个测量循环计算前方物体在自己车道上的可能性。要用几何数据对自己的车道进行描述,既包括车道宽度也包括路线确认不准确的参数。

车道可能性是进行物体可信性分析的基础数据。这个数据是确定相关物体安全性的关键数据。它还要考虑传感器特性(如角度确定的准确性)和检测特性。

只有当物体达到本车道最低可信性时,才能将物体选为目标物体。现在的ACC系统只能考虑同一行驶方向上的运动的物体。由于错误检测的风险和现在用雷达无法进行的

14 自适应巡航控制系统(ACC)

物体分类(如车道上的饮料瓶或静止的车辆)目前不对静止的物体进行分析。

14.4.3 路线预测

14.4.3.1 调节质量

路线预测对探测到的前行车辆的归类有决定性的作用,并会影响 ACC 的探测质量。在图 14-7 展示的例子中,在左边车道上行驶的 ACC 车辆在弯道行驶时的路线为 A 路线,它前方行驶的车辆是物体 1,这是驾驶员想要跟踪的车辆。

图 14-7 目标物体选择的路线预测
1—物体 1;2—物体 2;3—ACC 车辆;A—A 路线;B—B 路线;d_{yc}—路线偏差

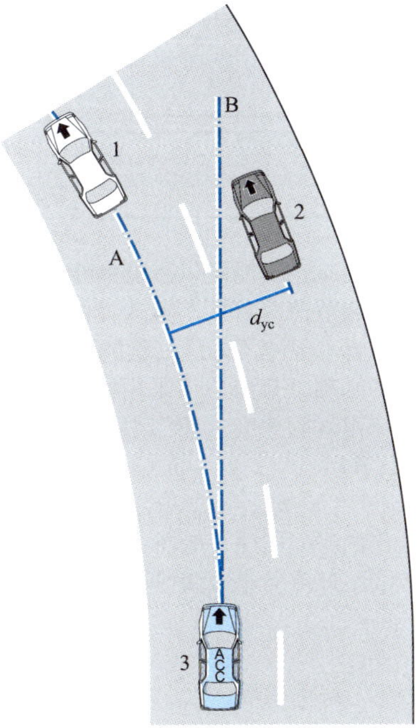

但展示的直行路线 B 则会错误地将更慢的、在右侧车道上的物体 2 作为跟踪对象。这样 ACC 系统就会对自己的车辆进行不舒适且不可信的减速。为了降低如例子所示的、错误的物体选择的发生概率,可信的弯道预言具有很大的意义。

弯道确定的基础数据是轨迹弯曲。它能根据行驶过的路线描述 ACC 车辆的方向改变,还可以把行驶中或停止物体现在和过去的位置作为未来路线确定的补充信息。

14.4.3.2 弯道确认

弯度 k 能通过驶过的路线描述车辆方向的改变,$k=1/R$,(R = 弯道半径)。车辆轨道弯曲能通过不同的车辆周缘传感器来确认,所有的计算前提是,它们要在车辆运动的限制范围内,也就是它不适用于车辆滑移或严重车辆打滑的情况。

为了确认路线,ACC 系统需要一个偏移修正后的横摆率。它不是根据 ESP、方向盘转角传感器、横向加速度传感器、车轮转速传感器和旋转传感器的信号直接确认,就是由 ACC 系统通过偏移修正确认。

横摆率 $d\psi/dt$ 作为车辆在竖轴上的偏转,通过行驶速度 v_x 描述了现在的行驶轨迹的曲度 k_y:$k_y = (d\psi/dt)/v_x$。

这个轨迹弯曲通常通过简单的低通滤波器取平均值。

14.4.3.3 弯道预报

在弯道较多的路段(如多弯的高速公路),由 ESP 支持的、描述现在车辆路线的路线弯道确定功能可能会导致做出错误的物体选择。在一定距离外对弯道进行的预先确认是一个期望值。未来除了导航系统,ACC 系统也会使用带图像处理功能的摄像机系统来进行弯道确认。

14.5 ACC 功能

14.5.1 调节器功能

ACC 调节器(图 14-8)有以下调节功能:
- 调节车辆速度。
- 跟踪调节。
- 弯道调节。
- 加速度调节。

14.5.1.1 车辆速度调节

驾驶员通过操作元件设置想要的驾驶速度。接下来调节器会计算出一个额定值,把行驶速度调到期望的速度上。

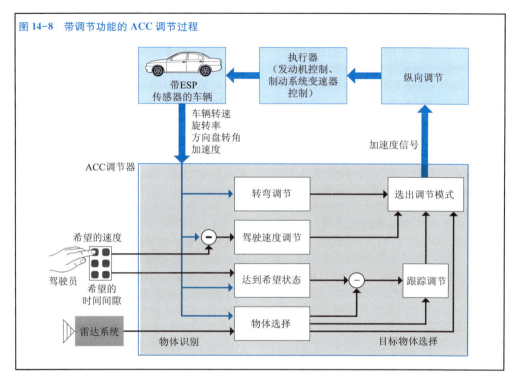

图14-8 带调节功能的 ACC 调节过程

现在 ACC 系统的显示和操作方案已考虑到 2 种实际速度和输入速度差距很大（驾驶员意识不到）的情况。

- 按恢复键重启系统后，系统把上一次输入的速度看作了现在想要的速度。在驾驶员通过恢复键再次打开 ACC 系统之前，他可能会通过自己踩油门使得行驶速度大大超过给定速度。

- 在 ACC 运行的过程中，驾驶员能通过踩油门中止 ACC 的调节。这样车速也有可能大大超过给定速度。

在这 2 种情况下驾驶员都无法意识到实际速度与希望速度间的巨大差距。ACC 行驶速度调节系统能帮助驾驶员适当控制速度。

14.5.1.2 跟踪调节

要选出相关的前面车辆，这就要将物体数据与预测的自己车辆的路线作比较。预测路线中的车辆很多时，离得最近的车辆对调节来说意义最大。

理想的是选出能提供最低的指定加速度的车辆。调节值对目标车辆选择的反馈是必要的。目标车辆被选出后，就能在距离和相对速度的基础上算出应该采用的加速度。需要的距离由驾驶速度 v_F 和驾驶员给出的时间间隔 τ_{Set} 算出：

$$d_{Set} = \tau_{Set} \cdot v_F$$

给出的时间间隔一般在 1~2 s 的范围内，速度较低、车流量较大时这个值有变大的趋势。

14.5.1.3 转弯调节

尽管 ACC 主要是为高速公路（弯道半径相对更大）应用开发的，它也可用于弯道较多的路段。但要注意以下几点：

- 作为舒适性系统，ACC 在弯道区域不能给出令人不舒服的纵向加速度，以免吓到驾驶员。

- 由于雷达传感器的角度区域受限，如图 14-9 所示，ACC 在受限的视线范围内在窄的弯道上给出可能的加速度。

14 自适应巡航控制系统(ACC)

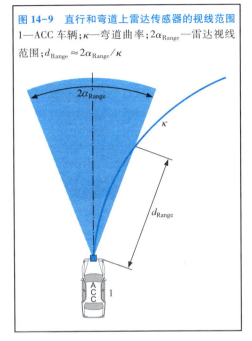

图 14-9　直行和弯道上雷达传感器的视线范围
1—ACC 车辆；κ—弯道曲率；$2\alpha_{Range}$—雷达视线范围；$d_{Range} \approx 2\alpha_{Range}/\kappa$

- 传感器受限制的视线范围在弯道时也会导致这种情况的发生：跟踪选定车辆无法完成。在这种情况下 ACC 会避免立刻再加速。

为了避免弯道上速度过快，要使用 ESP 信号。ACC 能自动降低速度。

14.5.1.4　加速度控制

加速度协调器从不同的加速度给定值中选出 ACC 的给定加速度，在根据给定加速度值确定给定运动状态后就进入下一步工作，对给定运动状态进行调节。在第一步中要选择，给定值是否要通过传动系(在主动或按数量时小的加速)或制动系统(较大幅度的减速)来调节。

在这个决定后会进行力矩参数的实施。

14.5.2　功能等级

ACC 的整体功能可以按照功能等级进行描述。车辆的给定运动(行驶速度和加速度)被算作最高的功能等级。这个计算通过给定速度、ACC 跟踪调节和弯道上的速度调节来实现。其他功能既能在自己的板块内也能通过其他板块参与工作。给每个板块的基本结论数据就是给定的车辆加速度。

14.6　操作和显示系统

操作和显示元件提供了 ACC 和驾驶员之间的直接接口。操作和显示要尽可能简单、明确和直观。操作和显示元件提供了很大的结构自由空间，生产商的方案也就有很大的不同，所以接下来没有介绍详细的结构，而只是介绍了特殊的元件和它们的功能，如图 14-10 中的显示元件。因为操作经常需要通过显示进行确定，操作和显示就被放在了一起。

图 14-10　ACC 行驶信息展示区域(例子)
1—转速表和用于展示给定速度的发光二极管(ACC 激活)；2—识别相关的目标物体；3—通过象形图标显示选出的车距(在激活 ACC 并输入后亮 6 s)或 ACC 未激活错误报告或对传感器过滤的要求；4—准备状态

14.6.1 激活

尽管 ACC 是一个常用的功能,但它还是需要被驾驶员激活。在一些车型中它首先由一个主开关打开,在这种情况下它处于被动的准备状态。

激活的调节控制有:
- 行驶速度比最小的给定速度大。
- 未踩制动踏板。
- 松开手制动。
- ACC-SCU 或 ACC 系统中无错误。

只要激活的条件被满足,并且驾驶员按下了显示出的激活按钮,ACC 就开始工作。它开始调节的前提自然是一开始输入的给定速度和时间间隙。因此,至少在激活时这些值的展示是必要,这样驾驶员很快就能获得关于给定参数的回馈并在需要的情况下对其进行修改。

为了对其他功能做出明确决定,ISO 定义了一个标志,如图 14-11 所示。这个标志既能作为准备显示,也能作为激活显示来应用。

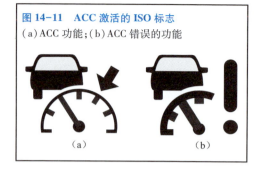

图 14-11　ACC 激活的 ISO 标志
(a) ACC 功能;(b) ACC 错误的功能

14.6.1.1　设定并显示给定速度

现在的操作方案把激活和设定给定速度结合了起来。驾驶员第一次在 ACC 处于准备状态时通过操作开关设置给定速度时,ACC 就会被激活。

尽管同一个开关也会用于常规的速度调节,但设置的区别还是很大的,如图 14-12 所示。特别是对 ACC 来说粗略的分级特别重要。不像在常规速度调节时的 1 km/h,ACC

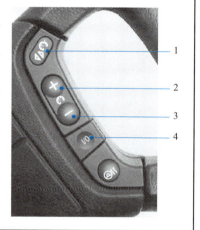

图 14-12　方向盘上的 ACC 操作元件(例子)
1—重启:读取上一次输入的希望速度(ACC 被动),从 3 个等级中选出并显示希望距离(ACC 主动);
2—按钮+:激活由转速器显示的速度(ACC 主动),以 10km/h 一个挡向上选择希望速度(ACC 主动);
3—按钮-:类似与按钮+,但以 10km/h 一个挡向下选择希望速度;
4—按钮 I/O:关闭或开启 ACC 系统,ACC 被动

的等级一般是 5 km/h 或 10 km/h。通过这些粗略的等级能很容易地大跨度接近给定速度,如从建筑工地换到高速公路或反过来时。很多车辆制造商也提供以下的设置模式。

主要有 4 种功能:
- 把现在的速度作为给定速度:Set。
- 把离现在速度最近的高一点的等级作为给定速度:Set+。
- 把离现在速度最近的低一点的等级作为给定速度:Set-。
- 把储存的速度作为给定速度:重新启动。

它作为数值显示在转速表(图 14-11)或一个单独的显示区域上。

14.6.1.2 设置期待的距离(时间间隔)

期待的距离与个人偏好有关,但它也会受到交通状况和天气条件的影响。为了满足这些要求,制造商最少会在 1.0~2.0s(时间间隔)设置 3 种不同的选择。这里有很多种不同的操作理论。除了通过一个装在副仪表板活操纵杆上的转轮不断调节速度之外,驾驶速度调节器还采用了分级开关或按钮,用于调节程序顺序(如长、中、短、长、中……),如图 14-13 所示。时间间隔变化后,驾驶员能通过选好的反馈方式得到显示屏上的反馈。2 种展示的方式如图 14-14 所示。

只能进行制动,无法产生加速度。这样仍有停止减速的可能性,为了完成跟踪行驶,驾驶员需要手动重新激活全部功能。

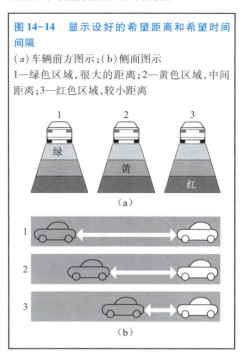

图 14-14 显示设好的希望距离和希望时间间隔
(a)车辆前方图示;(b)侧面图示
1—绿色区域,很大的距离;2—黄色区域,中间距离;3—红色区域,较小距离

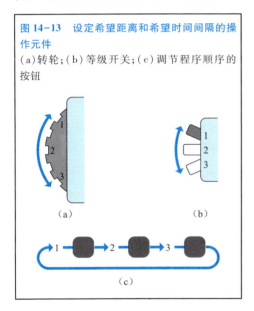

图 14-13 设定希望距离和希望时间间隔的操作元件
(a)转轮;(b)等级开关;(c)调节程序顺序的按钮

14.6.1.3 物体识别展示

除了必须有的希望速度和希望距离的显示,还能有物体识别的显示。它能够告知驾驶员 ACC 传感器是否识别到相关物体,如果这个物体的前进速度比设置好的希望速度慢,就要对速度进行调节。图 14-15 展示了 2 种结构形式。

14.6.2 反激活

反激活类似常规的行驶速度调节:通过关闭开关或通过制动。部分反激活需要打滑控制系统(ESP、ASR)的干预。在这个过程中

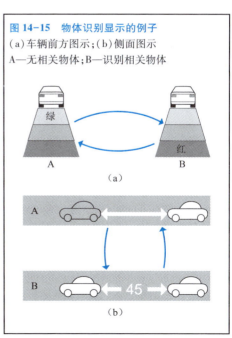

图 14-15 物体识别显示的例子
(a)车辆前方图示;(b)侧面图示
A—无相关物体;B—识别相关物体

14.7 功能边界

14.7.1 速度范围

ACC 系统主要是用于高速公路或较快的乡间公路行驶时。现在使用的传感器能在宽度上完全覆盖本车道（笔直的路段上），覆盖距离约为 40 m，但在有急拐弯的道路和城市道路上对前方车辆的识别就会受到限制。

出于这个原因，ACC 系统（根据系统布置）的速度下限在 30 km/h 的范围内。由于 ACC 系统是舒适性系统，它们的速度上限在 160~200 km/h 的范围内。

14.7.2 纵向动力性

由于无法保证完全正确的调节反应，所以最好对调节的效果（指车辆加速和车辆减速）做一下限制。这种限制既和完全的加速有关，也和它带来的时间改变有关。

加速度的上限值在常规速度控制时也很常见（0.6~1.0 m/s²），但 ACC 主动减速时的减速加速度却确定在 2.5 m/s²。这个值在多数情况下能满足车速变化要求。这个驾驶员能明显感知到的减速值只相当于在干燥车道上最大减速值的四分之一。

考虑到同样受限制的雷达传感器的作用范围，受限制的减速能力会导致最大的速度差异能在驾驶员不干预的情况下由 ACC 平衡。

由此导出的对更大识别范围的要求（为了更早做出反应）由于以下原因不能被满足：

- 距离变远时，对物体进行归类的准确性就会降低。
- 当速度差异很大时，前方车辆可能会加速。只有在与目标物体的距离很近时才能确定是否有这种情况发生。

由此就产生了目标分歧：速度差异大时需要及早做出反应，但这种情况下前方车辆有很大可能会加速，因此不应该过早减速。

- 考虑到前行车辆或 ACC 车辆可能变道，反应开始不仅要根据距离来确定，还要将物体归到本车道来确定。因此驾驶员在变换车道时也要预料到，速度差异可能无法通过 ACC 来平衡。

- 在半径低于 1 000 km 的弯道时，ACC 传感器的视野会受到路边遮挡物和旁边车道上的车辆影响，因此虽然在弯道上也能进行跟踪行驶，但受限的视角使得它无法对一个突然出现的车辆做出及早的反应。

虽然在其中一种或多种情况下，它能够做出合适的反应，但它经常会给透明度造成压力，并因此导致驾驶员无法做出评价。

14.7.3 静止的物体

原则上，ACC 能够分辨出静止的物体和行驶的物体。雷达系统测量出一个物体的相对速度 v_{rel}，通过将它与 ACC 车辆自己的速度 v_F 对比得出物体的绝对速度 v_j。

$$v_j = v_F + v_{rel,j}$$

考虑到测量误差和信号时间上的延迟，当速度低于约 5 km/h 时就将物体视为静止。

对静止的物体，ACC 会关闭跟踪调节。这里主要有两个理由：

- ACC 是一个舒适性系统。它的减速能力不能使车辆及时停在一个静止的物体前。
- 目前技术上很难只在雷达信号的基础上做出准确的判断：正在处理的是个什么样的物体、它是否位于本车道上。车道两旁有很多静止的物体，ACC 很可能会针对这些物体做出错误的反应。

由于这些原因以下限制会起作用：

- 传感系统只对低速范围的静止物体进行分析。
- 只对行驶或突然静止的物体（之前被识别为行驶的物体）做跟踪调节。这样就能避免因为路边静止的物体做出错误反应。
- 识别出本车道有静止物体时，要避免 ACC 给车辆加速。

14.8 安全性方案

14.8.1 安全性方案的任务

安全性方案的目标是避免发生危险的驾驶状况和车辆状态，同时减少由安全措施给出的使用限制。

在发生错误时，安全性状态要满足 2 个基本要求：第一个是由控制器要求的故障安全行为，也就是说，在错误发生时不能发出雷达射束并且执行器不能加载给定值;第二个要求是,ACC 控制器任何时候都不能损害剩下的控制器联合。

14.8.2 构建安全性方案

大家都知道,安全相关系统的监控程序是多样而冗杂的。在做多样的信息处理时,要在控制计算器上针对不同的类型使用不同的软件进行整体的计算。重复使用软件和硬件便产生了冗杂性。

为 ACC 控制器专门开发了一款监控方案,它基于 ACC 专有的计算机结构,并且满足了任务的复杂性和计算特殊的要求。ACC 控制器通过 2 个计算机处理器结构以及组合在一起的内部通信满足了关于冗杂硬件结构和监控元件的安全性要求。

ACC 控制器的监控方案把自己分到了位于 2 个控制元件及外部伙伴控制器上的 3 个逻辑层面上。

14.8.2.1 组件监控层面

这个层面产生于 2 个控制器中的 2 个独立的部件。它只能发现控制器周围发生的错误(如监控雷达收发器、识别传感失调、监控 CAN 数据总线)。计算逻辑的监控不在这个范围内。

14.8.2.2 功能监控层面

这个层面也是独立地处在 2 个控制器中。每个控制器实施自己计算逻辑的试验。每个控制器按照自己的计算逻辑运行。它还包括位于 ACC 控制器之外的可信性程序,它们由伙伴系统运行,能检测 ACC 的重要性和可信性。由此可以识别出 ACC 功能的错误,这些错误会导致不可信的 CAN 信号或不规则的 CAN 发送循环。功能控制的例子是处理器内部的硬件测试、处理器内部的校验和测试、CAN 校验和测试、CAN 重要数据。

在 ACC 控制器中也有对伙伴控制器的可信性测试。

14.8.2.3 互相控制层面

这个层面包括 2 个控制器在一个共同的控制结构下的合作。它与功能层面的主要区别是:监控和要监控的功能不在同一个硬件上运行,这 2 个控制器间会进行相互控制。

相互控制的例子是校验和测试、对内部交流的实时监控、对测试任务的计算和相互检验。

14.9 继续开发

到现在为止,ACC 系统在功能性范围内仍有一定的局限性,它会受到功能受限的传感和执行系统的影响。这就使得 ACC 只有在车速高于 30 km/h 时才能起作用,不能减速至停止状态也不能针对静止的物体进行调节。这些都是开发 ACC 下一代产品的挑战。在产品护理的框架内,未来系统在目标选择和更好地识别较近区域内物体方面显示了更高的可靠性。这就使得 ACC 也可用于堵车的路段。

不久前开发了除堵车外都可应用的 ACCplus,它的功能将在未来几年内实现。

14.9.1 ACCplus

在 ACC 传感器的基础上,ACCplus 能在 0~200 km/h 的车速范围内调节车辆,也就是说,它可以制动至车辆停止。为了达到制动舒适性,车辆需要配置一款舒适优化过的制动系统,由于更强的制动压力它能承担更高的总负荷。

重新启动的战略是:驾驶员启动,系统接手工作。出于产品责任,不考虑自动启动。

14.9.2 带"堵车跟踪行驶"功能的 ACC

功能扩展的下一步是堵车跟踪行驶的功能(低速跟踪,LSF)。为了实现这个功能,需要结合远程雷达、中间区域,以及近距离传感器的信息。

一个德国的汽车制造商提供了由 1 个远程雷达和 2 个近程雷达结合的系统。近程雷达传感器的识别范围明显更广,并且它能够准确地识别插入的车辆。这个功能还允许将车辆减速至静止状态,并且在前方无障碍时能按照驾驶员的要求加速。

通过将 ACC LSF 和视频传感器结合,能够实现在所有速度领域包括在城市路况上的纵向控制(全速度领域(FSR))。各个传感器检测领域的重叠能使得这种联合下检测的可信性进一步提升,如图 14-16 所示。

14.9.3 ACC 和导航的结合

在电子地图的帮助下,理论上能确定预测到一定距离外的弯道信息。在已有的支持点的基础上,通过内推能在 50 m 之前确定弯道。但也会出现一些原则性的问题,如电子地图不准确或地图未更新,不再适用于现在路况。但总的来说,地图的数字化质量也在不断被优化。根据更多的信息,如车道数或者道路类型等,未来会有新的应用。

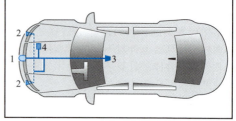

图 14-16　ACC FSR 传感系统
1—远程雷达;2—近距离传感器(选装);3—摄像机;4—舒适优化的制动系统

15 安全性系统

驾驶员辅助系统能够帮助避免事故的发生,它的目标是实现无事故行驶。它通过越来越有效的电子系统和优化的传感技术来尝试接近这个目标。在无法避免事故发生的情况下就需要采取措施以减轻事故的后果。第一款被动安全系统和安全带一起被应用到卡车上后,德国1970年规定前座必须有安全带,1979年规定后座也必须有安全带。带安全带的义务在1976年被引入。自20世纪80年代以来,电子系统大大提高了发生事故时乘员的安全性。

15.1 乘员保护系统

被动安全系统在事故发生时会减小作用在乘员身上的力,这样就减轻了事故的后果。下列乘员保护系统起到了很大的作用:
- 带约束力和预紧器的安全带系统。
- 不同的气囊。
- 翻车保护系统。

带预紧器的安全带系统起到了最大的保护作用,因为它能够吸收乘员50%~60%的动能,和前部安全气囊配合作用(在释放时间掌握最佳的情况下)能将能量吸收提高到约70%。

为了达到最佳的保护效果,整个乘员保护系统的所有部件之间要相互配合。这能通过合适的传感器和快速的信号加工达成。安全带预紧器、安全气囊和翻车保护系统的控制系统都布置在一个组合控制器中。

图15-1为电子碰撞保护系统示意图。

15.1.1 安全带和安全带预紧器

15.1.1.1 任务

安全带的任务是:当车辆碰撞到障碍物时将乘员拉回到座位中。这样,在碰撞的过程中乘员能很早地与车辆一起减速,如图15-2所示。带自动卷收器的三点式安全带是标准安全带,它越来越多地应用于车辆后排中间座椅。可调节座椅上的安全带锁直接被固定在座椅上,卷收装置被固定在B或C立柱上。

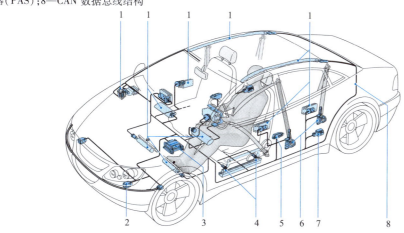

图15-1 电子碰撞保护系统
1—带气体发生器的安全气囊;2—前部传感器;3—安全带预紧器,前部、侧面气囊和带翻车传感器的翻车保护装置的中央控制器;4—智能螺栓;5—外围压力传感器(PPS);6—安全带预紧器;7—外围加速度传感器(PAS);8—CAN数据总线结构

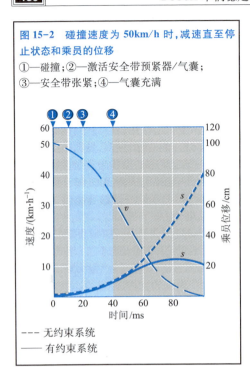

图 15-2 碰撞速度为 50km/h 时,减速直至停止状态和乘员的位移
①—碰撞;②—激活安全带预紧器/气囊;
③—安全带张紧;④—气囊充满

--- 无约束系统
—— 有约束系统

安全带调节得不够紧(如冬天穿的衣服比较厚)就会出现过松的现象。由于衣服是软的,发生碰撞事件时乘员不能及时与车辆同步减速。这样的话乘员就会继续向前运动,安全带的保护作用就被减弱了。另外,安全带自动缩回装置的反应过慢以及安全带变长也会使安全带过松。

在安全带过松的情况下,车辆以 40 km/h 的速度与坚硬物体发生正面碰撞时,三点式安全带的保护作用是有限的,因为头部或身体有可能会碰到方向盘和仪表板。在发生碰撞时,安全带预紧器会把安全带拉到靠近头部的位置并使上身尽可能贴紧到椅背上。这样就能避免乘员由于惯性过度向前移动,因此安全带预紧器优化了三点式自动安全带的约束性能,增强了它的保护作用。

为了达到最优的保护效果,车内乘员要尽可能地与车辆减速保持同步,不与座椅发生位移。碰撞发生后安全带预警器很快被激活并采取措施以尽早确保对乘员的约束作用。安全带预紧后可发生的最大位移为 2 cm,这个机械拉紧力会持续 5~10 s。

安全带预紧器对正面碰撞来说特别重要,它也越来越多地用于侧面碰撞。因为发生这类事故时,拉紧的安全带也能起到保护乘员的作用。

15.1.1.2 结构和工作方式
15.1.1.2.1 肩部安全带预紧器

肩部安全带预紧器在发生碰撞时,可以消除安全带过松的状态和胶卷轴效应,它会卷起安全带并收紧。安全带就能尽早起到保护作用。

在碰撞发生后的前 20 ms 内、速度为 50 km/h 时,这个系统能完全发挥它的作用。40 ms 后气囊会完全打开,这一过程中它能起到辅助保护的作用。

激活时,系统通过电火花引燃驱动(图 15-3,位置 3)。释放出的气体压力作用于活塞,它通过钢索拉动安全带滚轴旋转,从而对乘员身上的安全带进行预紧,因此安全带在乘员刚开始发生位移时就被拉紧了。通过安全带预紧器,安全带能在 10~12 ms 内被拉回。

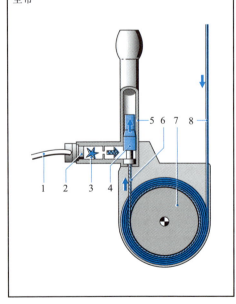

图 15-3 肩部安全带预紧器
1—点火导线;2—点火元件;3—燃料;4—活塞;
5—气缸;6—钢索;7—安全带卷收器;8—安全带

15 安全性系统

集成在控制器中的加速度传感器能对安全带预紧器进行去激活。为了保证快速、准确地识别事故,车辆前部还安装了一些分散的传感器。主要使用了卫星的加速度传感器。控制器中的评估系统不断读取传感器的数据并进行计算,不管会不会发生事故。

电火花引燃驱动是一个不可逆转的过程,因此要对点燃的决定做出确认,并将其与驶过如道路边石区别开来,因为驶过这类路障不需要激活预紧器。这种信号加工要在短时间内完成,这样才能在发生碰撞时及时激活预紧器。

15.1.1.2.2 安全带锁预紧器

由压力或者弹簧系统激活后,安全带锁会向后移动,从而同时拉紧肩部和腰部的安全带。它加强了约束作用,还能够防止安全带下滑(潜水效应)。

它的发生时间和肩部预紧器的发生时间一致。

15.1.1.2.3 2个安全带预紧器结合

一条安全带上用2个预紧器(肩部预紧器和锁头上的预紧器)能够增长拉紧路径,从而获得更好的约束效果。肩部预紧器激活后,碰撞达到一定强度或已过了一段时间才能激活锁头预紧器。

15.1.1.2.4 安全带力限制器

一种方案是预紧器会拉紧安全带(如用大约4 kN的力),将乘员拉至座椅靠背上。在安全带上的力过大时安全带就会变长,而乘员会发生的位移也会变大,动能也就转化为变形部件的变形能。变形部件有安全带卷收器轴中的扭力杆和安全带上的裂缝等。

另一种方案是电控的、只有一个等级的安全带力限制器,它在前气囊已二级释放一段时间后——气囊已充满的情况下——并且位移达到一定值时,通过激活一个点火元件将安全带力降低到1~2 kN(如通过安全带裂缝)。

对安全带力的限制能够防止加速度过大,避免导致锁骨、肋骨折断或造成内伤。

15.1.1.2.5 继续开发

安全带预紧器的性能在不断被优化。高性能的预紧器能在大约5 ms内卷收约15 cm长的安全带。

未来安全带力限制功能会分2级,它通过预紧器中的2个扭力杆或1个扭力杆、1个弯曲金属片来实现(应用时间不同)。

15.1.2 前部安全气囊

15.1.2.1 任务

前部安全气囊的作用是,在车辆和障碍物发生碰撞时(也就是正面碰撞)保护驾驶员和副驾驶座乘员的头部和胸部,避免他们受伤,如图15-4所示。在发生严重碰撞时,只

图15-4 带安全带预紧器和前部气囊的乘员保护系统
1—安全带预紧器的卷收方向;2—副驾驶的前部气囊;3—驾驶员前部气囊;4—控制器

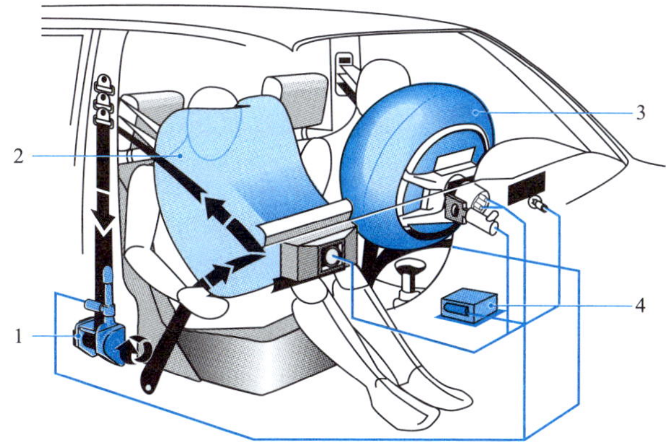

靠安全带无法防止头部碰到方向盘或仪表板。完成这项任务时，安全气囊由于生产地、车辆类型和结构变形特性等因素会有不同的、与车辆性能相适应的充填量和形状。

当安全带和气囊完美配合时对乘员的保护效果最好。

15.1.2.2 工作方式

加速度传感器识别到车辆碰撞时，火花式气体发生器会快速打开驾驶员和副驾驶的安全气囊，如图15-5所示。为了达到最好的保护效果，在乘员埋入气囊前，它需要被完全充满。当乘员碰到气囊时出气口会打开放掉一部分气体。乘员受到的冲击力以伤害很小的表面压力值和减速值被轻柔化解。

气囊膨胀的速度和膨胀后的硬度会受两级气体发生器第二级激活时间的影响。

驾驶员侧气囊完全膨胀起来之前，允许

图15-5 驾驶员气囊快速打开的过程

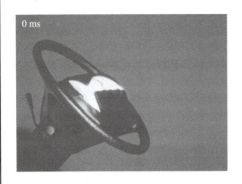

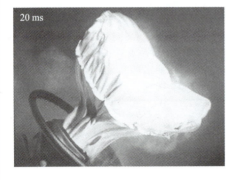

驾驶员发生的最大位移是12.5 cm。换算为时间是碰撞发生后约40 ms（假设以50 km/h的速度与坚硬的障碍物发生碰撞）。电子传感器识别到碰撞需要10 ms，气囊膨胀需要30 ms。再过80~100 ms放气口会被打开，气囊开始放气。整个过程持续十分之一秒多一点。

15.1.2.3 碰撞识别

碰撞产生的减速会被1个（或2个）检测车辆纵轴方向的、一般集成在控制器中的加速度传感器识别到。在这个基础上可以计算出速度的变化以及乘员发生的位移。为了更好地识别斜向或者偏头碰撞，可以使用车辆横向上的加速度传感器进行评估。

另外，还需要对碰撞进行评估。在车间对车辆进行敲击、发生轻微的碰撞、颠簸、驶过路边石或凹坑时，气囊不应该被激活。传感器接收到的信号在控制器中被加工，通过

15 安全性系统

碰撞数据模拟提高它的灵敏性。

因为会受到如装备和车身变形性能的影响，加速信号在每个车都有所不同。它能决定调节参数，这对激活算法的灵敏性，进而对气囊和安全带预紧器的激活有很大的作用。

为了防止可能的传感器损坏造成气囊无法激活，气囊控制器中至少还应该有一个加速度传感器。发生事故时，这个传感器也会超过预定的阈值，从而激活气囊。

根据碰撞的类型和严重程度，安全带预紧器的第一次激活会在 8～30 ms 内完成，气囊的第一次激活会在随后的 10～50 ms 内完成。

15.1.2.4 恰当地激活

为了避免发生与安全气囊有关的伤害，如乘员脱离座位（如过度前倾）或儿童位于面向后的儿童座椅中时，前气囊的激活与充气要根据情况合理地进行。为此有下列的措施：

- 通过手动的反激活开关能关闭副驾驶座的气囊。
- 带有标准化固定装置的儿童座椅（ISOFIX 儿童座椅）越来越多。装在固定锁中的开关能自动关闭副驾驶座气囊，它会通过仪表板上的一个特殊的灯来显示。

15.1.2.5 降低威力的安全气囊

美国正在尝试通过引入降低威力的安全气囊来降低充气过程的压力。这种安全气囊的气体发生器功率降低了 20%～30%，如此一来，气囊的充气速度和完全碰撞后的硬度也就有所下降，乘员脱离位置时会发生的受伤风险也就变小了。这种安全气囊容易被体型较大的乘员穿透，它对能量的吸收力较弱。

目前在美国受推荐的是低风险方案。当脱离座位的情况发生时，只对前气囊进行一级激活。碰撞严重时进行二次激活，让气体发生器以最大功率工作。

低风险方案的另一个特点是，发生器处于一级状态时排气口是一直被打开的。

15.1.2.6 智能气囊系统

通过改善并增加传感器功能和气囊膨胀过程的控制功能可以在优化保护作用的同时逐步降低受伤的风险。这些功能改善包括：

- 通过进一步优化激活算法进行碰撞强度识别，如通过使用 1 个或 2 个前部传感器。随后是安装在变皱区域（如在散热器横梁上）上的加速度传感器，它能够很早地识别不同的碰撞类型（如 ODB 偏置变形障碍碰撞、碰到木桩或冲到卡车下）并作出相应决定。它还能对碰撞能量做评估。在一些不太严重的事故中，安全带预紧器的保护作用已经足够，这种情况下就无须激活安全气囊（减少维修费用）。
- 安全带使用识别。
- 有无乘员识别、乘员的位置和重量识别（乘员分类）。
- 使用有（与乘员重量相关的）安全带力限制器的安全带预紧器。
- 座椅位置和椅背倾斜识别。
- 使用带多级或一级气体发生器的前部安全气囊和由电火花驱动的排气阀。能够多级激活的系统可以根据事故的严重程度和事故的类型选择合适的充气速度和膨胀后的气囊硬度。
- 通过和其他系统进行数据交换，如 ESP（电子稳定性控制程序）和环境传感器可以利用碰撞发生前的信息进一步优化约束系统的激活。例如，通过使用 ESP 数据可以在某些特定事故发生时尽早激活侧面车窗安全气囊。

15.1.2.7 膝部气囊

一些车型把前部安全气囊和可充气膝部垫层结合到了一起，以保证"Ride Down Benefit"，也就是保证乘员的减速与车辆的减速一致。它确保了上身和头部的旋转式前移，这是使气囊起到最好保护作用的必要条件。

此外，膝部气囊还可以避免乘员碰到仪表板横梁上，降低这个范围内的受伤风险。

15.1.3 侧面安全气囊

15.1.3.1 任务

侧面安全气囊能够沿着车顶断面和车门对头部进行保护（如充气管系统、车窗气囊、充气帘)或者在椅背部分(空腔)进行上身保护。在发生侧面碰撞时,它能够实现对乘员的软拦截,避免他们受伤。

15.1.3.2 工作方式

由于缺少变皱区域,并且乘员和车辆侧面间的距离较小,在适当的时间打开侧面气囊就变得特别困难。发生严重侧面碰撞时,碰撞识别和激活侧面气囊的时间在 5~10 ms。打开大型空腔气囊最多需要 10 ms。

通过汽车周围、侧面加速度传感器和压力传感器的评估能满足这些要求。这些传感器安装在车身上的合适位置上,如 B 立柱或门。

一个方案是外围加速度传感器(PAS)通过一个数字接口将加速度值传送给中央控制器。只要横向加速度传感器通过可信度控制能确认发生了侧面碰撞,这个控制器就会激活侧面安全气囊。

另一个方案是在车门空腔中安装外围压力传感器(PPS),它能感知车门变形引发的压力变化(空腔中的气压),由此它可以快速识别车门碰撞。可信度的测定需要通过安装在外围支撑结构部件上的 PAS 来进行。它的识别速度明显要比横向加速度传感器快。

15.1.4 翻车保护系统

15.1.4.1 任务

当车辆翻倒时,开放式机动车如敞篷车没有用于保护和支撑的车顶结构,因此翻车传感器和保护系统主要用于无固定保护弓架的敞篷车和跑车。

现在翻车传感器也用于封闭式乘用车。发生碰撞时存在以下风险:未系安全带的乘员通过侧窗被抛出车外然后被自己的车压过,或者系了安全带的乘员的身体部分(如胳膊)伸出窗外然后被重伤。为了防止这些情况发生需要激活已有的约束系统,如安全带预紧器、侧面和头部安全气囊。敞篷轿车还会用到可拉出的翻车保护弓架或暗盒(可拉高的头枕)。

15.1.4.2 工作方式

现在的传感方案在达到一定值并且只在发生纵轴方向上翻转(最常见的翻转)时被激活。博世的传感方案中有一个表面微型机械转速传感器和在车辆横向与竖直方向(y 和 z 轴)上的高分辨率加速度传感器。

转速传感器是主要的传感器,y 和 z 轴上的加速度传感器既用来做可信度检验又用来识别翻转类型(上斜式翻转、下斜式翻转、撞击路边石引发的翻转或者被地面卡住引发的翻转以及 Soil-Trip 翻转)。博世把这些传感器集成到了气囊激活器中。

要根据翻车情况、转速和横向加速度合理应用乘员保护装置,也就是说自动选择后,针对相应翻车过程的合适的算法模块会在 30~3 000 ms 后被激活。

15.1.5 气囊控制器

在发生正面碰撞、偏置碰撞、斜向碰撞或基桩碰撞时,通过火花和电子点火的共同作用,前部气囊和安全带预紧器能起到对号入座的保护作用。为了实现 2 个保护装置的作用最大化,它们要由一个共同的、装在驾驶舱内的控制器(气囊控制器)适时激活。另外,对侧面安全气囊和翻车保护装置的控制也要结合到一起。

中央电子控制器,也叫激活控制器,主要有以下功能(图 15-6):

- 通过加速度传感器和安全开关(老控制器中的机械加速开关)进行碰撞识别或者通过 2 个加速度传感器、无安全开关(冗余的、全电子的)进行碰撞识别。
- 发生不同类型的、车辆纵向上的碰撞时,对前安全气囊和安全带预紧器进行适时的控制(如前部、偏置碰撞、斜向碰撞、基桩碰撞和后部碰撞)。
- 通过转速和加速度传感器进行翻车识别,在低的 g 区域(大约 $5 g$,$1 g = 9.81 \text{ m/s}^2$)中,识别 y 和 z 加速度(横向或竖直方向的加速度)。
- 控制翻车保护装置。
- 为了激活侧面安全气囊,需要控制器中的中央横向加速度传感器、2 个或者 4 个边缘加速度传感器以及每个车门空腔内的一个压力传感器(外围压力传感器(PPS))一起工作。

15 安全性系统

图 15-6 气囊的中央电子控制器(方框图)

连接器符号
连接器 30　直接的 Plus 电池,不需要通过点火锁
连接器 15R　可关闭的 Plus 电池,在"收音机""点火锁打开"或"启动器"位置的点火锁
连接器 31　车身参数(控制器连接的位置上)
缩写
CROD　　碰撞输入数字
OC/AKSE　乘员识别/自动儿童座位识别
SBE/AKSE　座椅涂层识别/自动儿童座位识别
CAN low　控制器领域网络,低电平
CAN high　控制器领域网络,高电平
CAHRD　　碰撞时对驾驶员主动的头部支撑
CAHRP　　碰撞时对乘员主动的头部支撑
UFSD　驾驶员前部传感器　前排乘员
BLFD　安全带锁(开关)前排驾驶员
BLFP　安全带锁(开关)前排乘员
BLRL　安全带锁(开关)后排左边
BLRC　安全带锁(开关)后排中间
BLRR　安全带锁(开关)后排右边
BL3SRL　安全带锁(开关)第三排左边
BL3SRR　安全带锁(开关)第三排右边
PPSFD　外围压力传感器　前排驾驶员
PPSFP　外围压力传感器　前排乘员
UFSP　前部传感器　乘员
PPSRD　外围压力传感器　后排驾驶员
PPSRP　外围压力传感器　后排乘员
ZP　点火器 1-4 及 21-24
FLIC　循环集成电路
PIC　周缘集成电路
SCON　安全控制器
μC　微型控制器

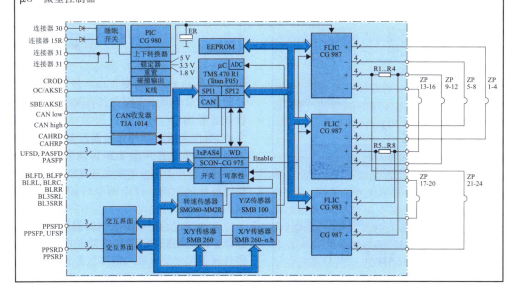

- 为了应对车载电池供电被中断的情况，预先进行压力转化和能量储存。
- 对安全带预紧器进行选择性激活，与对安全带锁的询问有关：只有在安全带锁被插入的情况下才能激活安全气囊（通过安全带锁开关识别）。
- 根据安全带使用状态和座椅衬垫状态，对二级安全带和二级前部气囊预紧器设置多个激活值。
- 录入乘员分类信号并激活相应的约束件。
- 看门狗：发生碰撞时，气囊激活器必须满足在无法激活和修正激活方面的高安全要求。因此，2003年开始使用的博世第九代安全气囊（AB9）中安装了3个独立的硬件——看门狗。
- 为了终止事故发生后的紧急呼叫并激活二次安全系统（报警闪光灯、打开中控锁、关闭油箱、断开电池等），气囊控制器会发出关于已识别的碰撞信号，如通过CAN总线。

15.1.6 气体发生器

气体发生器给气囊充气以及安全带预紧器的操作由一个电子点火元件激活。气体发生器通过填充气体充满气囊。

点火器（图15-7）包括一个装有燃料的罐和一条点火线。点火器通过一个连接销和一根双股线和气囊控制器连接到了一起。为了激活气囊，控制器通过点火输出级制造电流，电流在点火器中顺着点火导线流动。它能够点燃并激活燃料。

装在方向盘毂中的驾驶员气囊（容量约60l）以及装在手套箱区域的副驾驶气囊（容量120l）在点火后约30 ms内被充满。

15.1.7 交变电流点火

为了避免点火元件接触到车载电压（如线束发生绝缘故障）造成无意的激活，点火元件须由约80 kHz的交变电流脉冲激活（AC Firing）。点火元件插头中，一个插在点火线圈上的小的点火电容器，通过镀锌将点火器和直流电分开。这种同车载电压的分离避免了无意激活情况的发生，也就是当没有激活气囊

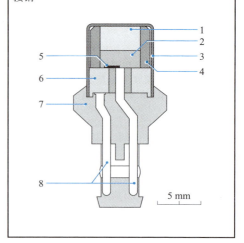

图15-7 气囊激活的点火器
1—燃料；2—电点机组；3—盖子；4—燃料罐；5—点火线；6—炙热引燃头；7—外壳；8—卡接销

的事故发生后，通过救援剪刀把乘员从变形车内救出来时，转向柱内的点火导线会被分离然后由于拉扯发生短路。

15.1.8 车内传感器

15.1.8.1 乘员识别

一个带iBolt（智能螺栓）的、测量绝对重量的程序可用于乘员分类。这个能测量力的iBolt（图15-1，位置4）将座椅框架固定在滑板上，它可以替代原来用于固定的4个螺栓。它能测量出它的套管（头）和通过一个霍尔元件连接在滑板上的内部螺栓之间的距离改变，这种改变和重量有关。

15.1.8.2 脱离位置识别

下列可选程序可用于脱离位置识别：
- 飞行时间识别（TOF）：这个系统发出远红外线脉冲并测量与乘员距离有关的接收到反射线的时间。这个测量时间在皮秒范围内。
- 光子混合器设备（PMD）：这种图像传感器发出光线脉冲，可实现空间上的观察和三角测量。
- 车内立体摄像机，CMOS技术中的i版

本:它能识别乘员的位置、体形和姿势,它还能调节适应于每个乘员的舒适性功能(座椅、后视镜、收音机调节)。车内传感器的统一标准还不能被实施。比如,还有用于乘员分类的带超声波传感器的垫子。

15.1.9 继续开发

下列用于乘员保护的优化程序会进一步被开发。

15.1.9.1 带主动通风系统的气囊

这种气囊有一个可调节的排气口,它在乘员摔过来时通过气囊的内部压力保持稳定,这样就尽可能地降低了对乘员的压力。一个简化的版本是带"智能阀门"的气囊。这个阀门会一直保持关闭(气囊还未被放气),直到乘员摔入导致压力上升,这时它会打开给气囊放气。这样气囊的能量吸收能力就能被保持,直到它开始发挥减震作用。

15.1.9.2 自适应的、火花控制的转向柱断开装置

在发生严重碰撞时,方向盘能向前运动,这样乘员就能在一个较长的间距中被保护住。

15.1.9.3 主动安全和被动安全结合

不同安全系统传感器(此处指ESP)共同作用的例子为ROSE II(翻车传感器II)、EPCD(Early Pole Crash Detection)和PrefireESP。为了更好地识别卡在路面引起的翻车,ROSE II 使用通过 CAN 传输的 ESP 信号。通过这些数据能计算出气囊控制器中的浮游角和横向速度。由此可以确认车辆纵轴方向上运动矢量的偏差和车辆的横向运动。

为了更好地识别侧面的桩式碰撞,EPCD 也使用 ESP 的信号。在发生侧面桩式碰撞之前车辆发生了滑移这个事实也被利用,它通过 ESP 的信号被识别。车辆发生侧向运动的信息能快速激活侧面气囊的算法。

15.1.9.4 预防型 ESP

为了识别不稳定或危险的状态(过度转向、转向不足、打滑、紧急制动),预防型 ESP 使用来自 ESP 的信号。预防型 ESP 识别到一个不稳定的状态后,就会分级采取安全措施,如关闭车窗、天窗或激活能重复利用的、电动的安全带预紧器。在危险情况下,它能降低安全带松的发生概率,并降低乘员发生不受控制侧向运动的概率。借助这个功能,在接下来要发生的侧面碰撞中,侧面气囊能发挥出最好的保护作用。

为了更好地识别车辆不稳定状态,ESP 能使用 ROSE II 低加速度传感器(y-和z-方向)的信号。

15.1.9.5 预碰撞识别传感器

为了进一步优化激活功能并更早地识别碰撞类型(碰撞预识别),微波雷达传感器、超声波传感器或 LIDAR 传感器(带激光的备选程序)会接收正面碰撞时相对速度、距离和碰撞角度等信息。

可再次使用的安全带预紧器与预碰撞传感器一起工作,它是机电式的。可重复利用性使得安全带预紧器在可能会发生碰撞时就能使用。这样能在碰撞发生之初就排除安全带松的状况,乘员很早就能和车辆的减速同步。

15.1.9.6 其他气囊变形

为了优化约束作用,在安全带胸腔部分要集成气囊(气囊安全带,充气管躯干约束系统或气囊在安全带中的系统),这样能减小肋骨骨折的风险。

同样用于保护功能优化的,有充气头枕开发(通过自适应头枕避免旋转受伤和颈部受伤)、充气式座舱(防止足部受伤和骨折)、二级安全带预紧和活性座椅、为座椅前部的气囊充气,以增加倾斜角并促进乘员向前滑动(潜水效应)。

15.2 安全预警系统(PSS)

被动安全系统(乘员保护)位于很高的水平上,并通过不断降低的交通事故死亡数证

明了它的有效性。通过预报性的系统能识别出即将发生的事故,争取到重要的、更多的时间,让乘员和车辆采取措施,针对即将发生的事故做出最好的准备。

主动安全系统的导入主要通过舒适性系统,因为车辆购买者愿意为舒适性系统埋单。他认为自己的车辆有很高的安全性,所以不愿为安全系统付额外的钱。通过这种过渡产品人们会认为舒适性系统传感器发出的信号同时也能用于安全性系统。

对性能的最高要求通过预报性安全系统(PPS)来实现,如在所有状况下,主动避免事故的发生。它共有3个等级。

15.2.1 预报性的驾驶员辅助系统

为了完全介入车辆行驶状态、避免事故发生,需要使用预报性的驾驶员辅助系统。它通过观察车辆周围环境的传感器测量识别到的物体和自己车辆的相对速度,尽早发现危险的状况,由此提出警告,并逐级对车辆进行干预。

68%的追尾碰撞事故是由没注意导致的(来源:事故数据NHTSA,国家公路交通安全管理局)。除了注意力不集中和行驶密度过高导致了11%的追尾事故,9%的追尾事故是仅由行驶密度过高导致的。也就是说88%的追尾事故能通过驾驶员辅助系统在纵向行驶上干预。

图15-8展示了发生事故时对制动行为的分析(来源:GIDAS,德国深度事故研究,德国最大的事故数据提供方之一)。GIDAS数据库表明,只有在1%的事故中真正采取了完全制动。在约45%的碰撞中只采取了部分制动,尽管当时的情况要求采取完全制动。在多于50%的事故中根本没有或只稍稍采取了强制动(制动加速度<2 m/s²)。

这个分析证实,注意力不集中是引发追尾事故的最重要因素。它也说明,如果预报性的驾驶员辅助系统能帮助驾驶员进行制动、加快制动过程或通过计算机干预制动,那么它将对避免事故发生或减小事故后果有很大的作用。

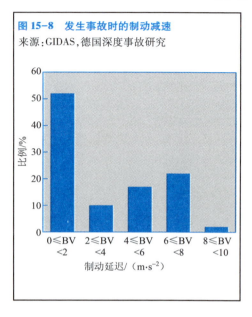

图15-8 发生事故时的制动减速
来源:GIDAS,德国深度事故研究

为了实现驾驶员辅助系统在纵向引导方面的作用,定义了一个分为3个级别的过程。所有的等级都基于ACC系统(自适应巡航控制)的雷达传感器,因为只有它能提供对前行车辆的、快速而准确的远程测量,并同时给出它的相对速度。这个辅助系统一直处于激活状态,即使ACC系统处于关闭状态。

15.2.1.1 级别1:制动装置的准备

在第1级中(预先的制动辅助(PBA),2005年量产),系统让制动装置做好紧急制动的准备。在可能发生事故的情况下,生成制动压力,把制动片放在制动盘上并调整液压制动助力器(降低它的激活值)。这样驾驶员在完全制动之前就获得了重要的不到1 s的时间。这时候如果他采取紧急制动就能收到最快的制动反应,负加速度的值也最优,如图15-9所示,因此制动路径也最短。制动停止时,为车辆准备的措施也中断。如果事故发生,这个系统就能减轻事故后果。

一个典型的可能导致事故的情况是,在高速公路上,自己车道前方突然插入车速很低的车辆。如果自己的车速为140 km/h,40 m外出现的车辆速度为80 km/h,预报性安全系统会在0.2 s内做好紧急制动的准备。

15 安全性系统

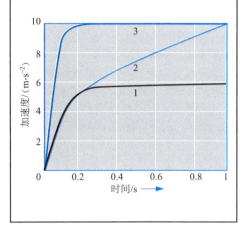

图 15-9 带制动辅助系统的负加速度
1—未达成制动；2—慢速制动；3—在制动助力系统帮助下的制动

紧急制动时，制动装置的快速反应能为驾驶员争取到时间，在制动盘干燥的情况下能争取到 30 ms。只这一点就能一定比例地降低追尾事故发生率。当制动盘湿润时（通过预先充满来擦干），这个降低的比例会更高。

另外，在事故即将发生时，积极地影响制动过程（图 15-9 中中间的那条线）可以进一步降低事故发生率。

在多于半数的碰撞中，车辆没有减速直接撞到障碍物上。预报性安全系统会通过 2 个连续反应来影响这种类型的事故。

15.2.1.2 级别 2：发出碰撞事故警告

碰撞预警（PCW）预测性系统不仅会让制动系统（PBA 的功能范围）做好准备，它还会在将要发生危险状况时适时提醒驾驶员，这样在很多情况下就能避免事故的发生。系统会激活短的、强大的制动脉冲。如一项驾驶员研究展示，制动脉冲能有效地把驾驶员的注意力吸引到驾驶状况上来，因为人们对这种运动式的警告会作出最快的反应。系统可以用视觉或听觉信号或者通过拉紧安全带的方式来代替或者辅助制动脉冲。

PCW 主要用于 PBA 起作用的事故，或如图 15-8 所示完全未制动的情况（约 52% 的追尾事故）。

在之前展示的例子中，PCW 针对突然驶入的车辆完成紧急制动准备只需要 0.2 s。和第一代安全系统不同的是，当驾驶员在接下来的 0.3 s 内未作出回避或制动反应时，它会警告驾驶员。在这种情况下，驾驶员可以通过回避的方式避免发生追尾事故。如果他只采取制动的话，他还能大幅降低车速。当无驾驶员警告而使得车辆未减速地碰撞到一起时，PSS 系统能降低碰撞速度并以此减轻事故严重程度。在很多情况下，系统能基于传感器信息很早地对驾驶员提出警告，这样也可以只通过制动避免事故发生。

2006 年奥迪 Q7 标配了 PCW 功能。

15.2.1.3 第 3 级：碰撞无法避免时的紧急制动

自动的紧急制动功能 PEB（预测性紧急制动），是预报性安全系统的第三个结构等级，不仅能识别无法避免的和前方车辆的碰撞，它还能在这种情况下以最大的负加速度激活自动紧急制动功能。当驾驶员没有或对警告反应不足时，它就能以此减轻事故的严重程度。

对车辆功能的自动控制要求对物体的识别和对事故风险的评价有很高的准确性。一些其他的测量系统，如摄像机传感器、雷达传感器能帮助对碰撞的不可避免性做进一步的确认（传感器数据连接）。

为了实施这种对车辆行驶状态的重大干预行为，还需要公共城市交通为这些系统的应用创造法律前提。

15.2.2 碰撞中的制动

在发生碰撞时，被后方车辆撞到的车辆经常会被撞得向前或向侧面滑动，从而导致损害加重。碰撞传感器能够识别这种情况并激活制动，使得被撞车辆能保持静止状态。这样通过很少的费用就能避免二次事故的发生，因为驾驶员在发生第一次碰撞后一般会处于受惊吓状态而无法做出快速而准确的反应。

15.3 行人保护

行人和骑自行车的人在道路上受伤害的风险很高。事故中的大多数是行人或骑自行车的人与车辆前部相撞,如果头部撞到发动机盖就会造成严重的伤害。因此欧洲关于行人保护的标准(2005年起效的EC准则)规定发动机盖的关键区域要能吸收部分碰撞能量,以降低行人受伤的风险。

通过车辆前部的结构措施,被动保护系统能降低行人受伤的风险。电控系统可以作为一个可选方案,它能够识别与行人的碰撞并控制保护系统,如活性的发动机盖。

15.3.1 电子行人保护系统

电子行人保护系统(EPP)能通过2或3个集成在前保险杠中的微型机械加速度传感器(行人接触传感器(PCS))在10~15 s内识别到碰撞。

控制器从传感器信号中计算出碰撞物的大小和坚固性,以此来分辨碰撞物是否是行人,如果不是行人的话保护系统就无须被激活。EPP功能既可以集成在气囊控制器上,又能单独用一个控制器。

与行人发生碰撞时,促动器能在不到1s的时间内把发动机盖举高8~10 cm,给撞上来的行人提供一个变皱区。

博世的系统既能控制可逆的促动器,又能控制不可逆的促动器。可逆的促动器是机电式的,它有一个能通过电磁激活的弹簧系统。不可逆的促动器由火花激活,类似于气囊系统中的气体发生器。它需要的激活时间较短。

可以替代活性发动机盖的一个方案是安装一个外部安全气囊,如安装在挡风玻璃上。

15.3.2 前景

未来将会对来自环境传感器(如摄像机)的信号进行加工,并和其他车辆系统一同实现,如驾驶员辅助系统。行人保护系统能使用环境传感器发出的信号,利用预先计算更快地针对将要发生的碰撞做出反应。

16 导航系统

导航系统近年来得到了广泛的应用。除了固定安装在车上的系统,只需要车辆供电与车辆没有其他联系的便携式导航系统占领的市场份额也越来越大。所有系统都有这些基本功能:定位、选择目标、计算路径和路线指引。

导航就是不断地将车辆的位置和之前确定下来的路线作比较。比较过后会通过视觉展示和/或语音提示为驾驶员做路线指引。

输入目的地之后,导航会在电子地图上计算出路线。通过卫星的帮助给车辆定位。

16.1 导航器

16.1.1 系统概要

导航器,就像被安装到车辆中一样,如图16-1所示,由以下部件组成:

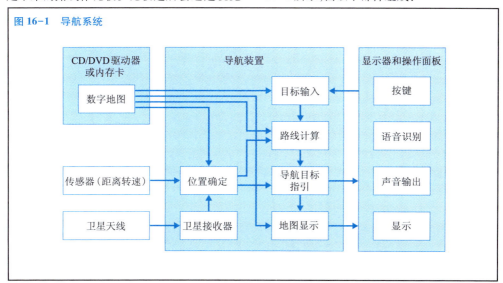

图 16-1 导航系统

- 用于接收卫星信号的天线(分开布置或作为组合天线整理到一起)、收音机和电话(选装)。
- GPS 接收器,用于处理卫星信号。
- 导航计算器。
- 操作部件,包括按钮和其他操作元件,如旋转按钮、触摸屏等(用于在菜单中输入信息,如目的地、路线选择)以及多功能显示器(显示驾驶推荐、地图和菜单引导)。
- 行驶速度传感器(信号以脉冲或数值的形式传入网络总线中)。
- 转速传感器(用于检测车辆在竖轴上的转动并识别车辆方向上的变化)。
- CD/DVD/HD 驱动器或存储卡的插接装置。
- 数字卡,如 CD、HD(硬盘)、SD 卡。
- RDS-TMC-接收器(收音机)。
- 扬声器(用于收音机系统和驾驶建议的声音输出)。

16.1.2 仪表结构

车辆出厂时可以装配固定的导航器(原装)。与便携式导航相比,固定导航的价格很高,因此它所占的市场份额不大。固定安装在车辆上的导航比便携式导航定位效果好、路线引导质量也更高,因为它有更多可用的道路和方向传感器（行驶速度传感器和转速传感器），天线的安装位置也更好。原装的系统一般与其他部件之间会有联系，因此它能够集成到车辆服务系统之中，可以通过收音机进行语音输出，这样打电话时就可以关闭输出的声音。目标跟踪的信息可以在组合仪表或平视显示器上显示出来，也就是说它可以展示在驾驶员最佳的视野范围内。

所有的功能都需要一张电子地图——不考虑非车载导航系统，它被存储在之前提到过的数据载体上。

16.2 定 位

给车辆的定位首先建立在卫星定位系统GPS（全球定位系统）上。便携式系统只能采用这种方式，而安装在车上的系统还可以采用耦合定位（在它有这种传感器的情况下）。

16.2.1 卫星定位系统 GPS

现在所有机动车的导航系统都能使用卫星定位系统GPS。这个系统基于24颗共同作用的美国军用卫星，全球都可以利用它进行车辆定位，如图16-2所示。

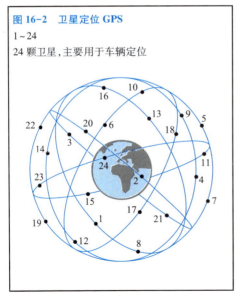

图 16-2 卫星定位 GPS
1~24
24颗卫星，主要用于车辆定位

这些卫星分布在6个海拔20 000 km的不同轨道上，环绕地球每12个小时转1圈。

它们这样分布，以保证地球上的每一点至少能看到其中4颗（最多8颗）。

这些卫星以每秒50次、每次157 542 GHz的传输频率发出位置、识别和时间信号。为了对发送时间进行高精度的确认，卫星上有2个铯表、2个铷表，它们的误差在20~30 ns内。

16.2.2 定位

不同卫星发出的信号到达车辆的时间也不同，因为传输时间不同会有时间延迟。对接收者位置的计算是通过三角测量法来实现的。当接收到至少3颗卫星的信号时，GPS接收器的计算机就能算出它的二维几何位置（几何长度和宽度，但算不出高度），存在正好满足距离条件（信号传输时间）的那一点。接收到4颗以上卫星发出的信号时，就有可能计算出三维位置。图16-3展示了二维的、简化版的这一过程。

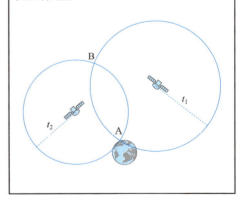

图 16-3 GPS 定位
在平面上的简化图示（二维）
卫星位置已知的情况下，以传输时间 t_1 和 t_2 为半径、2颗卫星为圆心画圆会产生2个交叉点A和B。位于地球表面上的点A就是所要找的接收器的位置。

16.2.3 准确度

能够达到的准确度和能接收到信号的卫星与车辆间的相对位置有关。卫星和车辆间的空间角度越大，定位的准确性就越高。空间角度演示如图16-4所示。这种情况下，水平面上的定位准确度在3~5 m，高度定位的准确度在10~20 m。

卫星信号的接收可能会受到一些因素影响,如图 16-5 所示。当车辆位于由高楼大厦形成的夹缝中时,只有在卫星都顺着街道方向排成一条线的情况下,车辆才能接收到卫星信号。当然,当卫星和车辆间的空间角度很小时,定位准确性也就不高了。

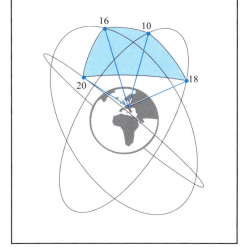

图 16-4　空间角度的演示

这个空间角被定义为由这个点(卫星位置)展开的区域相对于距地表距离平方的商数。

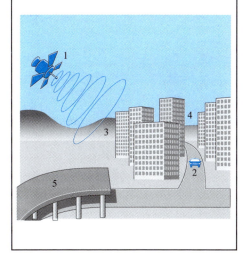

图 16-5　GPS 信号断开(例子)

1—GPS 卫星;2—车辆;3—深谷;4—由高楼形成的夹道;5—隧道和地下停车场

由于卫星信号的反射,如建筑表面镀了金属,定位时也可能会出现错误。

16.2.4　行驶方向确定

原则上来说,可以通过分析连续定位到的车辆位置来判断行驶的方向。由于定位的不准确性,在低速行驶时可能会在很短的测量路段内出现严重的方向错误。

判断行驶方向的一个较快方法是:根据由多普勒效应产生的卫星信号接收频率的不同来判断方向,如图 16-6 所示。当车辆朝着卫星的方向行驶时,导航的 GPS 接收器收到的信号频率会比卫星发出的信号频率高。而当车辆朝远离卫星的方向行驶时,接收到的频率会较低(类似于警车开过时警铃音调高度的变化)。在车速约 30 km/h 时就能够用这个效应来判断行驶方向了。

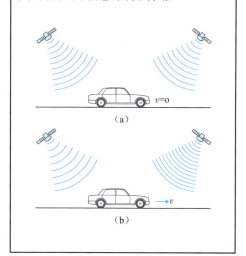

图 16-6　多普勒效应

(a)地球表面上一个固定点造成的波的扩散;
(b)行驶中的车辆造成的波的扩散

16.2.5　耦合定位

当无法接收到 GPS 信号,如在隧道中时,耦合定位也能确定车辆的位置。它根据数据和方向加上了循环收集的道路信息,原理如图 16-7 所示。

为了测量道路信息,要使用脉冲信号或者通过 ABS 或 ESP 传到网络总线上的速度信息。方向的改变可以通过转速传感器来识别。这样就可以根据绝对方向来判断车辆行驶方向,之前需要通过耦合效应从 GPS 信号中算出绝对方向。

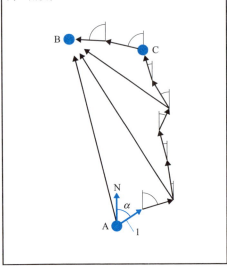

图 16-7　耦合定位(原理)
A—已知起点;B—终点;C—当前位置(计算位置);N—正北向;1—定向距离元件(偏离正北向 α 角度)

图 16-8 为耦合与卫星组合定位系统。

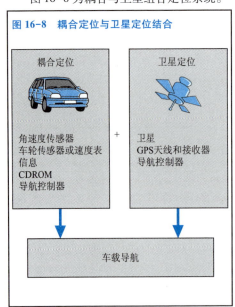

图 16-8　耦合定位与卫星定位结合

16.2.6　地图匹配

一个被称为地图匹配的程序会不断地对比车辆的位置和电子地图上的街道路线,如图 16-9 所示,这样即使在定位不准确时(比如,由于 GPS 信号缺失或耦合定位错误)也能够准确显示出车辆在地图中的位置并给出最优的路线指引。另外,它还可以弥补传感器错误和耦合定位积累的错误。

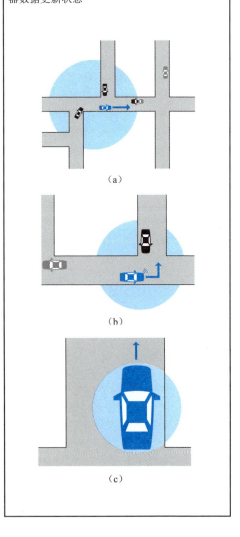

图 16-9　地图匹配
(a)GPS 的首个粗定位;(b)几米后,识别驶过的道路。通过转速传感器记录转弯;(c)位置被精确地确定,通过不断地校准电子地图和传感器数据更新状态

16.3 目标选择

为了使目的地可以以地址的形式输入到系统中,电子地图有一个目录。这就要求所有可用的位置都要录入到这个目录中。反过来,所有的位置都要与已存储的街道对应上。为了更准确地描述目的地,可以在街道上打钩或选出门牌号。

机场、火车站、加油站、停车场等有专门的主题列表,在这个列表中给出了这些目标(兴趣点,POI)。这个列表可以帮助驾驶员,比如在周围找到加油站,如图 16-10 所示。

图 16-10 带兴趣点的地图展示
彩色地图给出关于停车场、加油站、景点(POI 景点)的信息

很多系统支持在地图显示器上直接标出目的地。比如说可以通过光标按钮来控制十字线活动。很多带触摸屏的系统支持直接点出目的地。

目的地存储功能使得已查找过的目的地可以再次被调出(如最近一次查找的目的地或最常查找的目的地)。

16.4 路线计算

16.4.1 标准计算

根据现在的所在地,导航器计算出一条通往输入的目的地的路线。这个计算结果得满足驾驶员的需要。它能提供不同的选项,如:

- 根据行驶时间优化路线。
- 计算出最短的路线。
- 计算出一条平衡了距离和时间的路线(综合经济性)。
- 尽量避开高速公路、交通枢纽或者收费公路。

在输入目标半分钟内就能得到关于路线的推荐信息。问题在于离开推荐路线后的重新计算。新的路线推荐需要在达到下一个十字路口之前给出。特别是在密集的市中心,几秒钟之内就会出现这种情况。如果不能很快获得新的路线,驾驶员可能很快又会偏离刚计算出的路线。

通过一个"拥堵"按钮,驾驶员可以对前面的路段进行交互封锁,并计算出另一条路线。通过可输入的距离,驾驶员可以决定他想在多大范围内绕行。

16.4.2 动态路由

很多电台不仅是以语言形式发送交通报告,它还会发出编码。针对交通信息频道(TMC)有一个 ALERT-C 标准。TMC 内容的传播通过 UKW 电台的收音机系统(RDS)实现。

编码信号包含路障的位置、延伸范围、实际长度和故障原因。所有高速公路立体交叉点和关键点以及城市交通网中的重要十字路口都有固定的编码,它们可以用于定位。针对延伸范围要给出路障延伸的方向,以及接下来会影响哪些区域等信息。

导航系统能接收到这样的编码信号。它通过一个关联程序(见通信)将位置和延伸范围展示在电子地图上,然后确定路障是否会影响已选好的路线。如果路线会受到影响,就要重新计算路线,同时根据收到的发生路障的路段长度和发生原因评估出行驶时间会延迟多久。多数情况下导航会给出一条避开路障的新的路线,如图 16-11 所示。驾驶员会收到提示:根据交通信号计算出了新的路线。

如果绕行花费的时间比缓慢通过发生路障路段所用的时间还要长,则保持原路线不变。这种情况下,在驾驶员驶入故障路段时系统会给出注意路障的提示。

因为所需的TMC位置编码需要通过传输通道,它的数量是受限制的,在高速公路或重要的长途公路上它们会被限制在二级网上。

1998年开始有带动态目标引导的系统,它很快得到了推广。

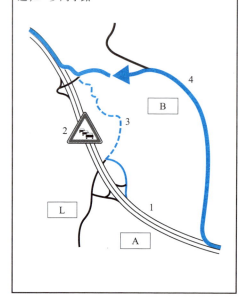

图16-11　动态目标引导(例子)

1—原来的主要路线;2—堵车;3—驾驶员估算出的备选路线;4—通过动态目标指引自动算出的经济性比较高的路线;A—高速公路;B—国道;L—乡间小路

16.5　路线指引

路线指引通过对比现在的车辆位置和计算出的路线来实现。驾驶推荐首先是声音提醒(语音输出)。驾驶员可以在视线不离开路面的情况下接收到建议。图像要尽可能在最优的视线范围内(如组合仪表),以帮助驾驶员理解。图像展示的范围很大,从最简单的箭头(图16-12(a))至大小比例很合适的地图截图展示(图16-12(b)和图16-10)。

声音或图像提醒的简洁性对路线指引的质量很重要。很多系统会提供地图显示,在地图上路线会提前显示出来。原则上来说,在行驶过程中显示屏上的地图会增加驾驶员

精力分散的风险。

图16-12　最优的目标引导例子

(a)用粗略的象形图辅助声音的目标指引;
(b)在一张地图上展示路线:交通信息(如堵车)以箭头的形式展现在地图上,给目标指引作参考

16.6　电子地图

16.6.1　地图显示

彩色显示屏上的地图根据系统的不同会有高于约1:2 000的比例,以2D、远景2D(伪3D)或真正3D的形式展示。

电子地图不仅有详细的道路网络描述,还有各个层级上的细节图示,这些图示可以与地图几种不同比例的各种细节图示相比(如图16-10和图16-12(b)所示)。这些层级是必要的,这样才能保证做远程导航时能在可接受的时间内从大量的路段中选出路线。

16.6.2 数字化

这些数据数字化的基础是高度参考官方地图、卫星照片和空中拍摄图像。不充足或未更新的部分需要进行实地测量。要对地图材料和卫星、空中拍摄照片进行手动数字化操作，接着要在数据库中输入物体的名称和分类（如道路路线、水域、边界）。

有特殊装备的车辆开过街道可以收集到更多的交通相关的特征（如单行道、通行限制、天桥、隧道、十字路口上禁止转弯），还可以实地验证已经数字化的数据。收集到的信息会录入到数据库中，随后会用于制作电子地图。

16.6.3 数据存储器

CD 广泛用作电子地图的存储器。DVD 的容量是 CD 的 7 倍，它可以存储更大区域的交通网，因此它对 CD 的影响也越来越大。

便携式系统中的电子地图最好存储在半导体芯片上（如 SD 卡），它的容量现在已超过了 CD。

第一个系统也装备了适用于车辆的硬盘。它更高的容量使地图的范围也更广。硬盘的可写性使得导航系统未来能够收集最佳路径和行驶性能方面的数据（如在不同道路上的平均速度），可用作之后导航时的参考。系统可以通过这种方式不断学习。

到现在为止，各个供应商提供的车载电子地图的数据结构是各有不同的，这就使得不同供应商或不同车型的系统间数据交换不可行。一个可以保证数据交换可行性的标准正在制作中。

16.7 交通通信

发送和接收交通相关信息并对其中大部分进行自动评估的系统属于交通通信系统。除了收费的系统，这些系统直到现在还局限于由信息中心向车辆发送信号。

车辆间互相交换信息并且不借助基础设施就能对信息进行计算的可能性，在未来的几年内会越来越受重视。

16.7.1 交通信息

目前，主要通过交通新闻来报道路障。由驾驶员或车辆的导航系统来决定如何对这些信息作出反应。驾驶员可以把这种报道当作警告，但却还是坚持原来的路线，或者他会让导航系统计算出另一条路线以避开障碍。这时系统会假设所有无交通新闻的道路是完全可以使用的。然而这种假设是有条件的，因为很多过度拥挤的区域和市中心都还没有编码形式的交通新闻，这样的话第二条路线可能会遇到全封锁的情况，从而经常无法完成导航。

信号中心很少会给出备选的路线。它要受限于高速公路上标有绕行路牌的路段，或者当它给出一个需要熟悉本地情况的、范围很大的推荐时，路线会很不精确。这些绕行推荐不能被自动评估。

过去几年，一些项目（如智能交通和合理使用技术（INVENT））已经在研究将依据目的地作出的备选路线传输到交通路线中的可能性。这样就可以合理分配车流，避免避让路段交通压力过大。

16.7.1.1 传播途径

目前通信传播的途径主要是电台和无线移动通信网。

在传统的、类似的 FM 电台（UKW）中会使用收音机数据系统（RDS）、在交通信息频道（TMC）中传播的交通新闻（图 16-13）。RDS 数据频道是一个窄带的形式（大约 100 Bit/s），因为它是调制在边带（立体声导频的高次谐波）上的。在 TMC 中障碍的位置和原因都以之前定义好的数字代码的形式传播。这里能得到长度的信息，有时还能预测将持续的时间。

作为数字电台程序，数字收音广播（DAB）也能像 TMC 和 TPEG 一样提供数据服务。

还有一个无线电波提供程序，它能有偿地将 TMC 发送的编码信息传到 GSM（全球移动通信系统，全数字移动网络的标准）上。

电台只能将信息传达给车辆，它不能将单独的信息从车辆传到服务中心。但通过移动网络，这两种信息传输都能由短信服务（SMS）或通用分组无线服务（GPRS）实现，如图 16-14 所示。

信息量是受用于传输的频道带宽限制的。它会随着现代技术的发展变得越来越大,然而它也与数据的传输费用有关,所以简洁的代码还是必要的。

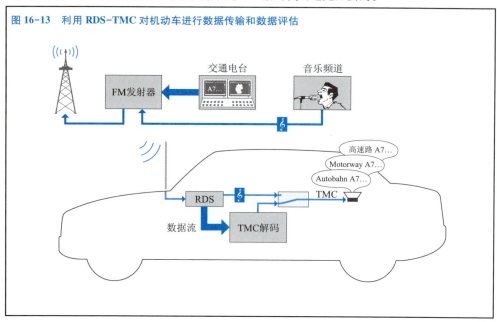

图 16-13　利用 RDS-TMC 对机动车进行数据传输和数据评估

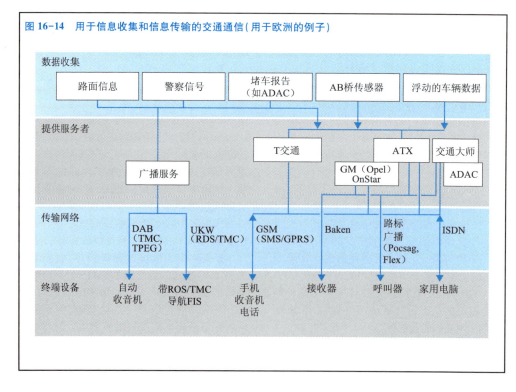

图 16-14　用于信息收集和信息传输的交通通信(用于欧洲的例子)

为了车辆之间相互的信息交换或车辆向道路两旁安装的设备输入信息,需要致力于按照 WLAN 标准使用无线的 Ad Hoc 网络。

16.7.1.2 标准化

信息内容的标准化是将系统成功推向市场的前提。来源不同的信息需要由不同的终端设备进行评估。

现有的、用于收音机数据系统交通信息频道(RDS-TMC)的 ALERT-C 标准几年来已经证明了自己。它从交通障碍的类型(如堵车、完全封闭)、原因(如事故、薄冰层)、预测到的时间间隔以及对相关路段的确认等方面来定义信息。很多国家都对一些交通枢纽、较长的高速路段和一些区域做了数字编码,但这仅限于交通要道。

因此需要开发新的程序,不再使用之前设定的代码,这样也就能根据市中心的变化做更新。

正在开发中的 TPEG 标准(运输协议专家组)还包括一些其他信息,如停车信息和天气服务。

16.7.1.3 参考

交通信息总是与电子地图相关的,也就是说会在实际道路网络的数据结构图上显示出来。这当然是不能进行标准化的,由于数据模式、坐标参考系统、准确度、内容和实际状况这些因素,它们可能会相互偏离。

参考的任务是,接收方将获得的信息清晰、无误地录入到已有的、本地的数据库中。

之前定义好的交通网中关节点和路段的数字编码在 TMC 中作为信号输出方地图和车载地图的参照物。这些编码以图表的形式集成到车载地图上。受到编码范围和 FM 电台 RDS 的带宽限制,它目前只涵盖了交通要道(高速公路和国道)。

考虑到制作参考图表所需的费用,一个欧洲范围内的项目(AGORA)开发了一个程序,它能够对任一道路的信息进行编码,而不必使用信号发出方和接收方共同的参考图表。这个程序基于对道路几何结构和特征的比较(如道路等级和道路号)。它已经通过试验证明了自己的可行性,目前处于国际的标准化阶段。

16.7.1.4 选择

发出的信息量可能会特别大,如在高峰时期,这就使得一个接收器不能持续评估所有的信息。在这种情况下,终端设备会根据车辆的位置,如有必要会沿着前进路线过滤出有用的信息。

16.7.1.5 交通信息解码

对 TMC 交通信息编码进行解码和选择属于很多汽车收音机的工作范畴。信息被储存(交通信息记忆(TIM))然后再转化为语音信息的形式被输出。由于信息已被标准化,可以将它转化为不同的语言。在路线变化之前,信息的编码就早已为了这个应用被开发。

16.7.1.6 动态的目标指引

自动化程度最高的交通信息评估由动态目标指引执行。通过关于路段、事件、区域性扩大和预测的持续时间的标准化代码,导航系统就能够评估交通故障对路线的影响,并计算出是否有合适的备选路线。

16.7.2 信息收集

16.7.2.1 通过道路旁的基础设施收集

交通通信的使用与信息的质量和现实性有关。重要路段交通流量的信息很多年前就开始由车道的感应线圈来收集。这些线圈能测出通过的车辆数和它们的速度,从而计算出交通密度。近年来加大了这些线圈的安装力度,但它的安装费用很高。

另外,服务提供商还在高速公路桥上安装了传感器,通过它来计算车辆数,根据车辆速度进行粗略分类并将这些信息以无线信号的形式传输给中心。

16.7.2.2 浮动的车辆数据

交通信息也会根据浮动车辆数据原则来收集。一辆车处在车流中(浮动的车)并周期性地向中心发送它的位置和速度信息。通过对这些数据进行统计分析,产生了交通状况的现时汇报。这种统计方法的前提是有足够多的车辆装备了定位和发送装置(GSM - SMS)。目前还无法满足这个条件。

16.7.3 市内的动态变化

在由国家资助的项目 INVENT(智能交通和合理使用技术,项目进行时间:自 2001 到 2005)中,不同的公司在过去几年里都参与了信息链的开发,这个信息链能使车流评估、预测信息并发送给交通参与者成为可能。目标是:在指导战略的基础上均衡、充分地利用道路网络,预防交通障碍的形成。系统的设定是根据目标区域和车辆类型(乘用车、卡车)来分开车流。评估这些信息的导航系统能够根据独特的行驶目标提供出备选路线。根据 AGORA 进行位置编码在这里有广泛的应用。

在未来几年内需要继续开发这款产品,使其成熟。

16.7.4 非车载导航

非车载导航通过一个服务提供商在 GSM 网中提供路线指引。在车辆中仅需要输入目的地、显示出驾驶推荐和一个定位单元。路线和驾驶推荐都由服务提供商集中计算并通过 GSM 传输到车辆中。

非车载导航系统的市场到目前为止还未扩大。

17 以摄像机为基础的系统

视频传感器在驾驶员辅助系统中发挥着核心作用，因为它能有针对性地支持视觉信息的展示。在后方，最简单的视频传感器就能在停车过程中支持以超声波为基础的停车助手。使用夜视系统时，车辆前面红外线照射的区域会被前面的照相机记录下来并展示在车内的显示屏上。其他驾驶辅助系统处理视频信号并给出有针对性的信息，可以用于这个功能本身（如偏离道路警报器），或作为辅助信息用于其他功能（传感器数据合并）。

17.1 图像处理系统

图 17-1 清楚地展示了车用图像处理系统的基本原理。图像处理器（ECU、电控单元、控制器）以列表的形式从拍到的照片中提取不同的信息，如道路走向、速度限制或者与前方物体间的距离。这些功能可以建立一个虚拟的环境模型。从列表中可以导出图 17-1 中展示的信息，从而把不同的信息和警告传达给驾驶员或车辆干预系统。这些信息可以通过数据总线传达给其他部件。

在图 17-1 展示的例子中，图像传感器识别速度限制并传达给组合仪表，然后这个速度限制被展示在显示屏上。如果驾驶员没有注意到这个速度限制，系统可以通过声音或触感警告他，如踩油门变得吃力。

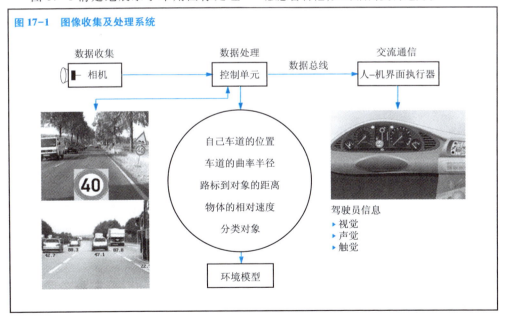

图 17-1 图像收集及处理系统

视频传感器的巨大潜力直接来自于人的视觉系统。虽然说电脑系统和人的视觉系统相比还有很大差距，现在已经有一些以摄像机为基础的功能，如：
- 识别道路。
- 偏离道路警告。
- 识别路标（速度、禁止超出等），并提醒驾驶员。
- 识别车辆前方的障碍。
- 碰撞警告。

- 车辆倾斜(俯仰角),用于自适应前大灯高度调节。

立体照相机拍出的图像经过图像处理后效果最好。但目前来说,它对于车辆应用还过于昂贵,所以使用单一照相机是大趋势。它只能进行 2D 图像分析,这也就带来一些限制。道路和交通标志识别等功能是能通过单系统展示的例子。摄像机技术很好地补充了雷达传感器的不足,雷达传感器目前还不能或只能有限地评估物体大小或为物体分类。

图像处理是摄像机系统的基础。根据复杂性,图像处理可以分为几个不同的等级。图 17-2 展示了这些等级。

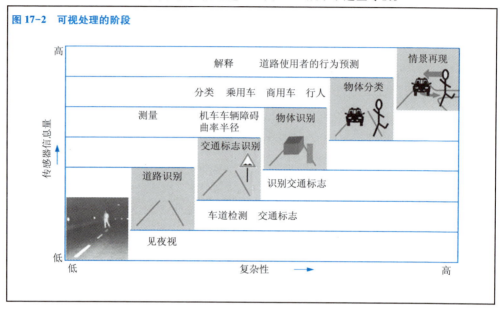

图 17-2 可视处理的阶段

最简单的一级也就是纯粹的图像再现,但很多功能,如夜视优化,对图像再现的质量、对比度、清晰度都有很高的要求。这意味着,即使是这样的系统也必须采用计算功率很高的计算机。

第二步是基于一个模型或一些特性抽取图像的相关部分。如道路识别或交通标志的几何形状和追踪。交通标志识别的前提是,这些交通标志的样件信息已录入到计算机中。

物体识别是识别物体大小的重要手段,如通过雷达装置进行检测。它是确认物体、检验物体对车辆干扰性的有效方法。

物体分类主要应用在军事上,应用于汽车它的成本还不够合理。随着微型发动机功率的不断提高,一些应用程序在未来几年内会投入使用。

情景再现,也就是对场景进行说明并对其他交通成员可能的运动过程做出预测,对图像处理计算机的性能提出了最高的要求。将这个功能应用到车辆中还需要再等几年。

17.2 偏离车道警报器和保持车道助手

无意的偏离车道是诱发交通事故的常见因素之一。它主要是由司机疲劳驾驶(秒睡)或方向偏转引起的。车道偏离报警器要针对这些因素发生作用,它通过探测前方车道的界限,在未打转向灯却有越界危险时警告驾驶员。

车道偏离警报系统(车道偏离报警器(LDW))使用了摄像机,并且它既能采用单一技术,也能采用立体技术。当天气状况和车道识别效果较好时,单一系统的作用范围是 40 m

多一点,立体系统的作用范围会大 10% ~ 20%。由于价格因素,到目前为止只有单一系统能够占领市场。

图 17-3 展示了车道识别的原理。图像处理系统通过对比路面和车道标记的差别找出车道标记。图 17-3(a) 展示了带车道标记的照片,图 17-3(b) 是截出的一个细节图。图 17-3(a) 中的十字标记标出了由图像处理计算机计算出的车道走向。为了检测出车道标记,需要对亮度信号进行分析[图 17-3(c)]。通过高通滤波器(图 17-3(d))能探测到车道标记的边缘。

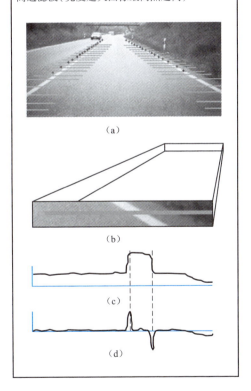

图 17-3　车道识别
(a)带查找线的照片;(b)细节图;(c)亮度信号(亮度越大图像最高点越高);(d)亮度信号的高通滤波(亮度越大图像最高点越高)

通过这些信号,系统可以在车辆越过车道边线时警告驾驶员。这里展示了几种不同的报警方式:

- 由扬声器发出的声音警告,如报警音(另外立体音还提供了方向信息)或噪声。这已被证明是有效的提醒方式。
- 最近,触觉警告也被开发。一个带振动座椅(能提供方向信息)的系统 2004 年年底投入量产。目前正在研究振动方向盘或转向时给予轻微反向力矩的有效性。

通过方向盘警告的优点是,能将危险同驾驶员转向直接联系起来。

与自动横向引导(可以主动转向的车道保持助手)的距离看起来已经不远了。不过需要注意的是,按照现在的管理规定,只有驾驶员的手放在方向盘上,这个系统才能起到作用。否则可以确定的是,这个系统随时会被驾驶员过度调节。

17.3　交通标志识别

根据图 17-1,图像处理计算机从照相机图像中提取出不同的标志。交通标志识别的前提是标志的样件信息已经输入到计算机中。

图 17-4 说明了交通标志识别的方式。在行驶的过程中,计算机会不断找寻从外形看可能是交通信息牌的物体。一旦找到这样的物体,计算机就会一直追踪它,直到距离近到摄像机可以识别这个物体。

图 17-4　交通标志识别

通过图像处理计算机识别并加以说明的限速信号会发送给组合仪表,并在显示屏上展示出来。如果驾驶员未对这个限速提醒做出反应,系统会再通过声音或触觉警告驾驶员。

当车速在 160 km/h 以内、下雨或者适量喷水时,交通标志识别都是可靠的。

17.4 以摄像机为基础的系统——前景

随着计算能力的不断提高,以摄像机为基础的系统会有更多的功能。比如说,可以用新的算法进行图像分析,来避免交通事故的发生。基本的想法是:快速连拍照片(如 40 ms 一张),并按顺序分析这些照片的变化。图 17-5 举例说明了这一功能。

在右侧的图中(图 n)可以看到一个危险的情况:我们可以识别出一个小孩的头部,它明显想要跑到街上。第二张图(中间,图 $n+1$)是 40 ms 后拍到的,通过对图中圆圈标出部分的分析,我们可以明显看出,小孩头部的图像在车辆的后方又伸出了一点。

接下来的一张图(图 $n+2$)中已经可以识别出小孩的脚——也就是说情况已经很危险了。从第一张图到这时已经过了 120 ms。这段时间内,以 50 km/h 的速度行驶的车辆仅驶出 1.7 m——还有时间采取防止事故发生的措施。但如果考虑到驾驶员受惊吓后的反应时间,事故就很难避免了,因为车辆在这个时间内就能前进 14 m 左右。

将图像分析与立体摄像机结合起来将会形成一个非常强大的行人识别系统。当通过图像分析识别出行人后,可以通过立体照相机拍出的前后两张照片的不同测出与行人间的距离。两种手段一起应用就能得出关于特定距离内物体相关性的准确说法。

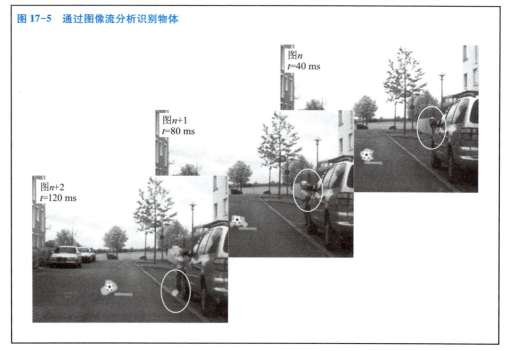

图 17-5 通过图像流分析识别物体

▷ **驾驶助手系统的历史**

在汽车行业发展之初,驾驶助手就是一个开发的目标。因为要减轻驾驶员在行驶过程中的压力,机动车的开发历史一直伴随着能帮助驾驶员的功能和系统。这里给出几个例子:

➢ 1912 年,在一款凯迪拉克(Cadillac)中首次使用了电动激活的启动器,它取代了手动的启动手柄。

➢ 1918 年,一款凯迪拉克(Cadillac)采用了动态随动转向灯的衍生原型(位于中间的一盏灯)。1968年,动态随动转向灯成为雪铁龙DS的标配件。通过与转向机构相连的绳索实现远光灯的旋转。欧洲2003年才允许近光灯的共同旋转。

➢ 1932年,克莱斯勒(Chrysler)批量采用制动助力器,它使驾驶员在制动时比较省力。

➢ 1940年之后,奥兹莫比尔(Oldsmobile)的所有车辆都配置了自动变速器。

➢ 1951年,克莱斯勒帝国旗舰车(Chrysler Imperial)是第一辆在量产中配置了转向助力器的车。

➢ 为了使冷态发动机保持运转,以前需要手动通过节气门调整油气混合物状态。然后化油器式发动机的自动启动功能接过了这个任务。现在使用的发动机管理系统通过传感器掌握发动机的工作状态,并准确地根据需要调整混合气体。

所有这些系统都早已变为常见的系统。所以它们既不属于舒适系统也不属驾驶助手系统——虽然它减轻了驾驶员的负担。

▷ **目前的驾驶助手系统**

机动车能使用电之后,实现了很多其他的功能。现代车辆中有很多系统能替驾驶员放下把手并辅助他们。通常一个由传感器提供的信息就能实现附加的功能了。在这里举几个例子:

➢ 雨水传感器能识别挡风玻璃上的雨滴并自动开启雨刮系统。根据雨量它还能调整雨刮的摆动频率。

➢ 光线传感器能识别不同的光线情况(如变暗、进出隧道),并把这些信息传递到电路控制器上。它会根据需求打开或者关闭近光灯。

➢ 由传感器察觉到的车辆的倾斜会在灯罩调节系统中被加工。前大灯根据车辆的载货量被调节,使得道路能被照亮而又不会晃到迎面而来的车辆。

➢ 动态随动转向灯的大灯调节不再是纯机械的,现在通过调节电机来实现。

➢ 电动可调节座椅设置好的座椅状态能被储存下来(记忆功能)。这样在驾驶员交换时就能够很快地把座椅调整到储存过的设置状态上。

这些例子表明,这样的系统一方面能提高舒适性(如,在下小雨时驾驶员不用总调节雨刮),另一方面还能提高安全性(如在隧道行驶时,近光灯会一直被打开)。

18 夜视系统

改善夜间视线的系统能为道路安全做出重大贡献,因为高于 40% 的死亡性车祸都发生在夜间,虽然夜间车流量仅占全天的 20%。造成这些事故的原因主要是恶劣的天气状况以及对面车辆发出的眩光。

为了解决这个问题,大家过去做过很多的努力。几十年以前,人们就尝试通过使用偏振光来降低眩光效应,但由于偏振器的转化损耗太大不得不做出调整。1968 年,动态随动转向灯(前大灯和转向的机械耦合)被研发出来。能根据道路情况(如乡间公路、高速公路)自动调整灯光分配的智能前大灯也进入量产。近几年来,以红外线为工作基础的夜视系统开始被使用。

18.1 远红外系统(FIR)

18.1.1 原理

以远红外为基础的夜视系统多年前已被用于军事方面。2000 年在美国被首次用于机动车。它检测周围物体发出的波长在 7~12 μm 的热辐射线。因此,这是一个被动系统,它不需要另外的光源来照亮物体(图 18-1(a))。热图像通过显示屏(人 - 机界面(HMI))展示。

18.1.2 视频传感器

热电的热图像相机或者微型的辐射热测量计仅在上面给出的波长范围内工作。由于这些波长无法穿过挡风玻璃,这个相机需要被安装在车外,一般情况下它会被装在一扇硅玻璃的窗户后面。

热图像相机使用锗透镜。锗含量很高的、能让相应波长穿透的 TEX 玻璃正在开发中。

目前,可用的照相机有 QVGA(Quarter Video Graphics Array),分辨率为 320×240 像素。相机的信号通过控制器(电控单元(ECU))处理。处理后形成的图形展示在显示屏上。

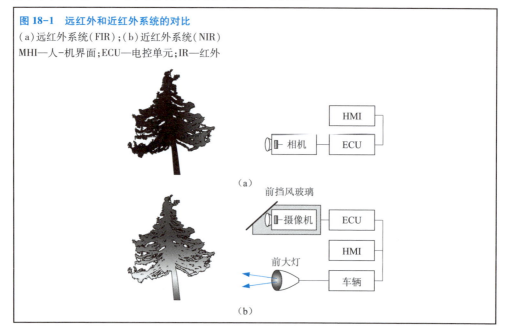

图 18-1 远红外和近红外系统的对比
(a)远红外系统(FIR);(b)近红外系统(NIR)
MHI—人-机界面;ECU—电控单元;IR—红外

18.1.3 图像

发热的物体在图像中显示为黑底上的白影[图18-2(a)],它和空气的温差越大,图像的对比度就越好。观看者很不习惯这种图像,因为它和正常的反射图像不符。

图18-2 远红外和近红外拍摄到的图像
(a)远红外(FIR);(b)近红外(NIR)

(a)

(b)

18.2 近红外系统(NIR)

18.2.1 原理

夜视系统的另一个可能性基于800~1 000 nm波段间的红外线,也就是说接近可视光谱的红外线(近红外线)。因为物体不会发出这个波段的光线,所以它需要被特殊的光源照射。反射的光线被摄像机接收(图18-1(b))。这就是主动的系统。

基于NIR的系统最早于2003年应用在日本,它展示的图像较为简单,应用了常规的CCD摄像机技术。

18.2.2 摄像传感器

较新的NIR系统用的是CMOS成像芯片,它最近也越来越多地应用于高品质的数码相机。由锗制成的CMOS成像器能感知大至1 000 nm的波长范围。除了能够在可见光波长范围内成像,它还可以很好地应用于夜视系统。通过与汽车领域之外的其他以摄像机为基础的系统合作,可以拍摄出VGA分辨率(640×480像素)或更高品质的照片。

18.2.3 照明

卤素灯有很高比例的红外辐射,它通常用于汽车前大灯。它涵盖了从可见光谱(380~780 nm)的极限值到超过2 000 nm的波长的范围,最大为900~1 000 nm。使用摄像机的波长上限是1 100 nm,也就是硅的灵敏度极限。

在实践中,为了实现NIR系统,会在前大灯上集成另外的NIR模块。它由卤素灯和光学滤波器组成,这个滤波器可以过滤掉发出的可见光。有关滤镜的过滤特性需要注意,法律严格规定车辆前端不得安装红色的光源。

18.2.4 工作方式

NIR系统的原理在图18-3中作了展示。

图18-3 近红外系统
图中比例仅供参考
1—视频传感器检测范围;2—红外锥;3—近光灯光束

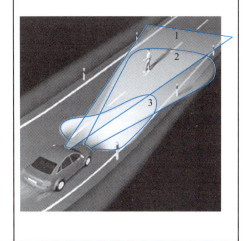

常规的近光灯不会照射到行人;它会被驾驶员忽略。改装后的前大灯会在近光中发射出带有远光性质的近红外线。它能够照射到行人并反射回 IR 射线。安装在挡风玻璃上的摄像机接收到这一场景,然后这个场景被展示到车内的显示屏上。它可以是平视显示器,也可以是中控台或组合仪表上的显示屏。为了获得高质量、高对比度的图像,需要用图像处理器对摄像机的数据进行加工。

对面车辆的光被图像的非线性大大削弱,因此不会有强烈的光线反应到显示屏上去。

第一款带 CMOS 照相机(VGA 分辨率和高质量图像)的系统(安装在组合仪表中)2005 年在欧洲量产。

18.2.5 NIR 和 FIR 的性能特点比较

通过不同的物理检测原理可以得出结论:这两个系统的图像有很大差别。图 18-2 展示了这两个系统拍出的图像。

因为 NIR 光谱接近于可见光谱,物体反射的 NIR 光也类似于可见光,也就是说,它的照片比较自然(图 18-2(b))。NIR 图像中人和物体的图像比较真实,路线清晰可见。

FIR 系统拍出的人和物体的图像比较奇怪(身体较热的区域和车轮在 FIR 图像中较亮)。路线几乎不可见。路标的对比度通常也很小,因为它和周围环境几乎没温差。

因此,相比于 FIR 系统,NIR 系统具有很大优势:高质量的图像能让人很快识别出物体,能看清的路线也可以减轻视觉压力。

18.3 夜视系统的 HMI 方案

18.3.1 指示装置

目前,夜视系统的信息(不管是 NIR 还是 FIR)通过图像直接展示。此外,现在系统采用平视显示器,通过它,单色的信息被投影到挡风玻璃上。安装驾驶员信息系统的设计准则:图像应显示在玻璃较下部的区域。理想的显示方式是通过 HUD 显示器使影像与司机通过挡风玻璃看到的自然景象正好重合。这个方案需要很大的技术投入,如识别头部位置,从而使 HUD 位于驾驶员的视线上,以及/或者需要很大的投影系统(车内空间不允许)。

除了 HUD 之外,图像还可以显示在车内的显示屏上。需要注意的是,显示屏应当尽量靠近挡风玻璃并且离驾驶员的正常视线不远,以免视线离开路面太久。将显示屏集成在组合仪表上能很有效地缩短读取信息的时间。作为例子,图 18-4 展示了梅赛德斯 S 级车仪表的 2 种显示模式。

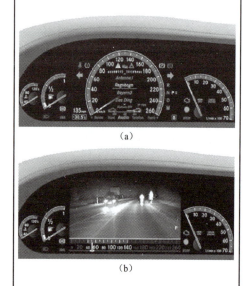

图 18-4 夜视:仪表板的显示屏
梅赛德斯 S 级仪表盘
(a)白天状态,将里程表显示在 LCD 仪表盘上;
(b)夜间状态,显示器上显示了夜间摄像机拍摄的图像

18.3.2 未来展望

未来夜视系统可能会有识别物体和为物体分类的功能,这样就不再需要图像,而只需要在路途中或附近出现障碍时警告驾驶员。

基于夜视系统使用的硬件可以扩展其他的以视频为基础的辅助和安全性系统。基本上只有 NIR 相机可以实现这些功能,而这些功能也有益于提高夜视功能的质量。

附 录

缩 写

A
A/D 模拟/数字
ABS 防抱死制动系统
ACC 自适应巡航控制系统
ADC 模拟数字转换器
AKSE 儿童座椅自动识别
AMLCD 主动式矩阵液晶显示器
AMR 非均质磁阻
ASC 驱动防滑控制系统
ASIC 专用集成电路
ASR 驱动防滑系统
AV 排气阀

B
BA 制动辅助装置
BDW 制动盘擦拭
BL 安全带锁(开关)

C
C2CC 车-车通信
C2IC 车-设施通信
C2X C2CC 和 C2IC 的总称
CAHR 碰撞头部主动支撑
CAN 控制器局域网络
CCD 电荷耦合元件
CD 储存数字资料的光学盘片(CD)
CDD 驾驶辅助减速控制
COP 驻车制动减速控制
CMOS 互补金属氧化物半导体
CPU 中央处理单元(微控器的中央计算单元)
CROD 碰撞输出数字处理
CRT 阴极射线管显示器(显像管)

D
DAB 数字音频广播
DC 直流电
DRO 介质谐振振荡器
DRS 角速率传感器
DSP 数字信号处理器
DSRC 专用短程通信技术
D-STN-LCD 双超扭曲向列-液晶显示器
DVD 数字通用光盘
DAS 驾驶员辅助系统
DIS 驾驶员信息系统

E
EBP 电子制动预警
EBV 电子制动力分配
ECU 电子控制器(控制器)
EDC 柴油机电子控制(电子柴油机调节系统)
EEPROM 电可擦可编程只读存储器
EGAS 电子油门踏板(电子节流阀控制)
EHB 电子液压制动系统
EIRP 有效全向辐射功率
EMP 机电驻车制动器
EPCD 早期帕莱碰撞检测
EPP 电子行人保护系统
EsoP 欧洲指导原则(在人-机界面上)
ESP 汽车电子稳定性控制程序
EU 欧盟
EV 进气阀

F
FDR 行驶动力调节器
FFT 法斯特-傅里叶变换
FIR 远红外线系统
FLIC 点火线圈集成电路
FM 调频
FMCW 调频连续波
FMVSS 联邦机动车安全标准
FSR 全速范围(用于所有速度范围的 ACC)

G
GIDAS 德国深入交通事故研究(事故数据

调查)
GMA 偏转力矩形成延迟(ABS)
GRPS 通用分组无线服务
GPS 全球(卫星)定位系统
GSM 全球移动通信系统

H

HBA 液压制动辅助系统
HD 硬盘
HDC 陡坡缓降系统
HDRC 高动态范围摄像机
HF 高频
HFC 液压减速补偿
HHC 坡道起步控制
HMI 人-机端口
HMI 人-机界面
HRB 液压后轮助力系统
HSV 高压开关阀
HUD 抬头显示(即安装在挡风玻璃处的显示器)
HZ 主制动缸

I

IC 液晶显示器
IEEE 电气电子工程研究所
INVENT 智能交通与应用技术
ISM 工业,科学,医学
ISO 国际标准化组织

L

LCD 液晶显示器
LDW 车道偏离报警
LED 发光二极管
LIDAR 光探测和测距
LRH 转向滚动半径
LRR 远程雷达
LSF 低速行驶(堵车行驶)
LWR 照明宽度调节
LWS 方向盘转角传感器

M

MBWA 移动宽带无线接入
MC 微控器

MME 发动机力矩作用
MOD 单目标探测
MOS 金属氧化物半导体
MOV 单目标识别
MSR 发动机拖曳转矩控制
MV 电磁阀
μC 微控制器

N

n.c. 常闭(无流关闭)
NF 低频
NHTSA (美国)国家公路交通安全管理局
NIC 新兴工业化国家(门槛国)
NIR 近红外系统
n.o. 常开(无流开启)

O

OC 乘员分类
ODB 偏置变形障碍碰撞
OMM 表面微机械

P

PAS 周边加速度传感器
PBA 预测制动辅助
PCS 行人接触传感器
PCW 碰撞预警系统
PEB 预测性紧急制动
PIC 周边集成电路
PLL 锁相环
PMD 光子混频装置
POI 兴趣点
PPS 周边压力传感器
PSS 安全预警系统
PTT 按下对话

Q

QVGA 四分之一视频图形阵列(320×240 像素)

R

RADAR 辐射探测和测距
RAM 随机存取存储器
RDS 收音机数据系统

ROM 只读存储器
ROSE 防翻滚传感器
RS 转速传感器
RZ 车轮制动缸

S
SA 信号准备模拟
SBC 电子液压制动
SBE 座椅占用识别
SCON 安全控制器
SCU 传感器及控制单元
SD 安全数码(存储器)
SG 控制器
SMS 短信服务
SPI 串行外设接口总线
SRR 短距离雷达
SUV 大型运动车

T
TCS 牵引控制系统
TFT 薄膜晶体管
TIM 交通信息存储器
TMC 交通信息频道服务
TN-LCD 扭曲向列型液晶显示器
TOF 飞行时间
TPEG 运输协议专家组

U
UFS 前段传感器
UKW 超短波
UMTS 通用移动通信系统
USA 美利坚合众国
USV 转换阀
UWB 超宽频带

V
VCO 电压控制振荡器
VDA 德国汽车工业联合会
VFD 真空荧光显示器
VGA 视频图像阵列(640×480 像素)
VICO 虚拟智能领航
VLSI 超大规模集成

W
WMAX 全球互通微波存取
WLAN 无线局域网络

Z
ZP 点火线圈

术 语 索 引

ACC 操作元件　130
ACC 传感器　124
ACC 控制器　133
ACC 调节器　123
ACC 功能　127
ACC 系统　122
ACC 在系统联合中　123
ACC 自适应巡航控制系统　121
CCD 图像传感器　108
CCD 图像处理器　108
CMOS 传感器　108
EBP 电子预制动　115
EBV 电子制动力分配　54
GPS 接收器　149
PI 调节器　39
PMD 传感器　110
PMD 原理　109
PD 调节器　39
安全带　135
安全带肩部预紧器　136
安全带预紧器　136,137
安全带力限制器　137
安全性方案　132
安全气囊气体发生器　139,142
安全系统　1,135
安全预警系统(博世)　82,145
鞍式牵引车　8
保持车道助手　158
保护作用　139,140
保压阶段　27
保养时间　97
报警　97
被动安全性　1
被动保护系统　145
被动转速传感器　63

偏离车道报警 158
偏离车道警报器 158
车道变换 42
变速器作用 123
标准调节循环 39
标准调节器 39
标准化 155
表面微力学 69
表面微机械偏转率传感器 69
不一致的路面 28
不足转向特性 41
部分激活控制 78
部件监控 133
操作 129
操作对话 89
侧安全气囊 139
侧风力 18
侧向力,分力 12
侧面风,横向风 18
侧向偏离角 15,19
侧向力系数 15
测距,距离尺寸 99
测位,定位,标定,定向 148
差动转速调节装置 34
差速器锁 37
长射程雷达 102
超短波脉冲 100
超声传感器 100,116
超声技术 100
车–车通信 87
车–多媒体通信 87
车距雷达 124
车轮侧向偏离曲线 15
车轮速度 13
车轮支承点 13
车轮轴承 66
车轮转速传感器 21,63
车–设施通信 87
乘员识别 142
乘员保护系统 133
乘员保护作用 139
充气速度 138
触觉通道–操作及感觉 94

传感器 62
传感器的集成分级 62
传感器数据溶解 83
传输技术 153
磁阻方向盘转角传感器 70
大型运动车 36
导航系统 147
导航仪 147
道路交通安全性 1
灯光探测与距离校正 106
点火电路 142
点火电容器 142
点火器 142
点火元件 142
电磁阀 21
电感转速传感器 63
电陀螺仪 68
电子差速器锁 36
电子防碰撞系统 133
电子环视灯 99
电子机械驻车制动 57,114
电子稳定性控制程序 40,114
电子行人保护系统 146
电子行人探测 146
电子制动力分配 55
电子制动系统 54
电子制动预警 115
电子驻车制动 57,114
调节范围 22
调节技术 39
调节结构 49
调节器功能 127
调节系统 50
调节循环 26,28
调节值 39,49
调节质量 25
调整参数 39
调制 76
定位 148
动态目标引导 152,156
动态路由 151
堵车跟踪行驶 133
物体分级 158,164

物体识别　125,160,164
物体探测　158
物体选择　125,126
多电极环　65
发动机拖动力矩调节器　53
发动机作用　122
阀,阀门,气门　76
翻车保护系统　140
翻车传感器　140
反向转向　41,43,44
反应时间　8
路线预测　126
防抱死保护装置　20,111
防抱死系统液压装置　73,111
防侧滑控制　33,111
防侧滑控制调节作用　33
防侧滑控制液压装置　73
防侧滑控制作用　33
分级的调节器结构　50
浮游角　51
符合需求的控制　76
辐射曲线,反射曲线　100
辅助停车,停车助手　118
辅助停车系统　116
辅助助力装置　59
附加功能　57
附着摩擦系数　13,14
附着摩擦系数打滑曲线　24
傅里叶变换　125
干式制动器　115
高频部分　102
弯道-负荷变化反应　6
功能等级　129
功能边界　132
功能监控层面　133
硅玻璃窗户　162
滚动运动　11
滚动阻力　17
国际认可　92
过度转向　19
过度转向特性　45
横向闭锁调节器　34
横向打滑　15

横向动力性　40,113
横向加速度　6
红外辐射　106
后轮制动力助力　60,115
金属氧化物半导体　108
滑动摩擦　15
场景解释　158
回波探测方法　100
霍尔测量元件　64
霍尔传感器　70
霍尔加速传感器　67
霍尔停车控制装置　58,114
霍尔方向盘转角传感器　70
时间间隔　128
加速调节　128
加速防侧滑控制　33
加速防侧滑控制装置　53
加速转弯　49
驾驶推荐　152
驾驶辅助系统　80
驾驶技巧　44
驾驶信息领域　95,130
驾驶信息系统　82
驾驶员　88
驾驶员反应时间　7
驾驶员辅助系统传感器　84
驾驶员辅助系统的应用　89
驾驶员警报　87
驾驶员气囊释放　138
驾驶员-汽车-人机对话　89
驾驶员预见性　4
驾驶员支持系统　82
驾驶状态识别　88
交通堵塞　120
交通堵塞模拟　120
交通堵塞预报　120
交通信息　153
交通信号识别　159
交通信号译码　155
交通远程技术　153
交通肇事原因　2,81
轿车子午线轮胎　9
接触区　10

界面 90
紧急制动 143
近程雷达 105
近红外辐射 164
近红外系统 163
警报 97, 143
静止物体 132
具有各向异性的磁阻式传感器 71
距离计算 117
地图显示 152
可操纵性 21
视觉通道 93
可靠性 22
可控制的停车辅助装置 118
空间角度 148
空气阻力 16
空气阻力系数 16
控制器 20
控制值 39
雷达 106
雷达传感器 106, 142
雷达传感器视域 128
雷达技术 101
雷达信号处理 104, 125
雷达装置 104
离心力 19
力矩 11
车内立体摄像机 142
临界范围 40
摄像传感器 163
摄像功能 157
摄像机 109, 163
摄像技术 107
摄像为基础的系统 157, 160
摄像系统 107
路面潮湿 60
轮边减速 23
轮胎 9
轮胎侧偏角 15
轮胎滑移 10
轮胎力 11
轮胎选择 9
轮胎支承力 12

轮胎支承面积 15
轮胎制动附着系数 14
轮辙跟踪识别 158
轮辙概率 126
脉冲调制 101
脉冲雷达 105
脉冲轮 64
摩擦力 12
摩擦系数 13
目标物体选择 126
目标汽车 121
目标选择 151
逆行辅助系统 86
耦合点 150
爬坡阻力 16
喷油泵试验台 145
碰撞传感器 143
碰撞时制动 145
碰撞识别 140
碰撞预警系统(博世) 143
疲倦警报系统 88
地图匹配 150
行驶行为 46
速度传感器 68
偏转额定速度 51
偏转力矩 13, 29
偏转力矩形成 29
偏转力矩形成延迟 29, 30
偏转速度 52
频率调制 101
频率调制连续波 101
频率调制连续波调制 101
频率调制连续波激光仪 104
坡道(下坡)行驶控制系统 58, 114
期望间距 131
期望速度 130
起步辅助 57, 114
气囊控制器 140
气囊释放 139
汽车的力 11
汽车的运动方向 61
汽车动力学 9
汽车横向动力学 18

汽车周边环视 83,99
汽车-驾驶员人机对话 80
汽车内部感应 142
汽车-汽车通信 87
汽车-设施通信 87
汽车速度 26
汽车通信系统 82
汽车稳定性 111
汽车稳定性系统 83
汽车性能 4
汽车巡航 147
汽车移动数据 156
汽车纵向动力学 16
牵引 125
牵引组合 7
前部气囊 137
切向力,切线力 12
曲率确定 127
曲轴转速传感器 63
驱动力 16
驱动轮侧滑 33
降低威力的安全气囊 141
全轮驱动 32
全球(卫星)定位系统 148
全球定位系统 148
干扰量 39
热像照相机 162
人-机对话 93
人-机对话接口 94
人-机对话通道 93
人造卫星 148
人造卫星定位 149
人造卫星定位系统 148
商用车行驶特性 7
声学通道-听与说 94
失配,偏差,调节偏差,控制偏差,输出偏差 39
十字路口辅助系统 86
时间间隙 131
时间特性 22
事故 3
事故概率 81
事故统计 81

视野范围 148
释放装置 140
输出参数 39
数据存储器 153
数据结构 153
数据兼并 86
数字多功能磁盘 153
数字卡 153
数字信号准备 67
双向作用 149
水膜 14
滑水 14
四轮驱动 32
随动控制 128
锁死的后轴差速器 32
锁预紧装置 137
抬头显示(即安装在挡风玻璃处的显示器) 95,164
探测可能性 88
提供资讯的停车助手 118
天线辐射曲线 101
停车,停止运转;静止状态,停车状态 57
停车标牌识别 86
停车位测量 119
停车辅助系统(欧宝) 142
停车距离控制装置,泊车帮助 116
停车制动器 57
图像模块 95
图像显示器 164
图像处理 157
图像处理系统 157
图像传感器 108
图像流分析 160
图像技术特性 108
外观目标 152
弯路传感器 124
弯路控制 128
弯路行驶 44,48
弯路预报 127
完全制动 45
万向轴调节器 34
微机械 62
微机械加速传感器 62

微机械偏转率传感器 62,68
微型热敏辐射照相机 162
未来汽车 92
稳定的环路行驶 52
稳定性 5
无线电许可 106
膝部气囊 139
系统构造 49
系统结构 123
下坡行驶 58
显示 121
显示元件 129
相互控制 133
斜交线轮胎 9
信号灯识别 86
信号输出电压 64
信号转换 67
信息描述 97
信息提供 94
行车安全,行驶可靠性 1
行人保护 146
行驶动力调节 49
行驶动力调节器 49
行驶动力数值 44,50,46
行驶动力学 9
行驶方向确认 149
行驶方向稳定性 18
行驶速度 27
行驶速度调节 127
行驶稳定性 60
行驶稳定性系统 109
行驶条件 2
胸部安全气囊 139
旋转运动 11
压力调节 76
压力形成 76
夜见度 162
夜间能见度信息 164
夜间能视系统 162
液压动力源 73
液压后轴助力 61,114
液压降低补偿 61,114
液压线路图 73

液压制动辅助(博世) 57,114
液压制动助力 57
用户类型 88
优先行车辅助装置 86
与驾驶员辅助系统的人-机对话 90
语言操作,声控驾驶 98
语言操作系统,声控驾驶系统 98
预测性紧急制动(博世3阶段) 145
预测性紧急制动 145
预防事故 2
预警驾驶员辅助系统 77,143
预警曲率信息 133
远红外线系统 162
再起步策略 133
障碍物探测 125
照明 163
照相系统 107
正常行驶 4
支承面 12
直接运行时间测量 101
制动衬片 12
制动打滑 22,25,112
制动的车轮 22
制动调节 21,26,27,29
制动防滑调节器 53
制动辅助功能 57
制动辅助装置 57
制动鼓 12
制动过程 24,25
制动回路分布 75
制动减速 143
制动力 55
制动力分配 55
制动力矩 12
制动力矩曲线 36
制动盘 12
制动盘摩擦 60
制动压力 27
制动压力升高 57
制动装置的预压 144
制动装置的准备 144
制动作用 58
智能气囊系统 139

中间差速器 36
中央差速器 36
周边加速传感器 139
主动安全系统 1
主动制动作用 60
主动转速传感器 63
主观评价 4
主要事故原因 2
驻车制动过程 57
驻车制动控制减速 57
转矩控制方向盘转角传感器 72
转矩控制角度传感器 71
转速采集 65
转速传感多电极脉冲传感器 64
转速传感器 140
转速调节器 39
转弯制动 7
转弯制动特性 30

转向滚动半径 13
方向盘转角传感器 70
转向特性 30
装配关系 64
子午线轮胎 9
自动紧急制动 144
自动紧急制动功能 144
自动制动功能 54,114
自适应速度控制 121
自适应自动巡航控制器 121
自锁差速器作用 35
总行驶阻力 16
纵向差速器 36
纵向打滑 11
纵向动力性 132
纵向锁止调节器 37
纵向运动 11
组合仪表 95,164